教育與人生

李建興 著

三民書局印行

©教育與人生

作者 李建興
發行人 劉振强
出版者 國立教育資料館
印刷所 三民書局股份有限公司
地址／臺北市重慶南路一段六十一號
郵撥／〇〇〇九九九八－五號
初版 中華民國七十六年七月
編號 S 52046
基本定價 伍元柒角捌分
行政院新聞局登記證局版臺業字第〇二〇〇號

自序

我的人生在最近半年來，有了一個重大的轉變，過去二十年是一個大學教授，學術生涯大多徜徉於書庫、教室與校園間，朝夕與學生、筆墨為伍，輕鬆裕如，自由自在，卽使有幾年兼理學術行政，忙是忙些，從來沒有忘卻研究工作的重要性。自從民國七十五年十月八日一進入教育部大門，開始擔負教育行政事務，日夜處理文書公事，週旋於會議桌與辦公室間，生活形式有了一百八十度的不同，步調加快了，工作緊湊了，日子似乎也過得特別充實。但是披星戴月於回家的路上，每每不能忘情於握筆桿的樂趣，終於在半年時間，適應於環境的調適後，整理舊稿，發述新作，編撰本書以對「他人——自己」有一個慰藉。

本書定名為：「教育與人生」，顯然並不是我對人生已有極深刻而豐碩的體悟，企圖普渡衆生；當然也不敢自誇對教育有獨到的見解或創見，試圖變化他人氣質；甚至也不是對於教育與人生的關係有獨自的創獲或發現，欲圖以教育感化人生。實在說，本書的命名，祇是因為第一篇文稿：「教育工作者的人生觀」，是我自己從事教育工作二十多年的一些體驗、心靈的獨白與期望終身實踐力行的一些教育理念。有感於此文所宣示的一些觀念，對於當前教育工作的重要，因此將之列於本書之首篇，並且道明「教育與人生」為本書之主要內涵與目標。

人的一生是一種連續不斷的生活歷程，一個人自呱呱墜地後，從幼兒——兒童——青少年——青年——成年——老年，自然演進，無人例外，此其間，必須撫之、慰之、育之、教之，從生物人而社會人，逐漸自我充實與社會發展，本書的第壹篇諸文，大多在闡述這些過程，指陳其內涵，莊子說：「生也有涯，知也無涯。」教育與人生的深切關係，於此著明。

教育與文化之關係，甚難分理，二者相輔相成，常須相提並論。去歲曾奉派赴日本東京參加一學術研討會，所提論文卽以「臺灣光復四十年教育文化的發展」為題，經修正整理成本書第十二篇文稿。此外，在本書第貳篇中，如：「終身教育的理念與實踐」、「父母教育子女的責任與方法」、「羣育的教學」與「遠親不如近鄰——與鄰人相處之道」等文，大抵皆可列入「教育與文化」相關主題中。

教育常隨社會制度而異，二次大戰後，東西方國家儼然對峙，民主主義與共產主義分立，我中華民族亦遭逢空前未有之浩刼，三十幾年來，海峽兩岸分屬民主與極權，自由與奴役的社會制度中，自然形成兩種截然不同的教育制度。近數年，個人應聘兼任國家安全會議國家建設研究委員會研究委員，就手邊資料運用之便，專注中國大陸教育政策與制度之探討，發而為文，撰成本書第叄篇之四文，文中資料直接、新穎而翔實，頗具參考價值。

本書第肆篇以「教育與倫理」為題，共有八篇短文，這些文章皆曾在報紙與雜誌中發表，載於「中央日報」的是：論師道與校園倫理，如何加強新聞的社教功能。載於「聯合報」的是：空大不空、大學更大。載於「中國時報」的是：職業教育應回歸主流。載於「中華日報」的是：民生主義的生活教育。載於「青年日報」的是：展望教育的新紀元。載於「社教雙月刊」的是：欣聞空中大學卽將籌備成立，加速鄉鎮圖書館建設的脚步。

本書「附錄」係三篇書評。「教育家的畫像」一書，是為我最尊敬的老師劉白如（眞）先生而編的，是一羣朋友們祝賀劉老師七秩大慶的散文集，梁實秋先生特為此書於中央日報發表一聯：「自古稱稀歌上壽，而今猶似慶中年」為劉老師祝嘏。孫老師邦正（友豪）是一位「永遠以教師為榮，以教學為樂」的教育家，前些時他出版「經師與人師」一書，期勉全國教師要以做「人師」為努力的目標，我有感於孫老師的「人師」風範，撰成「讀後感言」乙文，加以推介，並表達祝賀老師福壽康彊之至忱。此外，「社會福利與民生」乙書係邱創煥先生之近著，該書從民生建設闡釋社會福利，確是一種創見，因此於拜閱之餘，將研讀心得，公諸社會，以廣運用。

印度聖哲泰戈爾說：「當我離開世界的時候，請留一句話給這個世界，我曾經愛過了。」人生是十分短暫的，個人又十分渺小，您若眞正愛這個世界，短暫可變永恆，渺小自成偉大。對從事教育工作的人而言，我們與「愛」最接近，「教育愛」、「愛的教育」，我們最能發出「愛的火花」，散發「愛」的力量，關鍵就在於我們是否眞愛？是否眞正重視自己的工作？教育界的同道，願我們手携手，心連心，共同為教育愛的工作終身奉獻與努力。本書之編印工作，承國立教育資料館陳館長嘉言暨三民書局總經理劉振強先生協助，特此申致謝忱與敬意。

李建興　謹識

民國七十六年四月二十二日

教育與人生　目次

第伍篇　附　錄

第壹篇　教育與生活

一、教育工作者的人生觀

壹、前　言

我常常想：一般的社會大衆，對於他所從事的工作，如果沒有正確的人生觀或工作觀，就好像摩托車騎士，很容易發生意外，原因在那裏？因爲他只是一個人，不必擔負較多的責任，敢於在馬路上橫衝直撞，換句話說，他不須要有正確的方向或指引。而一個教育工作者，就不能沒有正確的工作觀與人生觀。因爲他就像計程車或公車的司機，不僅要注意自身的安全，還要顧慮車後乘客的安全，所以他對於方向盤就必須把穩。如果沒有人生觀與工作觀的話，則出車禍的機會也相對增加，不僅影響個人的安全，也影響整個乘客的安全，何況他們的乘客是大批純眞可愛的民族幼苗。所以今天我願以「教育工作者的人生觀」爲題來說明，教育工作者必須掌握正確的人生方向，並把握住好的工作觀的道理。

貳、人生的意義

古今中外，有很多的學者、思想家與哲學家，曾經用各種方式來形容什麼是人生？我們經常聽到的，是人生如戲、人生如夢、人生如戰場、人生像一杯苦酒、人生像一張白紙……。還有許多的說法，僅就以上所述的形容詞，就從事教育工作者對「什麼是人生」應有的看法加以說明。

1. 人生如戲：人的一生，就像一場戲，所謂逢場作戲，戲有曲終人散的時候。就一個從事教育工作者來說，人生的確像一場戲，而一場戲演出的好壞，就有很多的關鍵，演戲人的態度是否認眞，一齣戲裏有主角、有配角、也有很多跑龍套的，不管演主角也好、配角也好、跑龍套也好，都是一齣戲裏的重要角色。主角不能沒有，也不能失敗，配角也很重要，紅花需要綠葉來陪襯，龍套常常是這齣戲演出效果好壞的重大關鍵，而從事教育工作者在人生舞臺中，就國家、社會整體而言，乃是扮演一個非常重要的角色。因此我們要抱定一個態度，將我們人生的這一齣戲演好，如此來看「人生如戲」就更有意義了。

2. 人生如夢：人生就像一場幻夢，終有一天將成空。日有所思，夜有所夢，夢是有根據的，也有多重的作用。心理學家告訴我們，在天將亮的時候，最容易作夢，原因是夢將使我們繼續再睡一段時間。夢也與現實有關，譬如你睡在床上，剛好太陽曬到你的身上，這時候，你可能做一場與太陽或熱量有關的夢。這會使你繼續睡下去而不馬上醒來。就一個教育工作者來看「人生如夢」這句話，即使人生像一場夢，也應好好地把握，並正視夢的正面作用。

3. 人生如戰場：人的一生中，處處充滿了危險、處處充滿了危機、也處處充滿了挫折及可能遭遇的困難與挑戰。我們從事教育工作的人，通常從事教學的地方是在學校，教室裏面，危險性很低，甚至說沒有太大的危險性。但仍有很多的挑戰，如果將教育工作看成一連串的挑戰，拿出勇氣來，隨時隨地準備迎接這場挑戰，希望每一個危機變成轉機，在整個危機四伏之中，慢慢向前努力、奮鬥。所以「人生如戰場」這句話，用在我們教育工作者的身上，也有相當的道理。

4.人生像一杯苦酒：在人的一生當中，的確充滿了辛酸，充滿了苦汁，充滿了很多的痛苦。蘇東坡所謂「月有陰晴圓缺，人有悲歡離合。」人生固然有痛苦的一面，但是，也有歡樂的一面。一個教育工作者的工作可能有很多辛酸，但也處處充滿了歡笑。所以教育人員，如果他所飲的人生的酒是一杯苦酒的話，我願再加上一個形容詞，那就是一杯甜蜜的苦酒。

5.人生像一張白紙：在前面這些敍述中，我覺得這句話最符合教育工作者的需要。人生本來是無善無惡、無臭無味，像一張純潔的白紙。一個人生下來，自嬰兒、幼兒到青少年、青年，都像一張白紙——純潔無瑕，天眞爛漫。人自落地以後，就在這張紙上逐漸地塗上了顏色。這種顏色是怎樣塗上去的呢？因爲每一個人的手上都緊握了一支彩筆，在他自己的紙上用自己的彩筆塗上去的，當他塗上黑的顏色，他的人生就由純白的變成黑的，塗上黃的顏色，紙就變成黃的，塗上紅的就變成紅的。就教育工作者而言，這句話是具有相當的正確性，與相當程度的眞理性。我們面對一羣純眞無邪的兒童或青少年，他們正需要老師去教導他們，老師就是在他們人生的白紙，逐漸爲他們塗上顏色，可見老師對學生的影響是相當的大，教育工作者必須珍惜、熱愛，並重視這份工作。

以上將描述人生的各種形容詞加以說明，但任何的形容詞都無法正確描述人生的整個內涵，只能用一個比較妥切的形容詞來說明，或許能更眞切地了解到底人生是什麼而已。一個教育工作者，對於「人生是什麼」應該更用心去思、去想，如果能得到一個確切的答案，對於我們的工作，會有較多的幫助。

叁、教育工作者的人生觀

社會上，每一個人都從事不同的工作或職業，有的當歌星、電影明星；有的當音樂家、藝術家；有的當醫生，或護理工作；有的擔任工程師或科學家。但是否每個人對於他所從事的工作或職業都是興之所至，隨遇而安，船到橋頭自然直，隨便找個工作呢？德國有一位大思想家史懷哲，他在年輕的時候，對風琴很有研究，有一度他想終其一生，當個音樂家；他認為以自己對風琴這樣有研究，而以音樂來感化人生，是一件很有意義的工作。但過了一段時間，他覺得應該追求一個比當音樂家更深遠、更有意義的工作，於是他就選擇了宗教，想做一個傳教士，對人的心靈有更多的啓發，過了幾年以後，他覺得還是不妥，便選擇了最困難的工作，從頭開始學醫，這時他已進入中年，學成之後，便去行醫救人，更發宏願到非洲蠻荒地帶工作，帶著他的太太，將大半生投注在非洲，救助了很多人，贏得「非洲之父」的美譽，後來還得了諾貝爾和平獎。從史懷哲的一生，可以了解一個人在社會上所從事的工作雖有不同，但對於所從事之工作之意義應該有深入的了解。各位今天所要考慮的，不是要如何選擇職業、如何選擇工作的問題，各位可能就要決定一生永遠從事教育工作。各位選擇這個工作沒有錯，值得鍥而不捨，更認真、努力地耕耘下去。但問題在於你對於你的教育工作是否有更正確的人生觀，與適當的工作觀，這是很重要的問題，因此，我想與各位談談工作者應該具有怎樣的人生觀與工作觀。

(一)經濟—利

人與金錢是分不開的。俗語說：「富在深山有人問，貧在鬧市無人知。」。也有人說：「有錢能使鬼推磨。」這些話都是强調金錢的價值。人是經濟的動物，人不能離開金錢而過活，這些道理我們都懂，也能了解。但一個教育工作者，對於金錢應該有什麼樣的看法呢？這是非常重要的，因此將它放在第一項來談。

人究竟是爲吃飯而工作，還是爲工作而吃飯？爲吃飯而工作的人，一天到晚孜孜矻矻，就是爲塡飽肚子而努力，爲三餐而耗費一生，除吃飯以外，不知有其他重要的事，這實在是浪費他的人生。而一個教育工作者，應該是爲工作而吃飯，人所以要吃飯，是爲了要維持體力，讓我們有體力去工作，是爲了以最少的時間來滿足人生最基本的需求後，爭取更多的時間、精力，來對人生做更多的奮鬬，吸取更大的成就。因此，一個從事教育工作的人，實在不需要將三餐問題看得太重要，因爲我們有更重要的事要做。

我們談到社會風氣的問題，教育工作人員應如何來提倡一個勤勞、儉樸的社會風氣呢？這與剛才所說的問題有密切關係。如果我們將吃飯問題看成天大的要事，則我們可能將所有的時間、金錢、精力花在吃飯上；如果看得很淡，我們將以最少的時間、最少的金錢、最少的精力放在衣食上面，而投注在另一更大的方向，更具價值的追求上。金錢是每一個人都喜歡的，但要累積更多的金錢，只有兩個方法，一是開源，一是節流，也就是考慮到錢怎麼樣來，錢又怎麼樣去。我們從事教育工作的人，都是生財無道，但這並不重要，因爲我們所要努力的，不是如何創造財源的問題，而是如何去節流。一個教育工作者，實在沒有太多的源可開，我們只能努力地做節流的工作。我們每月的薪水，政府都已算得好好的，實在不必花太多的心思去想，應該好好努力將這份薪水如何地去量入爲出，也就是如何地節流。一個懂得如何節流的人、如何量入爲出的家庭，將永遠有剩餘。反之，一個不懂得如何量入爲出的家庭，再多的收入也不夠用。

在今天這個工商業社會中，要每一個教育工作者都唱高調，過淸高的生活，這實在是强人所難，但事實上，政府也不會殘忍到眞正讓你那麼淸那麼高，關鍵的問題是在於教育工作者應該有正確的觀念，永遠抱持著「人乃役物，而非役於物」的道理，我們唯有操縱自如地控物，而這個物才能爲我們所用，就像金錢一樣，你能運用這些錢，這些錢就能發揮最大效用。反過來，如果你作金錢的守財奴，金錢的奴隸，你的生活是很痛苦的。這些都是我們在金錢方面，要抱持的一個堅定的人生觀與工作觀。

(二) 權力—權

蔣總統經國先生曾經講過一個故事，他在南京的時候，有一天，看見長江裏有很多來來往往的帆船，他就想，這些船忙忙碌碌，到底是所爲何來？後來，他想通了，他們有的是求名，有的是求利，也就是說，不是爲名，就是爲利。的確，人生在世，很少有人能看得開名與利的。亞里斯多德說：「人是政治的動物」可見權勢、權力、政治，我們都不能完全置身於度外，而謂與我無關。但一個教育工作者要追求的名，不是「一時之名」，而是「萬世之名」。萬世之名在其他工作者而言，可能比較困難，對於我們而言，却是很容易的。萬世之名是什麼？就是「老師永遠不老」，「老師精神不死」，舉個例子說，這幾天報紙上刋載總統府資政余井塘先生逝世的事，有很多專欄、方塊、社論來讚揚他的爲人。四月二十日在臺北實踐堂爲他擧行追悼會。我與余先生素昧平生，但我一直在想，爲什麼他的過世，社會上、輿論界會對他有不同的待遇？是不是他比別人官做得更大呢？不是，他只做過行政院副院長而已。原因在那裏？最重要的關鍵是他曾經做過一段很長時間的老師，一個成功的老師。這幾天在報紙上許多稱讚他的，追述他的，都是他的學生。許多學生都懷念他，在過去多少年來給他們很多的啓示，很多的教導，甚至很多的關懷。我覺得，老師於名如果不能看淡，也沒有關係，但我們追求的名，不是一時的、現實的、短視的名，而是精神上的一種享受，精神上的名，這就是萬世名。

權力、權勢經常都是有毒的，一個人如果把持權勢不對的話，常常會上癮的，而且會倒過來爲非作歹，使一個人保守、官僚，而缺少人情。我們老師也有權勢，但不是政治上的做官，而是對學生而言的。老師對學生是相對的地位，我們寧可稱它是權威，但這種權威往往會錯用。老師錯用權威，往往會給學生帶來許多不利的影響，甚至帶來很大的殘害，譬如體罰之類。老師面對學生，應如何正確地運用權威來影響學生，或賦予學生以愛心。在這方面，就有很多值得我們深思的。老師的權威要用之得法，用之適時，用之適當。也就是老師應把權威看成一種服務，以服務的態度來影響、協助、幫忙學生，並將所知所能賦予學生、教導學生。這便是老師在權力上一種正確的人生觀。如果能抱持這種態度從事教育工作，相信必能發揮更大的教育效果。

(三) 知識——眞

老師在知識方面，扮演著很重要的角色。老師是知識的耕耘者，老師要授予學生許多的知識與眞理，故做爲今天的教育工作者，在知識方面，也應該有正確的人生觀與工作觀。學校教育，是一個兒童、青少年成長的重要管道，應該用全副精神，給予學生良好的學校教育，讓學生能發揮最大的潛能，這是教師責無旁貸的事情。除學校教育以外，老師還要想，我們今天給學生知識作什麼用？無可諱言的，今天社會上常抱有升學主義的觀念，追求文憑。在這個之外，我們應該想到，知識是使我們生活充實的重要管道。因此，我們除了幫助學生接受完整的學校教育之外，應該讓學生了解追求知識的眞正意義何在？尤其是怎樣使學生生活內涵更充實，也是教師責無旁貸的。

儘管今天的教育有許多弊病，譬如說知識的灌輸。要知道，除了知識的灌輸外，對學生品德的陶冶，生活內涵的充實，老師應該多投注更多的心力，如此，學生將會有更大、更多的收穫。今天的教育應該怎樣來改善？對於一個教育工作者而言，我覺得沒有其他更好的方法，甚至說來扭轉升學主義。我認爲最主要的方向，就是要提倡「終身教育」，建立學生「接受教育是一生一世的事」的觀念。不要以爲接受某一階段的學校教育以後，從此就把書本拋到一邊，知識與我永遠無關，因此，在結束一段學校教育之後，正是就業的開始，在就業過程中，還要繼續不斷接受知識。過了幾年，還要回到學校來，再接受另一階段的教育。如果學生能建立終身教育的觀念，並建立「升學——就業——升學」不斷跳躍前進的方式，對升學主義也好，對學生正確的知識觀念培養也好，應該有很大幫助的。

(四) 道德—善

老師是社會大衆道德的楷模，故大家對老師道德的要求都非常殷切。其他的人在行爲上犯點小錯誤是可以原諒的，但社會却不允許老師有任何的錯誤，尤其是行爲道德的錯誤。道德究竟是什麼？我覺得道德是非常淺近，也非常容易做到的。道德就是良心，道德就是心安理得。各位摸著你的良心想想，你過去所作所爲，有沒有覺得良心不安。如果有良心不安，就是你不該做的時候，也是你違反道德的時候。良心告訴你不可做，就不做，這就是遵守道德規範。如果良心告訴你不可以去做，你還要去做，這就違反道德。因此，道德就是良心，就是心安理得。

道德又是人際關係，一個人獨居的時候，是不需要有道德的，必須與別人接觸的時候才有道德。因此，當我們跟別人在一起的時候，不但要求利己，還要要求利人，不能利己而害人，利己而害人是絕對不道德的。最近更多的人談到第六倫的問題、公共道德問題、羣己關係問題，對於陌生人，社會大衆應不應該給予關切的問題，都是屬於這個層面的。道德不是口頭說說而已，用口說的不是道德。道德是要在行爲上表現出來，沒有表現在行爲上的，就不是眞正的道德。道德是用實際行爲表現合乎社會大衆的需要。今天最需要的，就是在行爲上把道德付諸實施。常常聽人說：今天社會道德太壞，世風日下，人心不古。今天這個社會上，有「好德如好色的人」嗎？太少了。前面說過，老師是社會大衆道德的楷模，因此，老師對社會大衆要負更多的道德任務。范仲淹不是說過嗎！「先天下之憂而憂，後天下之樂而樂。」對老師在道德方面來說，正應該是這樣。所謂「松柏後凋於歲寒，鷄鳴不已於風雨。」，就今天的社會道德來說，要求老師的正是這種情操，這種風範。

（五）藝術—美

藝術是什麼？美是什麼？很不容易說清楚，這是屬於高層次，範圍非常廣泛的問題。但是就我們老師來說，對於藝術是不是要有正確觀念，正確想法呢？我覺得應該，因此，即使這個題目不好講，我還是要講。我覺得所謂藝術，所謂美，應該有三個層次：

1. 自身之美：就我們人來說，自身之美分爲兩方面：一是外在美，一是內在美。所謂外在美，各位都知道，「窈窕淑女，君子好逑。」。人都喜歡看到美的東西，特別是外在美，看得見，摸得着的。美的東西沒有一個人不追求，沒有一個人不喜好。如果一個人不喜歡看得見、摸得着的美，這個人一定心理上有問題。外在美的確很重要，但是不要忘記，如果缺乏內在美的話，形體外在美是不足以誇耀的。內在美比較抽象，而事實上所謂內在美，是看別人是不是喜歡你，別人喜歡你，就充分顯示你有內在美。我們說這個人很有親和力，這個人很討人喜歡，這個人和煦如春風，這個人心胸坦蕩，很受人歡迎，這種內在之美，正是我們每一個人所追求的境界。假如一個人外在的穿着都很整潔、雅觀，加上內在的修養，別人更願意跟你接近，這樣的人已做到了我所說的自身之美。

2.生活之美：所謂生活之美，應該注意到環境之美。環境之美又分兩種，一是社會環境之美，譬如家裏的環境是不是看起來整潔、舒適。我們在學校，學校的環境是不是美化了、綠化了，讓許多外賓也好、老師也好、學生也好，都喜歡到這個環境來。而這個環境正可以發生教育的效果，一個環境教育的效果，這就是社會環境之美。我們今天生活的空間都很狹窄，怎樣把有限的空間加以美化，讓人覺得社會環境更漂亮，更讓人喜歡，這是相當重要的問題。

除了社會以外，應該是自然之美。自然環境之美，就是今天所強調生態環境問題。我們只有一個地球，我們怎樣使有限的大自然環境，不受到公害，不受到人為的破壞，進一步美化它，使我們的子子孫孫都能享受這有限的地球，有限的環境，這是所謂的生態環境之美。

3.人生之美：美的最高境界是人生之美。什麼是人生之美？具體地說有三個條件：一是自然，什麼是自然，即一切合乎自然的條件。譬如吃飯，要合乎自然，肚子餓了很難過，但吃得太飽了也同樣難過。所以天底下的事事物物，合乎自然的就是美，違反自然就不美。天地間有一個常理，就是維持均衡。譬如運動，從來不運動，是不好的，運動過度，一樣有害。我們要記住一個原則，順乎自然就是美。

第二是和諧，和諧的東西一定是美的，合唱團、管絃樂團，絕對不容許有人的聲音特別尖、特別高，否則，就破壞了氣氛，是不美，不合乎音樂的要求，音樂的要求是要和諧，沒有人特別突出。所以和諧的東西才合乎人生之美，違反和諧的都不美。

第三是寧靜，寧靜是人生重要的境界。人生固然需要變化，但變化是有時而盡的，唯有靜才是人生最高之美。寧靜、祥和才能致遠。中國哲學講靜，西方却求動，中醫也是這方面的哲理，西醫又是另一哲理，兩者全然不同。所以我們應了解，藝術最高境界就是人生之美，人生之美就是怎樣達到自然、和諧、寧靜的最高境界，最高要求。我們從事教育工作的老師，應在藝術方面加以追求。

（六）宗教—聖

宗教是非世俗的，與教育有很大的距離，教育工作是現實的人生工作。宗教雖是一個「啓示」，與教育有相當大的距離，但我常常鼓勵老師們，看看那些傳教士，那些宗教家的精神，是多麼的可愛。我們從事教育工作的人，爲什麼不以宗教家的精神來奉獻、來犧牲、來爲我們學生服務呢？宗教如果能對我們有所啓示的話，就是那種奉獻、犧牲的精神。宗教家是勸人爲善，教育工作也是希望我們的學生爲善，變化氣質。所以宗教工作與我們教育工作在這方面是完全吻合的。教育工作者對宗教有什麼看法呢？那就是寧可信其有，不可信其無。信其有，對來生來世的觀念是渺然不可知，我們寧可信其有，假如有一天眞的有了怎麼辦？因爲「頭上三尺有神明」，「惡有惡報，善有善報。」，這種宗教說法雖不必過度重視祂，事實上有沒有作用呢？還是有它相當的作用。

教育工作者的人生觀與工作觀，雖然分六方面來講，但就一個教育工作者而言，這六者都是同樣重要。如果對這六方面的那一方面沒有正確的看法，就可能會有所偏失。舉例來說：商人對金錢利益很重視，很有錢，可是我們看到很多商人並不快樂。同樣的道理，我們看到許多家庭主婦，雖然沒有在外就業，一天到晚爲她的丈夫、父母、子女來犧牲、奉獻，但事實上一個家庭主婦，能夠在人生價值上追求方面能得適當的平衡。所以對人生價值的追求應多方面加以注意。

我更覺得，這六個人生觀，正是我們不斷奮鬪的歷程，就跟人生是要不斷的奮鬪是一樣的道理，這六方面的人生價值是永遠追求不盡，且有境界上的不同。因爲人的生命是有時而盡，但對於人生價值境界的追求，永遠也追求不完，故我們應該時時刻刻在這方面更努力修養，更用功夫。

肆、如何追求人生的價值

如果只認爲剛剛所說的人生觀是對的，那還不夠，因爲那僅僅是「知」而已，知了以後必須付諸實踐才行，下面便是如何實踐的問題。

1. 肯定自我的價值：「天生我材必有用」，相信自己一定可以盡心盡力，做好很多的事情，從這個信念來振奮自己，告訴自己，讓自己自動自發，願意去奮鬪，去努力；相反的，如果自己不懂得自己的生命價值，不自愛，不努力，別人也沒有辦法幫你的忙，惟有肯定自己，才能接受別人。所以如果我們努力追求人生的話，首先必須肯定自我，相信自己來到這個世界是有價值的，一定會有所貢獻，也會有所用，甚至一定會成功，這種自信是重要的。人固不能妄自菲薄，也不能妄自尊大，因爲人的能力到底還是有限。當你肯定自己之時，更應該肯定別人。相信別人可能給你幫助，你需要別人的幫助，你也應該幫助別人。在這種你跟別人相互爲用之下，你所肯定的自我，將更容易獲得實現與成功。

2.認識人性的動力：人都有知、情、欲。知，卽人都有理智。情，卽人都有感情。欲，卽人都有慾望。德國大哲學家康德說：「人都有動物性、社會性與神性。」任何一個人的知、情、欲都是缺一而不可的，也就是說，人都具有這三方面。因此，在我們的生活中，要如何才能使我們的知、情、欲得到均衡的發展呢？卽不要有過度突出的慾望，也不要有過度的感情作祟，當然也不必過度的刻薄、限制自己，讓自己惶惶不可終日。而如何使之均衡，並進而提昇，使之昇華，提高它們的層次，那就是使你的知、情、欲朝向利他、向上的境界發展。這樣，你的生命將更有意義，更有價值。

3.發展生命的精神：人不管多麼偉大，總有一天會默默地死去。甚至太多的哲學、思想家告訴我們：人的生命是非常的短促，人亦非常渺小，但人的渺小並不可怕，因爲還有一個社會的生命在延續個人的生命。所以人活在世界上，要注意怎樣發揮你的生命力，使你的生命有時而盡之後，而整個社會的生命却生生不息。也就是一般所說的「薪盡火傳」，一棒一棒向下交。我們教育工作者的工作，正是把社會的生命、文化承先啓後，繼往開來。透過教育工作，社會文化才能繼繼繩繩之發揚光大，所以我們對於生命必須有這樣的體認與追求。

4.表現道德的生活：我們今天是活在世風日下、人心不古的社會中，但是道德仍是最重要的，特別是對教育工作而言。因此，我們要怎樣反求諸己，潔身自愛，是最起碼的要求。我們應該隨時隨地讓我們所做的事不違背良心，所做的工作不僅是利己，而且要益人。這種道德生活的要求，對我們教育工作者而言，是非常重要的。惟有隨時隨地反求諸己，過著道德生活，才能發揮道德勇氣。因爲這個社會上有太多的人需要我們在道德方面給予啓示與教育。我們不僅對學生也好，對社會大衆也好，都要承擔這方面的責任。所以我們在道德勇氣方面，應該表現「傻瓜」的精神，多盡一分心力，多發揮一分勇氣，使我們的社會大衆，在我們的感化、陶冶、指引之下，過着道德生活。

5.美化藝術的人生：在今天的工商業社會裏，人就像一顆螺絲釘，一部機器一樣，一天二十四小時，一年三百六十五天，不斷地在轉，而在一個單純化、慣常化、機械化的生活環境中，是很容易讓人得到精神病的。至於要怎樣來解脫這種枯燥、乏味、單調、緊張的生活呢？其要領有三：⑴在工作環境中自得其樂。⑵重視正當的休閒活動。⑶在教學生活之外，培養自己的興趣，以陶冶自己的藝術人生。

6.追求聖善的理想：在現實生活中，我們一定要有信心；要求自己做一個好人。「好人」的標準很簡單，如在家人、朋友面前，都是一個受歡迎的人，而且在這方面可以對得起良心，然後用更多的愛心來關懷這個世界，這就是做爲現世的好人。儘管我們不了解來生是什麼？但可相信來生必有好報應。

伍、如何把握人生的方向

我覺得如果能從前面所說的方向來追求人生的價值，則我們整個人生的歷程必將多采多姿，更加美麗。我們要追求這些，有兩個工作是很重要的：

1.不斷的自我反省：工商業社會是非常的忙碌，而人最大的敵人不是別人，却是自己，這種敵人就是不自知——即不了解自己的優缺點。要如何戰勝這個敵人呢？就是不斷的自我反省，即曾子所說：「

吾日三省吾身」。檢討自己的缺點，助長自己的優點。如此，人生的方向才不會有偏失、錯誤，而走上更正確的方向。

2.鏡中自我：所謂鏡中自我，是從別人的眼睛、擧止、動作、反應、比較中來了解自己，別人就是你的一面鏡子。常從別人的反應來了解自己，對於人生的追求，必是有幫助的。

陸、結語

最後我想以印度的大思想家泰戈爾的一句話來作結束，泰戈爾說：「當我離開世界的時候，請留一句話給這個世界，我曾經愛過了。」這句話的確是很發人深省，很具啓示性。人生在世，最重要的就是你是否愛這個世界，這個世界是否承認你曾經愛過它？對從事教育工作者而言，我們與「愛」最接近，也最能發出「愛」的火花，散發「愛」的力量，而關鍵就在於你是否眞愛？是否重視你的工作？從今天開始，就應該好好的反省、改進，如果是這樣，那我要說：「你曾經愛過這個世界，有一天這個世界會承認你曾經愛過它。」

（民國七十四年四月六日應彰化縣立文化中心演講，文稿承瞿毅先生整理而成）

二、「鑰匙兒」問題與解決之道

「鑰匙兒」這個名詞，近幾年來已成爲人人耳熟能詳的用語，這跟名詞的新穎、好玩應該沒什麼關係，倒是跟這個名詞所反應的社會現象，以及這個現象爲社會大衆的關切有極其密切的關聯。

壹、變遷社會下的產物

鑰匙兒反應了什麼社會事實？第一、現代家庭結構與功能的轉變，五代同堂、人口衆多的大家庭已不存在，小家庭代之而起，人口簡單，親子二代成爲家庭核心，並相互依賴已是不爭之社會事實。第二、父母親不再是「男主外、女主內」的時代了，最明顯的改變當然是女權擡頭，女性教育程度提高，婦女大量出外就業，加上家庭事務的機器化，家庭工作的男女共同分擔，都使得父母親經常不在家中，尤其是大多數母親已經不再鎮日守在家中，也不再倚閭望子早歸，以便早些時刻將年幼子女攬在懷中，噓寒問暖，享受天倫之樂，這也是社會事實。

第三、年幼的子女必須從小離開家庭（也許是早在出生後幾個月開始），離開父母親的身邊，特別是白天當父母親上班就業的時刻，更是如此。每當子女從受託的家庭、場所、幼稚園或學校返家時，父母親大多仍在就業地點或路途中，尚未回家，爲了進入空無一人的家戶，子女必須手持父母親再三叮嚀、囑咐的鑰匙，獨自開啓門戶，走進號稱溫暖巢窠或避風港的家門，然後獨自遊玩，無所事事或做功課一段時間，靜心、耐心與憂心地等父母親及早歸來，這也是社會的普遍事實。

也許是手持鑰匙的兒童多了，也許是兒童開啓門鎖的聲音此起彼落，因此「鑰匙兒」之名不逕而走，大家覺得這個名詞相當貼切，頗能反應當前社會的某些事實；大家也覺得這個問題相當發人深省，值得我們共同去關切，尤其大家也覺得這個問題如果不尋求解決之道，不僅大人們不安心，愧對下一代而已，進而造成下一代身心與人格的不健全發展，貽害社會之大，絕非社會之福。

貳、「家」永遠是問題的關鍵

鑰匙兒的問題會影響兒童那些身心的健全發展？鑰匙兒的社會問題是什麼？這是一個需要廣泛科學實證調查研究的課題。

據一般觀察所及，我們可了解一些事實：

第一、鑰匙兒每天預期家中父母親不在，可能就滯留返家途中不歸，或常在路旁打電動玩具，看漫畫圖書，或跟其他小朋友任意玩耍，甚至惹事生非，結成不良幫派，變成犯罪青少年。

第二、鑰匙兒雖可能直接回到家中，放下書包後，嫌在家無聊、冷清，返身又出門去找小朋友遊玩，或隨意閒逛。

第三、鑰匙兒也可能較爲乖順，在父母交待下，留在家中，與兄弟姐妹一起作功課，或獨自一人無所事事。我們知道，遊戲是兒童的生命，愛玩是兒童的天性，因此最常見的情形是，在家中相罵、打架、打破玻璃或弄壞桌椅、傢俱，有時甚至玩刀、玩火，釀成火災，危險至極。

第四、鑰匙兒若獨自一人在家，心生畏懼，瞻前顧後，常有不安全感。遇到有人揿按門鈴，不知是電錶、瓦斯的查錶員？或是報紙、雜貨推銷員？甚至可能是陌生人、小偷或歹徒。這時鑰匙兒可能無所措手，不知所以！也可能開門揖盜，造成家中遭刼，甚或形成不幸的災難。

第五、鑰匙兒留在家中，其實父母親也是很不放心的，因此常見一些父母在辦公室下班前提早離開，有些父母則在辦公室頻頻打電話遙控，有些是下班鈴聲未響就收拾好手提包，急如星火的匆忙趕回家。這些情況影響上班效率或情緒事小，更重要的是父母親的憂心如焚、心中的焦慮不是一般人所能想像的。

叁、打開問題的癥結，給予藥到病除的良方

上述是鑰匙兒問題可能形成的不良後果，但事實也不一定是如此，這當然會因父母親的認識、態度與處理方式而異，也會因兒童的年齡、性別、智力、性格與應變方式而有差異，所以問題的癥結不在鑰匙兒的本身，而應視父母親與兒童的了解與關係而定，這就找到問題的核心了，那就是父母親同時上班就業的家庭，爲人父母的應具怎樣的正確觀念？應如何正常的處理子女的問題？尤其是父母親應如何合作以共同處理家庭問題？玆簡述如次。

1. 父母親（或母親）出外就業（卽一般所稱的「上班族」）對兒童有無不利影響？根據許多學者研

究發現，母親就業對兒童並無不利影響。例如社會學家柯魯克曾比較五百對犯罪與非犯罪少年，發現母親就業與否對於少年犯罪無影響，但母親不定期就業則有較高少年犯罪率。其他研究也有發現母親就業對於男女小孩有不同影響的。總之，各種研究對此問題尚無一致答案，但我們可說母親就業與否不是重要因素，母愛的性質與父母所提供的家庭情況才是最重要的癥結，這是我們處理鑰匙兒問題首應重視的觀念。

2.在我們的社會，鑰匙兒問題並不是沒有補救的方法，如果你有心去處理，可以使它不必發生。例如：我們社會很重視孝敬父母，年輕夫妻對於夫方或妻方的父母本來就有照顧扶養的責任，安排孩子的祖父母或外公婆來照顧子女，天經地義，又可老人家享受含飴弄孫的樂趣，爲何一定要排斥與父母同住呢？退一步言，夫妻的父母若不能同住，夫妻的兄弟姐妹或因上學之便，就近照顧一下姪兒女，有時也有許多的方便。總之，中國人的家族感情仍值得維繫，對於鑰匙兒問題的減緩，或可有所幫助。

3.父母親也可以代托代管的方式來解決鑰匙兒的問題。例如：當子女放學之後，可參加本校的課業輔導，花費不多，又有班級的老師指導；子女也可到家裏附近的「讀書咖啡屋」或救國團的「青苑」等正當場所去讀書或消遣，解決父母返家前的空檔；父母若安排的好，子女也可到鄰居或親友家中等待父母接他（她）們一起回家。

4.對於必須獨自一人在家的鑰匙兒，父母就必須特別注意他（她）們的安全了。例如：教導子女回家後，如何做家事？如何作功課？如何收聽廣播或收看電視？如何閱讀書報？甚至如何與兄弟姐妹相處？如何接聽或使用電話？尤其父母應教導子女如何處理門鈴聲？如何開啓門戶？如何接待訪客？如何處理外務員、陌生人的干擾等等應變措施。聰明的父母親一定會在這些問題上，做適當的處理，以增進鑰匙兒身心的安全。

5.鑰匙兒的問題也應從鄰居的守望相助著手，父母親平時應與鄰居和睦相處，互助合作，建立良好的鄰里關係，對於子女的照顧問題，可請鄰居中比較常在家者，就近給予招呼或照顧，鑰匙兒若遇有緊急事故，則可就近請張大媽、李大嬸伸以援手，許多事情無形中即可迎刃而解。

6.若有子女可能變成鑰匙兒，父親或母親的工作時間、工作地點或工作方式等可研究一下，是否可能調整或相互配合？以給予子女在放學後較多的照顧。例如：就業的母親可否改爲半天或夜間上班？父親或母親有無可能換到離家較近的地點上班？父親或母親有無可能把工作帶回家來處理？父親或母親有無可能輪流提早回家？等等都是可能考慮的解決方法。方法是人想出來的，知道鑰匙兒問題的可能不良後果，對症下藥，即可有藥到病除的良方。

肆、給我們的兒童一個快樂幸福的童年

二十世紀是兒童的世紀，「兒童是國家未來的主人翁」，我們眞該爲這一代快樂的兒童道賀，他（她）們的父母已創造了富足的物質生活，提供了舒適美觀的環境，也賦予普及的教育機會，因此這一代的兒童可以無憂無慮、快樂幸福的成長。但是社會在進步變遷中，社會問題也層出不窮的以不同型態出現，鑰匙兒自然也是快速社會變遷的產物，我們瞭解了鑰匙兒問題的成因與現象後，就應下定決心，勇敢地面對現實，採取最佳的解決方案，給予兒童最安全的生活環境，增進兒童身心的健全發展，以創造

三、兒童、青少年與社會

壹、前　言

兒童、青少年人格發展的影響因素殊多，一般人所熟稔的即是：個人因素、家庭因素、學校因素與社會因素。個人因素包括生理、心理與身心調適等方面；家庭因素包括家庭環境、家庭社經地位與親子關係等方面；學校因素包括學校功能、學校環境、師生關係與教材教法等方面；而社會因素則極爲複雜，舉凡社會結構—功能的變遷、社會文化環境、大衆傳播與休閒娛樂等無不包括在內。其實，家庭與學校，也是具體而微的社會，家庭—學校—社會等三方面同時構成影響兒童、青少年人格發展的環境因素。本文僅從社會因素論述，乃題意之所在。

其次，從學理上來看，欲對兒童、青少年的人格發展有一全面性的了解，則牽涉生物學觀點、心理學觀點與社會學觀點。生物學家很早就已從個人的生理特徵、體型與生物遺傳基因，解釋兒童、青少年身心、人格的發展；心理學家也常從個人的人格結構、智力與心理動機調適或挫折等觀點，解釋兒童、青少年的人格發展；而許多社會學家也試圖從社會環境、社會和文化結構、社會階層等觀點，解釋兒童、青少年人格發展的正面與負面影響。本文作者雖了解科際整合的意義及其重要性，但本文限於篇幅，側重從社會學觀點，解析兒童、青少年人格發展的種種影響及其因應之道。

試用一個圖表來闡明這幾種關係，並作爲討論之主要參照：

貳、兒童、青少年人格發展的社會學理論

社會學家都認爲兒童、青少年所生長的環境，對其人格與行爲和發展具有重大的影響，他們承認生物因素和心理因素的影響，可是更重視兒童、青少年與社會的交互作用。無論從社會化、偏差行爲和社會控制等觀點，都可見到許多這方面的主張和學說。若列舉幾種社會學理論，以瞭解兒童、青少年人格發展的影響因素：

㈠**模仿理論**：法國社會學家達爾德(G. Tarde)，在十九世紀就以模仿法則，作爲社會學方法論之基礎。他說：「整個社會就是模仿，社會生活的一切重要行爲與現象，是受模仿之支配而引起的。」依此說法，則兒童、青少年之人格與行爲當亦由模仿

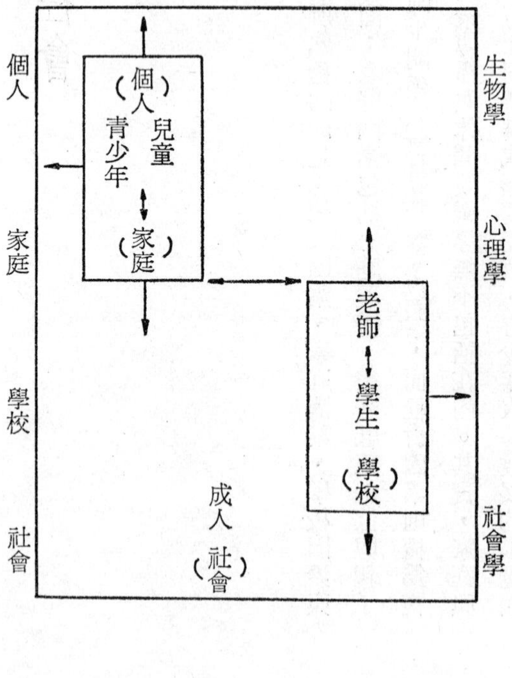

而來，因此誘導兒童、青少年之健全發展，必透過教育與模仿，以强化其效果。

㈡**鏡中自我理論**：美國社會學者顧里（C.H. Cooley）認爲自我是社會產物，自我觀念源自兒童、青少年與他人不斷的互動，他以「鏡中自我」來說明他人如何影響自我觀念的情形，他說：「在鏡中每人反映他人對自己的形象。」

照顧里的觀點，一個人的自我形象和自我觀念的建立，都要靠他人的協助，例如：胖瘦、高矮、美醜、智愚、是非等，皆是與他人比較，自我知覺的結果，亦卽從他人的反應中學習得來。總之，他人的反應卽是自我的鏡子，沒有這種社會鏡子，就不會有自我觀念。

㈢**認同危機理論**：艾力遜（E.H. Erikson）提出「認同危機說」（theory of identity crisis），他認爲人生發展有八個階段，每個階段歷經一個危機，產生生理和社會環境的變化，加以適應後，使人更爲成長。艾力遜强調人類對此危機常採積極或消極二種反應，一旦危機度過，自我便更趨成熟，而建立穩定的認同。這八個階段與危機是：

1. 嬰兒時期，一歲期間，信任或不信任危機。
2. 幼兒時期，二歲和三歲時期，自主自治或怕羞懷疑危機。
3. 遊戲時期，四歲和五歲時期，創發性活動或犯罪感危機。
4. 學校時期，六歲至十二歲時期，勤勞刻苦或自卑感危機。
5. 青少年時期，十二歲至十八歲時期，認同或角色混亂危機。
6. 青年時期，十八歲至三十歲時期，親密或孤獨危機。

7.中年時期，三十歲至六十歲時期，生產或停滯危機。

8.老年時期，六十歲以上時期，統整或追悔危機。

艾力遜強調人生這八個階段，每個階段都可能有積極性或消極的發展，而且每個階段的適應也都可能影響下一階段的情況，消極的發展須加以克服，積極的感情必須加以增強。社會秩序就在這些發展階段中滋生，並形成文化中的各種制度且代代延續。

㈣**道德發展理論**：美國社會學者柯爾保（L. Kohlberg）實際調查各國兒童、青少年的道德發展情況，建立「道德發展說」（theory of moral development）他指出人類對於道德問題的思考，不僅是文化影響的結果，並且有如情結成長，認知技術一樣，是隨兒童、青少年對其外界環境的經驗，逐期發展而來。柯爾保將兒童、青少年道德發展分為三個階段、六個時期，其情形如次：

1.前規約時期：兒童尚未發展「對錯」的道德觀念。又可分二個時期：

⑴第一時期：兒童服從權威、畏懼懲罰時期。

⑵第二時期：兒童喜歡受人稱讚而採取行動時期。

2.規約階段：兒童逐漸成長，日漸關心別人之想法，其結果是他們的行為乃成為「他人導向」。

⑴第三時期：兒童希望博得父母的歡心與稱讚，逐漸形成對錯觀念。

⑵第四時期：兒童開始考慮規則問題，例如：他開始知道偷竊乃不好之事。

3.後規約階段：兒童、青少年開始走出家庭，與他人接觸，各種觀念的歧異，隨之而生。

⑴第五時期：兒童開始認識道德衝突問題，並以不同觀點來評鑑一般規則和管理原則。

⑵第六時期：兒童開始具有强烈好惡感情，成爲「自我導向」，並具有正義、互助、人權、平等、自尊、尊人等普遍原則。

根據柯爾保這種主張，兒童、青少年對於道德問題思考的能力，是逐漸成長的，就像「認同」和「認知」能力一樣，是兒童、青少年與其環境中的兒童與成人不斷接觸，逐漸發展而成。

㈤**副文化理論**：現代社會是一個旣複雜且異質的社會，它已不是同質社會，而是以某些價值爲中心，再雜陳許多副文化而成，這乃形成社會學者所謂的「副文化」(subculture)。所謂副文化指的是，某一團體的行爲模式，除與大社會共享某些價值、信仰和規範外，團體成員間，另有一些獨特的特質，而與大社會所有者有別。據社會學家的研究，現代社會的副文化可分爲：⑴民族的，⑵種族的，⑶職業的，⑷區域的，⑸宗教的，⑹社會階層的，⑺偏差的等七類型。現代社會中，兒童、青少年的人格與行爲發展，當然也受到其所屬社會副文化的影響。

此外，副文化理論已爲社會學家廣泛運用來解釋兒童、青少年的偏差行爲與犯罪行爲，其中較著名的學者如：孔恩(A.K. Cohen)、柯羅屋(R.A. Cloward)、歐寧(L.E. Ohilin)等人。他們大體主張，副文化團體中的價值與規範，與大社會有所不同，兒童、青少年若受其影響，乃組織幫派，自定規範，以爲改變其社會地位之手段，偏差或犯罪行爲，乃由此滋生。

㈥**差別結合理論**：俗語云：「近朱者赤，近墨者黑」，社會學者蘇壽南(E.H. Sutherland)從前述達爾德的模仿法則出發，發展出一套更完整的「差別結合理論」(differential association theory 簡稱DAT)。這種理論强調，兒童、青少年可能的犯罪行爲，乃是個人在其基本之社會團體中與他人接觸之社會化學習的結果。

這種理論，提醒我們，兒童、青少年所接觸之人，包括其父母、老師、同學、朋友及鄰居等人之行爲與態度，均爲構成其人格與行爲發展健全與否之重要因素，尤以與兒童、青少年親近之人，或爲兒童、青少年所仰慕者，均對兒童、青少年之行爲與人格有決定性之影響。

(七)**社會互動理論**：「社會互動理論」(Social interaction theory) 又稱爲（標籤理論）(tabeling theory) 作此主張的學者如雷瑪特 (E.M. Lemert) 貝克 (H.S. Becker)。他們強調一個人的行爲乃是社會的產物，也是社會互動過程的產品，因此只有從互動過程中去探索，才能確定一個人人格與行爲發展的眞相。

以兒童、青少年的偏差行爲而論，世界上沒有任何一個人，天生是偏差者，偏差行爲乃是決定於別人對此行動的反應。一個兒童、青少年可能偶然違犯了社會規範，他們可能不把自己想成偏差者，但假如，他人宣稱其行爲偏差，加以攻擊、譏笑，其結果就眞的導致偏差。易言之，一個兒童、青少年可能初犯某些規範，加上由於「壞就壞到底」的想法，以致到最後「深陷泥沼而不能自拔」，眞是「一失足成千古恨，再回首已百年身」。

這個理論明確告訴我們，爲人「老師」或「父母」者，對於兒童或青少年的行爲，必須採取「審愼」、「寬容」與「慈悲爲懷」的教育精神，千萬不可輕易爲兒童、青少年加上不利的「標籤」，導致不良的後果。一個人的行爲，的確是互動過程的結果，也是一種動態社會過程的結果，「老師」與「父母」在與兒童、青少年互動過程中，應注意「自我實現之預言」或「比馬龍效果」(Pygmalion effect)，採取正確性之社會反應，提昇教育的效果。

綜合以上七種社會學理論，可見社會對兒童、青少年人格與行爲發展，具有重大影響，一個人的社會化及其社會角色的學習，都是終身的歷程，但在個人社會化過程中，以兒童和青少年時期最爲重要，因此，以良好的社會環境與文化促進兒童、青少年人格與行爲的健全發展，乃成爲不可忽視的課題。

叁、現在社會特性對兒童、青少年人格發展的影響

現代社會中的兒童與青少年，其人格與行爲發展乃現代社會特性的反映。一般說來，我國社會基本上仍是儒家傳統思想影響下的文化之都，尤其三十幾年來，政府與民衆的勵精圖治，工商業快速成長，人民所得日益提高，社會變遷迅速，而且在政治上力求民主政治，在經濟上力求均富共享，在社會上力求安和樂利，已創造了一個富强康樂的社會環境。但是在此同時，我國社會與文化也充分表現了一些現代社會的共同特徵，孕育了一個當代兒童與青少年特殊的成長環境，也反映了當前社會上兒童與青少年的某些意識型態、人格與行爲問題。茲列表如下，並簡單分析其關係如次：

㈠**科技迅速發展**：現代我國社會受到西方社會高度科技發達的影響，農業與工商業生產技術與國防工業皆發展迅速，日新月異，這些科技的突飛猛進，造成社會變遷急劇，上下二代間對倫理道德觀念的看法，差距加大，而且認知的差距，也是明顯的事實。

㈡**資訊社會的發展**：電腦與資訊時代的來臨，大衆傳播媒介對於個人生活的滲透日趨明顯。影響所及，這一代的兒童與青少年已很難拒絕大衆傳播媒介所帶來的大量訊息，於是直覺的反應，不擅邏輯思

現代社會的特性	青少年環境的特徵	兒童與青少年的問題
1.科技迅速發展	1.倫理觀的差距	1.代間認知的差距
2.資訊社會的發展	2.大衆傳播媒介的影響	2.直覺的反應，欠缺思考
3.人口集中都市	3.人際關係的疏離	3.現實與功利主義
4.升學競爭劇烈	4.生活壓力的繁重	4.生活無目標，無力感
5.物質生活豐裕	5.溺愛與輕易的滿足	5.普通不滿現狀
6.精神生活鬆散	6.價值的迷失	6.獨善與自我中心
7.知識的爆增	7.繼續學習的要求	
8.價值的多元化	8.選擇過多，迷失自我	

※本表參考劉焜輝撰，〈日本青少年問題與輔導〉，載於《當前青少年問題與輔導》，中央文物供應社，民國七十四年六月，第一二九頁。

考，廣泛的產生現實與功利主義。

㈢**人口集中都市**：人口向都市迅速集中，都市社會中人口的高度異質性與疏離感，加上犯罪、色情等社會現象充斥，形成兒童與青少年人際關係的疏離，既容易趨向現實、功利，也容易使生活缺乏目標，隨波逐流，成爲無根與迷失的一代。

㈣**升學競爭劇烈**：我國社會重視學歷、文憑，因而從小學、中學而大學，都崇尚升學競爭，課業壓力極度繁重，兒童與青少年在重重壓迫下，窮於應付，身心疲累，茫然若失，祇知升學一途，缺乏生活技能，更乏遠大理想與目標。

㈤**物質生活豐裕**：近年我國經濟高度成長，國民所得普遍提高，物質生活十分豐裕，家庭與父母乃趨於溺愛子女，於金錢與物質上，輕易滿足子女的需求，兒童與青少年乃怠忽玩樂，追求現實，甚至容易造成對現狀的不滿。

㈥**精神生活鬆散**：現代社會崇尚物質的結果，相對的就易造成精神的鬆弛，在精神頹廢的社會風氣下，兒童與青少年反而產生對現實的不滿意，甚至以獨善其身爲滿足，忽略服務社會人羣的價值。

㈦**知識的爆增**：現代社會由於高度科技與專業化，知識的製造也快速了，知識的量激增，知識的質反而流於低俗，同時兒童與青少年感受到對生活知識的需求日趨殷切，乃不得不繼續學習，以趕上時代的步伐。

㈧**價值的多元化**：現代化社會價值觀念十分分歧，社會開放，不同的意見、觀念與作法，充斥市面，造成選擇過多，莫衷一是，兒童與青少年最容易在多重文化衝突中，迷失自我，甚至遭遇到嚴重的挫折感。

綜合以上這些現代社會的特性，十分複雜，彼此互相關聯，而非絕然獨立的因素，但無論如何，這些社會特性對於兒童與青少年人格、思想與行爲的發展，均具有決定性的影響。

肆、當前我國社會問題對兒童、青少年人格發展的影響

當前臺灣地區已由農業社會轉型爲工商業社會，舊有的社會習俗、道德文化，漸漸流於表面型式或被遺棄，而新的道德標準又尚未建立，在此青黃不接的轉型時期，社會表現出的形形色色問題，使兒童、青少年易於迷惑、困擾，無所適從。由於兒童、青少年身心尚未成熟穩定，心智仍不健全，且意志薄弱，是非不明，極易受浮華環境所引誘而感染不良習性，做出不道德的事情來，於是兒童、青少年人格與行爲問題日趨嚴重。茲分述數項，概觀全體。

㈠**社會型態改變的影響**：臺灣地區社會型態快速轉變，改變了一般人的價值觀念，物質的追求，代表個人的成就，也形成社會地位的表徵，追求財富，成爲大家共同嚮往的目標，兒童、青少年對物質的重視與追求的熱切，深受成人的影響，在理智與道德觀念尚未養成之前，只求達到目的而不擇手段。臺灣地區工業化的結果，人口向都市集中，都市豪華的物質生活，與簡樸的農村生活成爲强烈的對比，兒童、青少年如沉緬於物質享受，而又無法用合法的途徑來滿足其慾望，往往鋌而走險，以犯罪方式來求得滿足。

㈡**社會風氣的不良影響**：臺灣地區社會風氣的不良，已是人人皆知的事實，腐敗、奢侈、舖張、浪費的不良習俗，如上奢靡、淫逸、消極、頹廢的不良習性，遠離了樸實、儉約、樂觀與奮發的社會模式，這些社會風氣的不良影響，每每給予兒童、青少年極大的暗示作用，貶損兒童、青少年社會價值取向及人生抱負。

㈢**不良娛樂場所的引誘**：臺灣地區由於社會風氣日漸浮華，酒家、茶室、咖啡廳、彈子房、電動玩具店、撞球場等普遍設置，兒童、青少年偶一不愼，涉足其間，難以自拔，而地下賭場，以一本萬利誘人上當，在物慾色情的重重誘惑之下，叫兒童、青少年如何能夠潔身自愛呢？

㈣**不良電影、電視及書刊的影響**：臺灣地區大衆傳播甚爲發達，固然發揮了社會教育的功能；但是有時也發生了負面的影響，例如：一般的報章雜誌，爲了爭取銷路，揭發社會的黑暗面或桃色新聞，繪聲繪影，故意描寫渲染犯罪手法，而連環圖書、武俠小說等不良書刊及武俠電視電影，刀光劍影，誨淫海盜，毒化兒童、青少年心理甚鉅。

㈤**缺乏正當的休閒娛樂場所**：兒童、青少年精力旺盛，喜歡戶外或休閒娛樂活動，然而臺灣地區正當休閒娛樂場所，普遍不足，也有不少商人提供缺乏商業道德的娛樂場所，引誘迷惑兒童、青少年，莫此爲甚，並使兒童、青少年自陷泥淖而不能自拔。

㈥**不良幫派的囂張**：臺灣地區不良幫派甚多且惡，常引誘兒童、青少年爲其利用的工具，從事色情、暴力、吸毒、詐欺、偷竊、勒索等不法勾當，兒童、青少年若執意不從，則常受害，甚而逞兇，使兒童、青少年受辱、受毆，不敢不從，據調查，歷年來，兒童、青少年犯罪，因交友不愼所佔比例甚高，可見不良幫派對於兒童心性、行爲不良影響，爲害甚深。

伍、幫助兒童、青少年人格健全發展的社會途徑——代結語

兒童、青少年問題之癥結，在於其生理、心態、行爲、副文化及成長環境，因此若要預防兒童、青

少年問題之產生，正本清源之辦法，宜從父母之教養、師長之輔導、成人之瞭解與大衆傳播媒介之適應等正當方法着手，玆試分別說明之：

㈠**父母之教養**：兒童、青少年之問題與其父母之教養，關係最爲密切，有人說：「問題之青少年，大多出於問題之父母或家庭。」因此父母教養子女方面應注意幾件事：

1. 做父母的，不可推卸教育子女的責任，尤其要研究怎樣教養自己子女的方法，對於兒童、青少年的生理衞生、心理衞生、青少年的心理與教育等問題，皆不可不研究。

2. 父母對於子女應該給予適當的關心、支持與鼓勵，不可過份專橫、嚴格或過份溺愛，以免造成子女之不良適應。

3. 父母應培養家庭溫暖與和諧的氣氛，使子女樂意在家庭與父母共同討論問題。

㈡**師長之輔導**：教師是兒童、青少年學業與人格健全發展之重要指導者，「師者，所以傳道、授業、解惑也。」教師的職責很重。對於兒童、青少年之輔導而言，今日教師應注意幾件事：

1. 教師應充分了解兒童、青少年心理和領導兒童、青少年的方法。教師不可以爲自己的工作祇是「教書」，把教科書按期教完了，就算盡了責任；而是應瞭解自己的責任，是教學生「做人」，並用個別指導方法，去指導特殊的學生，去指導有問題傾向的學生。

2. 教師對於學生的課業，要熱心指導，對於學生的作業成績，要認眞考核。教師若能以循循善誘的態度，和誨人不倦的精神，去引起學生學習興趣，學生就會聚精會神地去從事學習工作。

㈢**成人之瞭解**：有些人認爲兒童、青少年與成人是對立的，因此有所謂「代差」，事實上，兒童、青少年的觀念及實際行爲與成人或許有所不同，但兒童、青少年也在積極地向成人世界、成人文化認同，因此成年人必須瞭解兒童、青少年問題，並且積極地輔導兒童、青少年順利地適應成人文化。

進一步而言，社會上的成年人，更要以身作則，倡導一種淳樸的風氣，樹立一個良好的楷模，使兒童、青少年於不知不覺中，潛移默化。

㈣**大衆傳播媒介之適應**：在我們這個社會上各種大衆傳播工具如：報章、雜誌、書刊、廣播、電影、電視等。迅速擴展，其影響力無遠弗屆，對於兒童、青少年之心理與行爲，影響巨大。

今日大衆傳播工具由於過份商業化、庸俗化與暴露行爲，對於兒童、青少年容易產生不良影響，已引起許多有心人士之關切，因此今後我們要供給兒童、青少年良好的電影、廣播、電視、戲劇、音樂、報章、雜誌、書籍等，使兒童、青少年有正當的娛樂，得到良好的教育。

㈤**正當社會教育機構之增設**：我們的社會要大量增設圖書館、博物館、音樂廳、動物園、體育場，並充實各縣市文化中心等社教機構，使兒童、青少年有發展與舒暢身心和滿足其興趣之場所。

此外，應對兒童、青少年可能產生的人格、心性與行爲問題，固然「預防勝於治療」、「輔導重於管理」，但某些補救設施，在今日複雜社會情形下也不能不積極設置，以解決或減緩兒童、青少年之問題。這些設施與作法，主要的有下列各項：

1、充分利用社會資源，從速設立兒童、青少年問題或家庭教育問題諮詢中心。

2、充實救國團「張老師」等社會有關兒童、青少年輔導機構，並加强彼此間的聯繫合作。

3、充實與運用社區活動中心，設置兒童、青少年社區俱樂部，供兒童、青少年活動場所。

4、利用大衆傳播工具，加強兒童、青少年的法律教育。

5、澈底取締兒童、青少年不良幫派組織，嚴禁兒童、青少年涉足不當場所，取締兒童、青少年服用迷幻藥物，查禁兒童、青少年不良書刊及携帶兇器。

6、澈底實施「少年不良行爲及虞犯預防辦法」、「少年輔導委員會設置要點」、「預防少年犯罪協調會報設置要點」、「禁止青少年涉足妨害身心健康場所的辦法」、「警察機關防處少年事件須知」、「防制青少年暴力犯罪實施方案」等法規。

（本文曾載於《社教雙月刊》第十三期，民國七十五年五月）

四、青少年問題與教育

壹、前　言

在當前社會快速變遷中，青少年問題深受大家的重視：父母親覺得青年子女不順從、不易溝通、情緒不穩、難於瞭解；教師們覺得青年學生不遵守校規、好標新立異、反抗權威、調逗異性教師；司法界人士覺得青少年之犯罪案件與日增多，犯法內容漸趨嚴重，現有法令已不足以產生遏止力量。因此大家不斷强調：正視青少年問題、輔導青少年問題、預防青少年問題、研究青少年問題……等。

今日來談青少年問題，我個人覺得其重要性有三點：

㈠青少年人口比例很大

近數十年來，由於人口的爆發，青少年人口佔總人口的比例很大，以臺灣地區爲例，民國七十三年，十歲以上，十八歲未滿的青少年人口爲三百七十六萬五千人，佔總人口一千八百餘萬人的百分之二〇．五一。因此青少年之任何問題均值得吾人之重視。

㈡爲減少青少年個人與社會問題

最近由於社會變遷之快速，社會問題叢生，青少年所引起之個人與社會問題也愈來愈嚴重。以青少年犯罪爲例，民國七十二年，臺灣地區青少年犯罪者爲一萬三千六百三十四人，犯罪率爲萬分之四十五・五。若我們社會能更加重視青少年問題，則可使這些青少年個人或社會問題適當之降低。

㈢**爲國家社會培育有用之人力**

我們都必須承認青少年是國家未來的棟樑，青少年若能積極加以栽培教育，必可使其成爲人才，化爲國用。以民國七十學年度例，在國中、高中、高職之學生合計有一百六十萬五千三百三十五人，佔總人口的千分之九十二・六三。這些青少年學生若接受適當之教育，將來必是國家社會有用之人力。

總之，無論基於青少年人口比例很大，或是爲減少青少年個人與社會問題，爲國家社會培育有用之人力，討論青少年問題及其改進，皆有很深遠之意義。

貳、青少年與青少年問題

㈠**青少年之意義**：本文所謂「青少年」，是指十二歲至十八歲這一階段的國中學生和高中學生而言，學校以外與此年齡相當的社區青少年，亦包括在內。人生在此一階段中，生理發育最快，心理發育不能與之平衡，容易產生許多不良適應的行爲問題。

㈡**青少年問題之類型**：青少年問題很多，依其徵狀之程度，可分三類：

1. 輕微的問題行爲：所謂輕微的問題行爲，如：心理煩擾、易感疲倦、要求獨立、愛反抗、好批評、特別好奇等，此種輕微的問題行爲，正是青少年急劇發展過程中的自然趨勢。

2.比較嚴重的問題行爲：這種問題行爲，如：說謊、兇暴粗野、極端不服從、嚴重的攻擊或破壞、經常反對別人的意見、極度的孤獨、不正當的性行爲如手淫、離家出走、欺騙、不誠實、顯明的諉過或推卸責任、注意力不集中、學業成績過劣等。

3.嚴重的問題行爲：例如：情緒不穩定、帶危險性的攻擊和破壞、偷竊、犯罪、參加不良幫派、兇殺、心理失常或神經病症等。

上述三類青少年問題，有時需要特殊的教育與指導，有時需要專家的協助與處理，否則這些青少年，不但容易危害自身，也易損害家庭、學校與社會。

叄、青少年問題之癥結

對於青少年問題之看法，我個人始終堅信：「預防勝於治療」，「輔導重於管理」，所以我認爲要導青少年問題於無形，必須從瞭解青少年問題之癥結著手，亦卽從青少年之生理、心理、行爲、副文化及成長環境等特徵及其影響著手，以下試分別加以說明。

㈠青少年之生理

一個人屆於青少年時期，生理發育特別快。例如：男孩十二、三歲，女孩十一、二歲，身高體重開始激劇增加，需要適當的營養、休息與運動。骨骼和肌肉顯著的發展，活力旺盛；肺部、心臟及內臟的發展也快。

青少年正是青春期開始，生殖機能逐漸成熟，女孩約十三歲進入青春期，月經來潮，男孩約十四歲進入青春期，說話變音、開始長陰毛。

這些青少年生理的發育，引起興趣、態度的變化，情緒和行爲也易呈現不安的現象。

㈡青少年之心態

青少年由於生理的發育，心理態度也隨之發生變化，最明顯的特徵是：

青少年的記憶力、注意力、推理力和思考力逐漸增進；獨立思想批評能力亦逐漸加强，但均未到達成熟的地步。

青少年的情緒强烈，喜怒愛惡甚爲明顯；情緒反覆無常，不穩定性時顯時弱，容易發生悲歡離合的故事。

青少年對於娛樂與社交的興趣，亦很强烈，對於異性漸漸感到興趣。

瞭解青少年這些心態，才能眞正去輔導青少年。

㈢青少年之行爲

青少年身心發展均未成熟，其社會行爲亦表現許多特徵：例如青少年對於父母的吩咐、師長的訓示、學校的校規、公共的規則等常存一種反抗的態度。

青少年亦喜歡與同學結合，常三五成羣，切磋學問或結黨成派，爲非作歹。

青少年富同情心、正義感、喜歡打抱不平。

青少年介於兒童與成人之間，稱爲邊際人，對於被視爲小孩，發生忌諱與不滿；而對於成人行爲則發生强烈的模仿。

㈣**青少年之副文化**

青少年爲排除成人權威之約束，而向同輩團體認同，於是常常形成戲團體，夥伴或幫派，這些團體具有獨特之副文化；爲瞭解青少年問題必須了解這種副文化之特徵：

1.青少年在其副文化中，可享受平等之地位，這是與成人相處所不能得到的。

2.青少年在其副文化中，具有較大的心理自由，不必像在家庭或學校中較易患得患失。

3.青少年在其副文化中，可以建立自己的行爲標準，決定自己的抱負水準，不受成人文化的約束。

因此，欲瞭解青少年之問題，必須承認及瞭解同輩團體對於青少年社會化及人格發展之影響。

㈤**青少年之成長環境**

青少年的心理發展，全在社會環境中與他人共同生活時，漸漸地養成。因此青少年於不良之成長環境，自然形成各種問題，所謂「染於蒼則蒼，染於黃則黃」，即是這個意思。

不良社會環境包括很廣，例如：交結不良朋友，參加不良幫派，涉足不正當場所，沾染不良嗜好，閱讀不良書刊，觀看不良電影電視等，都會造成青少年之問題行爲。所以對於青少年之生長環境，應給予特別之重視。

總之，瞭解上述青少年問題形成之癥結，才可對症下藥，收到事半功倍之效果。

肆、青少年問題之改進

青少年問題之癥結，在於其生理、心態、行爲、副文化及成長環境，因此若要預防青少年問題之產生，正本淸源之辦法，宜從父母之敎養、師長之輔導、成人之瞭解與大衆傳播媒介之適應，等正當方法著手。玆試分別說明之：

㈠**父母之敎養**：青少年之問題與其父母之敎養，關係最爲密切，有人說：「問題之青少年，大多出於問題之父母或家庭。」因此父母敎養子女方面應注意幾件事：

1. 做父母的，不可推卸敎育子女的責任，尤其要研究怎樣敎養自己子女的方法，對於青少年的生理衞生、心理衞生、青少年的心理與敎育等問題，皆不可不研究。

2. 父母對於子女應該給予適當的關心、支持與鼓勵，不可過份專橫、嚴格或過份溺愛，以免造成子女之不良適應。

3. 父母應培養家庭溫暖與和諧的氣氛，使子女樂意在家庭與父母共同討論問題。

㈡**師長之輔導**：敎師是青少年學業與人格健全發展之重要指導者，「師者，所以傳道、授業、解惑也。」敎師的職責很重。對於青少年之輔導而言，今日敎師應注意幾件事：

1. 敎師應充分了解青少年心理和領導青少年的方法。敎師不可以爲自己的工作祇是「敎書」，把敎科書按期敎完了，就算盡了責任；而是應瞭解自己的責任，是敎學生「做人」，並用個別指導方法，去指導特殊的學生，去指導有問題傾向的學生。

2. 敎師對於學生的課業，要熱心指導，對於學生的作業成績，要認眞考核。敎師若能以循循善誘的態度，和誨人不倦的精神，去引起學生學習的興趣，學生就會聚精會神地去從事學習工作。

㈢**成人之瞭解**：有些人認爲青少年與成人是對立的，因此有所謂「代差」，事實上，青少年的價値觀念及實際行爲與成人或許有所不同，但青少年也在積極地向成人世界、成人文化認同，因此成年人必須瞭解青少年問題，並且積極地輔導青少年順利地適應成人文化。

進一步而言，社會上的成年人，更要以身作則，倡導一種淳樸的風氣，樹立一個良好的楷模，使青少年於不知不覺中，潛移默化。

㈣**大衆傳播媒介之適應**：在我們這個社會上各種大衆傳播工具如：報章、雜誌、書刊、廣播、電影、電視等。迅速擴展，其影響力無遠弗屆，對於青少年之心理與行爲，影響巨大。

今日大衆傳播工具由於過份商業化、庸俗化與暴露行爲，對於青少年容易產生不良影響，已引起許多有心人士之關切，因此今後我們要供給青少年良好的電影、廣播、電視、戲劇、音樂、報章、雜誌、書籍等，使青少年有正當的娛樂，得到良好的教育。

進一步，我們要大量增設圖書館、博物館、音樂廳、建立各縣市文化中心，使青少年有發展其身心和滿足其興趣之場所。

伍、青少年教育已有的作法

青少年教育不僅有其理論基礎，青少年教育更是一種工作方法。在三民主義的社會建設與教育建設理想目標指導下，我國各級政府對於青少年教育之推行，不遺餘力，其中尤以社會行政單位在推行社區發展，加强社區精神倫理建設；教育行政單位在促進教育與社會結合，加强各級學校辦理社會教育等二項工作，表現最爲突出，茲就此實際作法與具體成果，加以履述，以了解我國青少年教育之顯著收穫。

社區發展是當前民生主義社會政策重要的一環。社區發展自開始實施以來，即以社區青少年教育為重點工作。例如民國五十四年四月八日行政院頒佈「民生主義現階段社會政策」中，將社區發展與社會教育一併列入，期使結合推行，融合貫通，民國五十七年行政令頒「社區發展綱要」，其中第五章工作項目，第十三條第一款鄉村社區發展，明列關於教育文化者，其項目如：興建兒童樂園、公園、游泳池、運動場，提倡體育、正當娛樂、改善風俗等。七十二年四月「社區發展綱要」修正為「社區發展工作綱領」，關於社區中的教育文化工作，更加重視，達二十八項之多。

臺灣省政府社會處自民國五十八年起至七十二年度止已發展四千零四十七個社區，對於社區之基礎工程建設、生產福利建設及精神倫理建設同時進行。在社區精神倫理建設方面，除興建社區活動中心、設置圖書室、設置小型體育場及小型公園、兒童樂園外，特別注重端正社會風氣及民俗改善，編組社區童子軍，及各種工作隊與服務隊，並成立老人長壽俱樂部，舉辦媽媽教室活動及社區全民運動等，期能充實社區居民之精神生活，加強守望相助，並陶冶品德，改良其生活習慣。

臺北市、高雄市社會局推行之社區精神倫理建設，則以成立兒童育樂營、舉辦青少年體能訓練、舉辦婦女幸福家庭講座、成立社區長壽、松柏俱樂部、成立志願服務團、組設童軍團、舉辦國民生活須知示範觀摩會、以及推展社區全民運動等為重點工作。

另一方面，多年來，各級學校加強辦理社會教育亦是政府施政的重點，教育部早於民國五十九年修正公佈「各級學校辦理社會教育辦法」，臺灣省和臺北市、高雄市亦訂頒「各級學校加強社會教育推行全民精神建設方案」，希望學校走進社會，使教育與社會結合。

臺灣省教育廳乃於民國六十三年起，選定各類型學校若干所，擔任實際示範工作，以執行清除髒亂，協助推行「小康計畫」，實踐「國民生活須知」，開放學校場所，加强民族精神教育等五項爲重點工作，期由各校校長、教職員身教言教爲學生示範，再以學生實踐力行爲橋樑，影響家庭及社會。

臺北市高雄市政府教育局近幾年來，加强各級學校辦理社會教育的具體作法是：

1. 以學校爲中心舉辦社區文化活動。倡導社區正當娛樂活動，引導社區推展國民體育活動。

2. 配合母姊會、家長會舉辦國民生活須知演示。

3. 舉辦媽媽教室及家事活動。

4. 開放學校場地供市民從事正當休閒活動。

此外，並從加强青少年公民教育，促進學校與社會機構合作等方面著手。

綜合我國過去三十幾年來，對於青少年教育之作法與成效，至少有下列幾項意義與認識：

1. 青少年教育雖無形式之名，但在實質上，無論政府之法令，社區發展工作，各級學校辦理社會教育工作，都很重視社區青少年教育。

2. 社區發展推行多年來，雖在社區基礎工程建設，社區生產福利建設等已有較多具體成效，但社政同仁更深切體認到，今後社區發展工作之成敗，仍以社區精神倫理建設之成功與否爲斷，惟有社區青少年教育或社區精神倫理建設收到實質效果社區發展才獲致全面的成功。

3. 各級學校教育特別是國民中、小學辦理親職教育、教學參觀日等活動，對於青少年教育貢獻甚著。今日學校開放場地與校園安全似乎已有了衝突，但祇要有計畫的實施活動，青少年教育絕不可停頓，應列爲重點工作。

4.社政單位與教育行政單位，或社區理事會與各級學校爲推動社區青少年教育過去已做了許多相互支援，互助合作的工作，今後更應加强結合，相輔相成。

陸、青少年教育應有的策略

推行社區青少年教育所牽涉的範圍相當廣，所能應用的策略或應注意技巧，便也相當複雜，茲就個人管見所及，提幾項技術性的方法，作爲推動青少年教育之參考：

㈠社區青少年教育應符合社區特質

現代社區的共同特質是：

1. 變遷
2. 隱匿
3. 功利
4. 專業化
5. 世俗化

社區青少年教育應針對這些共同特性而入手。

此外，每個社區有其特異性，例如：鄉村或都市、農業或工、商業、人口的性別、年齡分佈、階層、教育程度、職業、價値、宗教等。都應作爲辦理社區青少年教育的重要依據。

(二)社區青少年敎育應從社區調查入手

辦理任何社區青少年教育活動，最好是從調查社區居民的人數、興趣與需要入手，才不會無的放矢。其步驟爲：

1. 蒐集社區基本資料
2. 編製適當問卷
3. 統計分析
4. 撰寫調查報告
5. 根據調查結果，計畫辦理活動。

(三)社區青少年敎育應選擇重點活動

社區青少年教育可辦理的項目，類別繁多，諸如：

1. 語文活動
2. 生產技能活動
3. 科學活動
4. 藝術活動
5. 衛生保健活動
6. 休閒康樂活動等

不過，基本上要辦何種活動，需考慮幾個因素：

1. 社區居民的興趣，需要或能力。
2. 社區能動用的人員、設備、經費。
3. 符合社會或國家當前發展的需要。

依上述原則，則如：法律教育、交通安全、交友婚姻、心理衛生、親職教育或家庭副業等，都甚有價值。

㈣社區青少年教育應協調有關單位合作辦理

社區青少年教育活動應協調社區中相關政府機關或民間團體共同參與辦理，例如：

1. 社區內各級學校
2. 社區理事會
3. 里鄰辦公處
4. 救國團或張老師
5. 社教機構
6. 民間社團
7. 工商企業機構
8. 宗教寺廟
9. 其他

每次或長期成立「推行委員會」作爲協調、聯繫、溝通的中心。

㈤社區青少年教育應以「個別輔導」與「團體活動」並重

個別輔導指的是：個人接觸、交談、諮詢或服務。

團體活動，如：集體參觀、訪問、旅遊、共同討論、團體舞蹈、講習、研習、授課、演戲或角色扮演等。

上述二種服務應因人、因時、因地與因事而異，都有其意義與需要。

㈥社區青少年教育應靈活運用，就地取材

社區青少年教育可在任何場地來辦理，例如：

1. 學校
2. 圖書館
3. 電影院
4. 天文臺
5. 動、植物園
6. 名勝古蹟地方
7. 育幼、養老院
8. 郊外大自然
9. 居民家庭
10. 其他任何地方

㈦**社區青少年教育應重視評鑑工作**

1.每次社區青少年教育活動，應有專人負責紀錄，作爲評鑑之參考。

2.每次活動之後，都應檢討優、缺點，加以改進。

3.對於個人或團體，給予適切的獎懲或建立紀錄卡，以爲考評依據。

4.在一固定階段後，應作一綜合評鑑。

柒、青少年教育的展望

社區青少年教育是社區發展的主要動力，透過社區青少年教育可以帶動社區全面的進步和清新。以往我國若干社區青少年教育的措施，大多是片段性或實驗性，缺乏整體的規劃，更難做到政府和人民的通力合作。未來我國的社會建設，應以社區爲基層單位，應以教育爲主要動力，社區青少年教育愈來愈爲重要。本著地利觀念，個人以今後社區青少年教育的推展，宜把握下列幾個方向。

㈠**生活教育的落實**

早在民國五十一年教育部頒佈「生活教育方案」，分列日常生活、健康生活、道德生活、學習生活、公民生活、勞動生活、職業生活、休閒生活八類，並且訂有實施原則和方法，通令各級學校施行。可是檢討實施成果，多半未能脚踏實地的做到。一方面固由於學校人力、物力以及各種條件的缺乏，另一方面更重要的因素，乃因爲學校只是兒童和青少年學習生活的中間過程，不像家庭是兒童和青少年的生長所在；社區是兒童和青少年日常生活的主要地區，如果忽視這兩方面的薰陶和教導，生活教育自然難免落空。而家庭是社區的基本單位，兩者息息相關。因而社區青少年教育實施的指向，須對家庭的父女推行親職教育，對社區的一般民衆推行新生活運動。同時加上學校教育的配合，生活教育才能紮根落實，「生活教育方案」才不致成爲具文。

(二)政治教育的起步

先總統　蔣公遺囑中，鄭重詔示我們必須「堅持民主陣營」，政府近年對臺灣地區的選擇，也秉持大公無私的態度審愼辦理。可是所選出來的民意代表和行政首長，是否都符合公意，眞正爲民服務？很難令人十分滿意。主要的原因是部份選民對政治缺乏認識，也沒有感到選舉是與自身有利害關係，隨便投上一票。所以政治教育須從基層的社區青少年開始起步，學習民主的生活，才能表現神聖的選舉。在社區中居民經常接觸，有關自身生活的公共利害，很容易的親切感到。社區青少年教育針對未來民衆此種感受，引導大家重視選舉，並且參與公共事務，從基層上養成民主的良好習慣，逐漸推展到社區以外的行政區域由鄉鎭而縣市，地方自治的基礎才會穩固的奠定。這是社區青少年教育所應努力的一大任務。

(三)文化教育的紮根

地方文化中心的建設，已成爲政府近年施政的重要項目，並已逐步付諸實施，像建立圖書館、音樂廳、藝術館等，大半達到完成的階段。目前最大的顧慮，便是這些設施能否吸引民衆充分的利用？倘只成爲地方上的裝飾品，那便有違政府倡導文化建設的苦心。因此，社區青少年教育當前的急務，乃是如何使文化教育能夠生根。譬如先要舉行調查，了解區內一般青少年的生活環境及需要，然後會同區內文化機構，安排適當時間，舉辦各項活動，吸引青少年樂於參加，那末文化建設才能發揮提升民衆生活品質的功能。尤其對區內的兒童和青少年，應當配合他們的課餘時間，舉行康樂和學習活動，讓他們從幼年起便會採用正當方式，充實休閒生活。社區青少年教育也就正負起文化紮根的任務。

㈣公民教育的實現

社區居民無論兒童、青少年、青年、成人和老年人等都是國家的國民，社區青少年教育的實施便是爲公民教育紮好基礎的工作。社區青少年教育做得好，國民不但愛護鄉土的文物、景觀或人文，更會熱愛自己的國家，所謂「愛鄉更愛國」便是這個意思。社區青少年教育致力於居民文藝、生計、健康、政治和休閒等教育工作，可培育健全未來公民，建設一個進步繁榮、安和樂利的社區，爲社會、國家建立最美好的基石，擴大到每一鄉鎮、每一縣市、全省以至於整個國家，三民主義的新中國的藍圖，便可早日實現。

（本文曾載於《社區青少年教育》，中華民國社區教育學會編，民國七十四年元月）

五、青年的理想與實踐

首先對這個題目做個澄清：理想青年並不是特定的對象，能夠是你、是他或是我。而且希望每一個人都做理想青年，都為實現青年理想而努力！

我們的社會上並不全是年輕人，有很多是青年的父母或兄長，可見大家都很關心這個問題。最近有個統計資料顯示：中華民國在民國七十五年十二月底時，全國人口中，二十至三十歲的國民有五百九十多萬人，佔全國總人口的百分之三十二・七，將近三分之一，比例相當大，因此青年的問題與前途，的確值得我們重視。而且，青年問題也是世界性的問題，不論在貧窮落後或富裕的國家都會發生，儘管臺灣目前經濟繁榮，生活物質不虞匱乏，但青年問題仍然存在，因此探討青年問題實是今天最迫切的課題。

壹、青年理想的特徵

青年時期是充滿幻想的金色年代，年輕人大多熱情洋溢、崇尚理想，但由於涉世未深、經驗不足，理想過多就易流於空泛的理想主義。綜合來說，青年理想有以下五個特徵：

㈠**自我觀念的突顯**：在一個人社會化的過程中，青年期是自我觀念慢慢走向主觀化的階段，隨著經驗的增加，開始用主見判斷事物，對不同情境中的自我，也開始反省，不斷地建立自我的認同。美國心理學家艾利生就曾指出，青年的基本意向在確立自我形象與認同。

青年這個階段除了面對生理的變化，出現第二性徵外，也面臨人生重大的抉擇，像是升學、就業、婚姻等，因此難免會徘徊在十字路口。同時由於社會地位的不明確，一方面依賴成年人，一方面又想尋求獨立，因此，自我觀念就特別突出。

㈡**價值判斷的獨立**：青年時期易反抗權威，懷疑成年人的價值規範，對社會的是非善惡曲直開始有獨立的看法，希望肯定自我的重要性，所以容易與成年人產生代溝。

㈢**青年文化的追求**：青年有其次級文化，諸如髮型、服裝、音樂、特有的語彙等，在在表現獨有的特徵。美國白宮青少年問題諮詢委員會曾研究美國青年的文化特徵，我們不妨對照看看是否我國青年也有這些特徵：第一、喜歡向年齡相若的同伴認同，獨特的英雄崇拜，彼此相互模仿。第二、渴求心靈慰藉，所以年輕人喜歡三五成羣在一起。第三、尋求獨立自主，想擺脫成年人的拘束，甚至反抗社會道德倫理權威，表現敢作敢爲的樣子，目的在贏得同伴的敬重。第四、同情弱者，表現英雄主義，喜歡濟弱扶傾及打抱不平。第五、喜新厭舊：通常缺乏耐性、熱中改革、不滿現狀、追趕時尚、顯得激進、輕浮氣躁，但從積極的角度來看，年輕人也更富衝勁、勇於改革，所以青年常是推動國家革新進步的動力！

㈣**社會認同的危機**：由於目前趨向小家庭，家庭組織鬆懈；而且，父母工作忙碌，導致親子關係日漸疏遠；再加上升學的壓力，因此青年難免顯得缺乏自動感與生活目標，對生活的意義與價值沒有深刻體認，面對生活社會上的問題也覺得無能爲力。有的迷失自我、缺乏主見；有的自私自利，只追求眼前利益，這些社會認同的危機實在値得注意。

㈤**理想化的青年傾向**：年輕人心地純潔，對社會的看法傾向理想化，對問題大膽假設，却忽略小心求證，目標又常脫離現實，所以容易遭受挫折。

以上五個青年理想的特徵，是今天了解年輕一代必先仔細思考的問題，也是青年實踐個人理想與國家造就青年重要的參考與依據！

貳、理想青年的條件

有人認爲理想青年應是大智、大仁、大勇，甚至立德、立言、立功等一代完人的形象，但這些都不易完成，我認爲不如捨遠求近，從理想青年應有的基本條件談起，好讓青年有所依循，作爲奮鬪努力的目標。

㈠**生理與心理的平衡**：在生理方面，應養成良好的生活習慣，注重營養和適度的運動；在心理方面，首重保持積極樂觀的態度，凡事想開些，對未來不必過度焦慮。能保持身心舒暢，才是創造光明前途的基礎要件。

㈡**知識與品德的並重**：培根曾說：「知識就是權力」，我們無論何地都不能放棄對知識的追求。蘇格拉底也說：「知德合一」，有豐富知識的人更應該具有良好品德，才能將知識用在正途，做到「術德兼修」的境地。

㈢**求知與就業兼顧**：求學的最後目標還是步入社會，所以在求學時期就應做就業的準備，以免畢業即失業；在社會上工作，也應把握在職訓練的機會，勿放棄讀書。如此，時時做「升學——就業——升學」或「就業——升學——就業」的準備，必能使讀書與工作雙頭並進！

㈣**自我與社會的適應**：個人的存在依附社會的發展，健全的社會也要靠健全的個人。一個人要在社會上適應得好，基本條件是「接納自己，也接納別人」，這已被視為心理衛生的金科玉律。一個自大的人必定自卑，他為了防衛自己，所以愈顯得自大。美國思想家富蘭克林說得好：「要別人喜愛你，必先喜歡人，這也會使自己顯得更可愛！」

㈤**現實與理想的結合**：「沒有現實的理想是空的，沒有理想的現實是盲的。」理想若不與現實結合，只會流於幻想，所以青年應依個人興趣與需要來發展理想，充分了解國家社會的環境，從客觀的事實來衡量，抱持「與其詛咒四周黑暗，不如點燃蠟燭照亮別人！」的態度改善環境。

青年若能具備以上五個條件，離智仁勇的理想境界，雖不中亦不遠矣！

叁、青年理想實踐的方法

要實踐青年理想必須以下兩個途徑同時並進：一是個人以有效的方法不斷地努力。二是靠國家社會創造優秀環境培育青年。就個人而言，可從以下五方面努力：

㈠**認清自我**：根據中國心理學會在民國六十八年所做的「大專學生對當前生活環境的看法」調查中，發現有百分之四十六的大學生，承認自己缺乏生活目標與自我了解，這實在是青年理想實踐的重大障礙！年輕人千萬別把自己能力評估得太高或太低，形成自大或自卑，最適當的是用很誠實的方法來衡量能力，腳踏實地按照能力來逐步完成，才能獲致成功。所以認淸自我，是實現理想的首要工作。

㈡**追求新知**：據估計，從一九六五年起，全世界每天有一千種以上的出版品誕生，也就是說，每年有三十六萬種以上的出版品產生，這的確是個知識暴增的時代！而讀書就是知識寶庫的鑰匙，唯有透過追求新知才能免於落在時代之後。同時，應將學問建立在「又能博大又能高」的基礎上，才不會過度狹隘。

㈢**參與社會**：有人批評現在年輕人是躲在知識的象牙塔裏，從未認識生存的環境；說讀書人是「四體不勤，五穀不分」。其實有許多年輕人是積極參與社會的，例如：每年寒暑假總有許多青年在救國團輔導下，走向偏遠鄉鎮從事社會服務工作，這就是和廣大社會結合的最佳例證！

㈣**接受歷練**：蔣總統經國先生曾說：「最猛的風浪，淹沒不了一個有信心的人；最大的障礙，阻擋不了一個有勇氣的人；最逆的環境，困擾不了一個有抱負的人；最難的任務，壓抑不了一個有擔當的人；最苦的遭遇，阻止不了一個有志氣的人；最狠的敵人，打敗不了一個有決心的人！」這正是青年自勉自立的最佳寫照，只有不斷地接受磨鍊，才能成爲百鍊的金鋼！

㈤**恢宏理想**：今天的青年不僅要有開闊的胸襟與廣闊的眼界，更應具有恢宏的理想，效法「風雨如晦，鷄鳴不已」的精神，具備在冰天雪地中，做一後凋的松柏的氣節，才是大時代有爲有守的好青年。

理想青年的造就，除了靠個人努力，也需國家培育。我建議政府應該：

第一、重視青年：勿讓人才儲備流於口號。

第二、了解青年：了解青年才能協助青年，所以不妨對其心態、價值觀念、行爲模式等多作調查，從實證科學的方向，了解這一代年輕人的生活方式、學習環境、對國事的意見與對國際情勢的看法等，這樣才能深入認識青年，在進行輔導時，也不致產生偏差、扭曲，甚至錯覺。

第三、給予機會：社會需要不斷地新陳代謝，需要生生不息的人事管道來增加生機與活力。在此我有幾點要特別呼籲：㈠政府應大量培植啓用年輕企業家，讓其擔當更多職責，有機會與行政階層流通，爲社會帶來開明與進步的動力！㈡號召海外學人返國服務：學人歸國服務，不僅要有推力，也要有拉力，目前在海外把學人推向本國的力量愈來愈大，因此在國家强調「工業升級、技術升級」的時候，更應擴大延攬海外學人回國服務，尤其貢獻所學於國防科技方面。具體的辦法像是剛修正通過的「大學法」中所提，各大學得以設置「研究教授」，延請學有專長的學人回國服務，不僅替國家帶來更多的生機，也是青年磨鍊的最好機會。㈢嚴格執行人事退休方案，讓青年有機會參與公職；同時擴大舉行國家考試制度，使之透過公平競爭取得資格，從對社會的參與感中獲得成就感，這也是政府責無旁貸的重任。

第四、積極輔導：目前國內有許多輔導青年的機構，例如行政院青年工作諮詢委員會、青年輔導委員會、中央黨部青年工作會、中國青年反共救國團等，這些機構對青年的思想教育、就業輔導、心理諮商、休閒活動等，都有積極與建設性的作法。但單靠這些機構是不夠的，像每年總有五萬多位未升學未就業的國中畢業生，不知何去何從，甚至流浪街頭，受到污染。今後如何輔導這些青年升學就業，並幫助行爲產生偏差的青年走上正途，已是刻不容緩的事。

第五、開創新局：青年前途與國家前途密切相關，要促進青年理想的實現與造就更多理想青年，需要國家佈展新猷開創新紀元，並引導青年將空間觀念從復興基地涵蓋到整個終將收復的大陸；將時間觀念從眼前延展到未來二十一世紀的人類社會，使其了解人類未來努力的方向是很長遠的。正如前行政院院長孫運璿在民國七十一年國建會開幕致詞時所說：「讓我們共同為創造一個更美好的明天而努力！」這正是青年所肩負的時代使命！

肆、結　語

青年理想的實踐本身是一個方法、途徑和過程，需要靠自己努力奮鬪；而理想青年的實踐，要靠國家社會給予培育的機會。只有在個人實現與國家造就雙方面配合下，青年理想才容易達成，造就理想青年才不會落空。現在我引用　蔣總統經國先生的一段話作為結束：「我們教育的使命，就在塑造青年都能具有寬厚、開闊、禮貌、忠實、誠懇、勤勞、儉樸與踏實的美德，成為典型的現代中國青年，為反共復國挑大擔、克大難、成大功、立大業！」

（本文曾載於《明日的社區青年》，中華民國社區教育學會編，民國七十四年十二月）

六、老年問題與老人服務

壹、老年問題的社會背景

老人在其所屬的社會體系中，有其社會地位與角色，而其地位與角色係受當時的社會結構或其他環境因素所影響。本節將分析一些與老年問題有直接及間接影響的社會背景因素，包括人口結構與流動、家庭結構的改變，社會價值觀念及社會福利措施。

㈠**人口結構與流動**：近年來，我國老年人口有逐漸增加的趨勢，民國四十五年，佔總人口數的百分之二・四四，六十五年爲百分之三・六三，六十九年已增至百分之四・四三（見附表），已由「青年國」躍居「成年國」。其比例雖低於其他先進國家，但這種高齡化的現象，將使我國非生產性人口增加。

老年人口的結構也是影響老年社會問題的因素。以年齡階層來說，自民國四十五年到六十五年，六十九年，我國老人約有半數左右的人集中於六十五、六十九歲的階層。（見附表）根據研究，這個年齡階層的老人，因生理、心理變化不穩定，其對環境較不滿意。蘇耀燦先生的研究結果也發現福德敬老所的老人，在健康情況不好的情況下，高齡者的社會適應程度比較低年齡高。準此，我國多數老人集中於時值心理變化不穩定的年齡階段，很容易產生適應不良。

就性別比例言，由於我國女子平均壽命一向比男子長（民國六十八年男性平均餘命為六八・九一，女性為七四・二二），在老年人口中，女性人口多於男性人口。民國四十五年，其比例為一・四七：一（男性為一）；六十五年，其比例為一・一一：一；六十九年為一・二一：一。這種特性，也有助於老年的社會適應。一般而言，女性的忍耐力較大，較易順應環境，其職業角色的變遷較小，轉換較易（可由外出工作的角色轉為家務管理，孫子照料者），故適應程度較高，男性則不然。

就婚姻情況來說，有偶者多，民國六十九年臺灣地區五十歲以上的人口中，有二四二、七五九人未婚，一、九一七、〇六二人有偶，四五、三一二人離婚，四六一、四二九人喪偶。未婚者約佔五十歲以上總人口的百分之九・一〇，有偶者佔百分之七一・八九，離婚者佔百分之一・七〇，喪偶者佔百分之一・七三。婦女中有偶比例比男性少，無偶比例比男性高（見附表），此係女性平均壽命較男性長的緣故。在現代社會變遷當中，家庭的許多功能都逐漸為其他社會所取代，只有其情感性的功能逐漸增加。臺灣老年人口當中，無偶（包括未婚、離婚、喪偶）與有偶之比例約為三：七，可見無偶的情況並不太多，多數老人仍能有伴在旁，生活不致陷於孤寂，對社會現實較易滿意。

就教育來說，以不識字者居多，國小次之。民國六十五年，男性老人不識字者有一三九、二一四人，國小畢業者為六一、一九四人，女性不識字者比男性多，為二七八、四七八人，國小畢業者為一九、一六九人。民國六十九年，不識字者仍佔多數，但其教育程度顯示有提高之現象（見附表），可見在我國教育文化水準逐年提高的趨勢中，老年文盲已逐漸減少，其教育程度將與日俱增。這對老年的社會適

附表：我國老年人口結構變動情形

項目		民國45年	民國65年	民國69年	變動情形(%)
一、老年人口數		65～69歲　70^{+}	65～69歲　70^{+}	65～69歲　70^{+}	
	合計	104,654　124,514	277,340　322,345	288,694　348,248	以45年爲基年＋1.09
	男	47,206　45,708	141,415　142,252	155,407　157,659	
	女	57,448　78,806	135,925　180,093	133,287　190,589	以65年爲基年＋0.80
佔總人口百分比		2.44	3.63	4.43	
二、婚姻（50^{+}之人口）	合計			2,666,562	
	男			1,498,517	
	女			1,168,045	
未婚	合計			242,759	
	男			207,078	
	女			35,681	
有偶	合計			1,917,062	
	男			1,139,823	
	女			777,239	
離婚	合計			45,312	
	男			29,537	
	女			15,775	
喪偶	合計			461,429	
	男			122,079	
	女			339,350	
三、教育（60^{+}以上）	合計		603,525	766,140	（以65年爲基年）
	男		285,206	380,086	
	女		318,319	386,054	
不識字	合計		417,692	470,620	－7.78
	男		139,214	154,803	
	女		278,478	315,817	
自修	合計		46,072	59,490	＋0.08
	男		37,839	45,327	
	女		8,233	14,113	
國小	合計		99,294	160,122	＋4.44
	男		74,993	119,718	
	女		24,301	40,404	
初中（職）	合計		12,594	25,822	＋1.37
	男		10,020	20,098	
	女		2,574	5,724	
高中（職）	合計		15,207	28,901	＋1.25
	男		11,629	21,465	
	女		3,578	7,436	
專科以上	合計		12,666	21,235	＋0.67
	男		11,511	18,675	
	女		1,155	2,560	

應可能有很大的幫助。根據中國社會調查學會及臺北市調查學會的研究，發現一般老人及安老院內老人的社會適應程度受到教育程度的影響。蘇耀燦在研究福德敬老所老人中，發現教育程度愈高者，由於不滿於未識字及程度低者，反形成與他人和睦相處的障礙，其適應較差。不過，這只就安老院內的情形而言，一般家居老人的情形，很可能與此相反，因為教育程度愈高，其自我調適能力可能愈高，此項推論還需進一步的驗證。

以地區而論，住在都市的老人逐漸增加，以民國六十九年為例，鄉鎮與都市老年人口之比為〇・三二：一。住在鄉鎮地區的老年，可能由於居住空間較大，且與鄰里、家人保持較親密的關係，適應較好，都市的老人，可能因都市快速的生活步調，忙碌的子女，人際關係的疏淡而較有適應不良的現象。

以上是就老年人口中的結構特質，分析與社會適應之間的關係。此外，人口的流動因素，也可能影響老年的社會適應，我國從民國四十五年到六十五年間，農業人口佔總人口的百分比從五九・九降至二七・一三，民國六十九年為百分之一九・五。於是農村青年就業人口大量湧向都市，老年人留守家園的比例增加，子女照料老年的情形減少。此外，有些老年人雖隨子女移住都市，但因其價值觀念，行為形態都與都市生活格格不入，甚至有些脫節的現象，這種情形也增加了老人適應的困難。

㈡**家庭結構的改變**：在社會變遷過程中，我國的家庭從擴充式 (Extended Family) 的型態轉變為核心式 (Nuclear Family)。在變遷較緩慢的農業型社會中，家庭是個人社會生活的至要單位，個人生於斯、長於斯、老於斯。老年人在家庭中備受尊重，往往是家庭經濟的掌管者，是家庭的主要決策者，他們在家庭中擁有很大的權力。但在今日的核心家庭中，主權落在年輕人身上，老年人不復過去的光彩。

尤其在講究獨立、自由的時潮中，老年人往往被年輕人歸類爲落伍者，很多事情諸如事業、婚姻等，年輕人多半自己做主，父母的意見只有參考作用，已不復往日那種主權在握的權威地位了。這種家庭型態的變遷，使家庭的權力結構從父權爲主的情形轉至夫妻平權，老年人在家中的地位不復以前主要，其角色也從決策者變爲退休者。但在一般老年人，他們仍希望擁有他們年輕時代經由觀察習來的父權式權力。白秀雄先生的研究結果，發現子女婚姻對象仍由老人家做主者只有百分之三・五，但老人家認爲子女婚姻應徵得他們同意的有百分之五五。由此可知，老年人由於生於父權式的家庭結構，也長於此，已習得該結構的行爲規範與型態，但年老時却面對父權的式微，於是事實與本身期望彼此衝突，形成老年人實踐社會角色的障礙。

家庭結構的改變，使得家庭的社會功能亦有所改變，美國的社會學家渥班 (W.E. Orgburn) 認爲家庭具有六種功能，感情、經濟、保護、娛樂、教育與宗教，其中除了感情功能之外，其餘都因其他社會機構的發展，而逐漸被取代。家庭是個人的基本團體 (Primary Group)，成員的關係密切，個人很容易從中獲得愛與被愛等情感上的滿足，這是其他社會團體所無法取代的功能。甚至有人認爲現代社會愈來愈功利，人與人之間的互動雖然愈來愈頻繁，不過只是爲了某種目的的結合，其關係是表面且短暫的，目的達成後，可能就消失。這種現代社會人際關係的疏淡更加强了家庭情感功能的重要。因之，老人如能與子女同住，受到子女的奉養與尊重，其社會適應將較爲良好。但因子女多忙於工作事業，是否有足夠的時間來陪伴父母，爲工業化社會中，一般有心的子女所面臨的難題。

㈢**社會價值觀念**：老人的地位與角色受到當時社會價值觀念很大的影響，在我國傳統社會中，老人是成熟、智慧的象徵，具有崇高的地位，他們雖因「老來理應享福」的觀念，不直接從事生產工作，但却扮演顧問或決策者的重要角色。現代是一個注重專業，注重不斷革新的工業化時代，科技的進步是各國共同努力的目標，老年人在這種科技知識日新月異的社會中，往往被誤爲是頑固、老邁、缺少創意的羣體，是社會進步的障礙。因之，其地位已不如往昔，而一般人也認爲他們應該從職業行列中退休，把位置讓給那些擁有新知識、新技能、有創意的年輕人。這種注重科技發展，偏向功利主義的價値觀念，使社會要求老人不再工作，只允許他們從事一些文化休閒方面的活動。事實上，這也僅限於科技專業方面，在人文及社會科學方面的研究，年長者將累積更多的見解與智慧，如果不是他們本身的生理、心理狀況已不再工作，否則應與過去的社會一樣，愈老地位愈崇高，角色愈重要。

㈣**社會福利措施**：過去我國對於老年福利偏向於消極性，補救性的設施，近年來由於老年人口增加，社會變遷，老人問題日漸嚴重，民國六十九年一月二十六日，總統明令公布「老人福利法」，以積極推動老年福利。目前已實施的重要措施有：

1. 老人搭船乘車半價優待，自民國六十六年四月一日積極推動以來，效果尚可。

2. 實施醫療保健服務：於民國六十六年研討試辦老人免費健康檢查計畫，由四個省轄市及臺北、南投兩縣先行試辦。民國六十八年再增加宜蘭、新竹、雲林、臺東、花蓮、澎湖等六縣。六十九年起則全面實施於全省各縣市。

3. 增加老人安養設施，至目前爲止，我國共有四十一個安老所，其中公立的有十五個，另外尚有十二所榮譽之家。這對孤苦無依的老人無異提供了其安享餘年之所，但根據研究由於經費有限，缺乏專業工作人員、醫療、文康、衛生設備的缺乏等因素，使安老所中的老人形同與世隔離，社會適應不良。

4.老人遊覽觀光地區及觀賞電影得享有半票優待，除公辦之觀光地區及博物館等門票半價外，自六十六年十一月起，政府並輔導電影、戲劇、商業等同業公會響應老人福利政策，給予半價優待。

5.設置各種老人俱樂部：臺灣省於民國六十五年一月公布「長春俱樂部實施要點」，以輔導各縣市政府透過長春俱樂部的方式對退休公務人員加强服務，另於民國六十四年起在臺灣省社區成立長壽俱樂部，臺北市社區成立松柏俱樂部，以增進社會老人的休閒康樂活動服務。此外，也有民間團體成立的俱樂部，如女青年會的「青藤俱樂部」，也是以推展文康休閒活動爲主，間或舉辦一些講座，以充實老人知能。

由上述的措施看來，可知我國積極推動的老人福利主要包括老人安養、醫療保健、休閒娛樂服務。不但政府積極立法倡導推動，也希望透過民間團體的合作，增進老人福利。這種積極的福利活動，有助於喚起全民尊老敬老的觀念。同時，幫助老年人從生產者的角色轉爲退休者角色的適應。由此可見，我國已將老人問題看做是一重要的社會問題，必須透過政府及民間團體合作，共同推動多元的福利措施，才能加以解決。

總之，我們社會已從變遷較緩的農業社會，轉變爲日新月異的工業社會，老年人的崇高社會地位以及決策者的角色已日漸消失，代之而起的是社會對他們扮演退休者，再社會化者的期待。這種社會期待與老年人希望擁有的地位與角色有很大的距離，尤其在變遷迅速的社會中，大衆的價值觀念就相當紛歧，老年人的次級文化很容易與年輕人的次級文化相左，他們在轉換社會角色的過程中，較易產生角色衝突。

貳、老年的主要問題與其解決途徑

今日老年之所以構成社會問題，實有其主客觀因素。茲簡要加以說明：

㈠**主觀因素**：人一進入老年，身心即呈老化，身體常有病痛，心理乃容易導致不甚健康。

㈡**客觀因素**：客觀環境因素亦造成老年人之問題。

1.社會方面：家庭制度改變，親子關係疏離，老人乏人照顧；社會關係趨向功利、正式、非人情化，老人易有孤獨感。

2.經濟方面：機器代替手工，生產移到工廠，加上科技之進步，自動化之革命，使老年人容易被淘汰，提早離開生產行列，經濟地位沒有保障。

由於上述主客觀因素的交互影響，乃形成老年人的四大問題：

㈠**健康問題**：老年人體力日衰，身體多病；老年人行動不便，生活乏味，加上孤獨、焦慮易有心理疾病。因此老年人之健康問題甚爲嚴重，得積極加以診治。

㈡**生活問題**：老年人已從職業生活中退休，經濟來源斷絕，若平時不事儲蓄，且乏子女照顧，乃成貧困孤苦無依之人，生活頓感困難。

㈢**休閒娛樂問題**：老年人「解甲歸田」之後，如果天天在家裏享清福而無所事事，亦是極爲痛苦。因此，如何培養老人適當嗜好，提倡適當的休閒娛樂活動，乃成爲當前重要社會問題。

㈣**社會參與問題**：老年人於職業界退休之後，社會地位降低，被迫從社會參與撤退，減少各種社交應酬，使他們感受婉拒或排斥的重大壓力，尤其部分老年人退休後，身體健康仍佳，創業意志旺盛，若無積極社會參與機會，乃感心灰意懶，頓現蒼老，這是老年人最感可悲的問題。

針對上述老人主要問題，試提出具體解決途徑如下：

㈠健康服務：

1. 實施老人健康檢查。
2. 講授老人健康知識與教育。
3. 設立老人診所。
4. 創辦老人健康保險，以期徹底解決老人之身心疾病問題。

㈡生活服務：

1. 成立老人家庭服務隊，爲老人服務到家。
2. 實施老人家庭濟助，支助其生活費用。
3. 改善及擴大仁愛之家及安老院等收容機構。
4. 設立老人社區中心，提供專業的社會工作服務。

㈢休閒娛樂活動：

1. 舉辦健身活動：如早覺會、太極拳會、遠足旅行等。
2. 辦理各項趣味活動：如養鳥、蒔花、琴棋書畫、裁縫刺繡及各種手工藝品之製作。

3.倡導宗教之活動。

㈣提供參與社會活動之機會，使老人退而不休：

1.開設退休計畫課程。

2.由大專院校開設適宜老人選習之課程。

3.辦理老人就業介紹與諮詢工作。

4.組織老人社會服務團。

叁、老人身心特徵與敬老要領

前已多次提及，老人身心有其特性，這些特性在敬老服務前，不得不有所瞭解，尤其對於一些平時較少與老人接觸或共同生活的青年人而言，更爲重要，否則，滿腔服務熱忱，一遇挫折或困難，不免灰心洩氣，影響工作績效。茲謹就個人體驗所及，提供某些老人共同之身心特徵，以作爲老人服務之參考。

1.身體健康的老人固然很多，但部分老人常患有慢性疾病，如心臟、腦部、循環系統或關節等疾病，同時老年人身體抵抗力弱，些微感冒，就易數病併發，或引起其他疾病。因此爲老人服務時，必須注意身體病痛，服侍湯藥，嘘寒問暖，必須有耐心。

2.部分老年人常有心理失調的疾病，如：焦慮、失眠、憂鬱、嘮叨等現象。服務時，遇到老人這些情況，必須耐心的勸慰，小心服侍，使其身心趨於平靜。

3.老人常沉入回憶，有的藉此而消除憂愁，有的藉此維持自尊，有的藉此對過去一生的復習。因此服務時，必須耐心的聽講，適時給予鼓勵稱讚。

4.老年人的智力隨個人年齡有逐漸減退現象，尤其對限時性工作更爲顯著，同時老人的記憶力、辨別能力亦常不如年輕人。因此服務時，某些事要不怕說了再說，要不厭其煩地解說、提醒，切忌以自己之情況，衡量老年人之記憶，以免有所差錯。

5.老年人常易有固執己見，喜歡干預他事，及小心眼等情緒。服務時，不可與老人多計較，甚至相互爭執、衝突。

6.老年人的動作反應較爲遲緩，因此他們事事更爲小心，注意事前防範，以避免出錯。服務時，切忌心煩氣躁，盲衝直撞，宜使勇氣與經驗相互結合，收相輔相成之效。

7.老年人體力日衰，要依賴他人幫助，這是無可避免的自然結果，卽生理學家所謂的「還老返童」，亦卽「老小老小，愈老愈小」。替老人服務時，必須像與兒童相處時一樣，以愛心來扶持、哄慰或協助。

8.部分老年人常有不服老的精神或不服輸的脾氣，因此在老人面前，不需要過分的尊老敬老；同樣的道理，老年人比年輕人更希望老當益壯，長命富貴，「死」是遙遠不可知的事情，在老年人面前，不提也罷！

上面所說的，只是一般老年人可能的共同身心特徵而已，事實上老年人的身心特徵，還有(1)異質性：每個老人有其獨特的社會與個人背景；(2)多元性：每個老人會同時擁有多方面的問題。因此我們應知道，對於上述問題不可過分拘泥，每次服務時，要瞭解每個老人的個別身心特徵後，才能對症下藥，給予最適當的服務。

肆、為老人服務的方法與態度

㈠可爲老人服務的方法與項目：

1. 健康訪問：

對象：殘障、獨居、病中或病癒出院的老人。

方法：定期到老人的病房或家中去訪問，對老人提供有關健康、營養與家居安全等方面的建議。

要領：對於患病老人要安慰他，使其克服孤立感或無價值感，給予精神上的安寧，才能保障工作的成功。

2. 談話服務：

對象：孤苦無依的老人。

方法：⑴親自到老人住所訪問，與老人閒話家常，聽聽老人的傾訴，或報一些消息，或帶些期刊雜誌給他們閱讀。

⑵電話訪問：定期撥電話給老人，與其聊聊天，以驅除寂寞。

要領：要注意傾聽，不可現出不耐煩的樣子。離開前，宜約定下次談話時間，以保持其希望。

3. 家庭助理服務：

對象：針對老年人日常所遭遇的困難事項，提供適當的服務。

方法：爲老年人做些家事、代領款項、代購物品、代寫書信、代辦手續、整理庭院、清掃房間、佈置裝飾房間、解釋有關文書內容、代塡表格等。

要領：有始有終，負責交代清楚，金錢方面尤其要淸白。

4.其他尙可爲老人作旅遊服務，休閒活動服務等。

㈡**服務的守則與態度**：

世界各國對於老人家庭服務工作人員，要求皆很嚴格，例如：法國、丹麥、比利時等國，對於服務工作人員的主要條件，規定：良好的健康、情緒穩定、行動反應快、有助老人的興趣、有責任心、願從事家庭工作、存有對病患及老人提供仁慈而有效幫助之心、尊重個人尊嚴、嚴守職業秘密等。可見要求相當多，條件相當嚴格。

對於一個志願性的服務工作人員，雖然未必要求那樣嚴格的條件，我以爲既然志願做爲一個老人服務工作人員，則應自勵與互勉遵守下列的一些服務態度與守則：

1.服務態度：

⑴誠懇的態度；

⑵敏捷的反應；

⑶負責的精神；

⑷濃厚的興趣；

(5)服務的觀念。

2.服務的守則：

(1)儀容端正、態度謙和；

(2)操守清廉、生活嚴肅；

(3)不厭不倦、發揚愛心；

(4)尊重人格、保守秘密；

(5)協調連繫、互助合作；

(6)勤求新知、精神不懈。

伍、結語

我國老年人口迄民國七十年已近六十五萬人，隨著醫藥衞生之發達，社會福利之改善以及經濟結構之發展，今後老年人口之數量與比例，勢必愈來愈多，因此老人問題之瞭解，老人服務之提倡，愈見其重要性。

老人問題之形成有其主客觀因素，由於主觀的身心狀況與客觀社會經濟結構之改變，乃造成今日老人之四大問題，即健康問題、生活問題、休閒娛樂問題及社會參與問題，欲解決此四大問題則必須實施四項服務，即健康服務、生活服務、休閒娛樂活動服務和提供社會參與活動服務。

由社會各界組織老人家庭服務隊是提供老人服務具體而可行的辦法。服務時，志願工作人員首須針對老人之身心特徵，以愛心耐心爲基礎，並切實把握工作要領，嚴守服務守則，庶幾可使服務工作發揮最大成果。

昔者孔子有言：「老者安之、朋友信之、少者懷之。」其中老者安之是老人服務的崇高理想，亦是現代福利國家的崇高目標，最後希望在我們這個崇尙倫理道德的社會，首先實現老人安養服務的目標，進而促進大同世界的早日實現。

（本文刊於中華民國社區教育學會主編，《社區老人教育》，復文書局，民國七十二年十二月）

七、生也有涯、知也無涯

今天是週末，能在社教館看到這麼多朋友，濟濟一堂來聽演講，令我很感動。今天我要講的題目是「生也有涯、知也無涯——學習的喜悅」，這個題目的主標題是莊子所說的，莊子在幾千年前就說「吾生也有涯，而知也無涯」。後面的副標題是李子（本人）所說的。

我常問學生：人生在世，什麼事最重要？有的學生說：吃飯最重要，有人說穿衣最重要，也有說金錢最重要。都不錯，一般人談起最重要的，認爲當然是跟生命有關係的東西最重要，因爲維持生命第一，然後才想到其他的事。有了衣、食、金錢後，我們還要什麼？心理學家馬士洛就人的基本需求，做過許多分析，他說：最基本的是生理需求，其次是安全需求、其次是情愛需求、再其次是自尊的需求，最後是自我實現的需求。

今天談的主題「生也有涯、知也無涯——學習的喜悅」是屬於一個人在基本的生理需求滿足之後，接著要追求的自我實現的層次，也就是在自我實現的課題上，如何追求知識，以及如何從追求知識中得到快樂。

首先報告「生也有涯」。人的生命很短促，有人說：人生長命不過百歲，又說：人生如白駒過隙、人生如夢、人生如戲。這些話都在說明人生很短促。人生的確很短促，古代醫藥不發達，人的平均壽命不過五十歲，當時常說「人生七十古來稀」。現代醫藥衞生發達，營養改善，一般人都可以活到七十多歲，但是人還是長命不過百歲。

朱自清有一篇散文〈匆匆〉，開頭說「燕子去了，有再來的時候，楊柳枯了，有再青的時候，桃花謝了，有再開的時候，但是，聰明的，你告訴我，我們的日子爲什麼一去不復返呢？」豈止日子匆匆一去不復返，生命也是一去不復返。不止朱自清有此浩歎，古往今來的人，都有此浩歎。

進一步探討，人短短的一生是不是都有用呢？我們是不是充分把握呢？這是個很大的疑問。一位有名的心理學家艾蒂森建立一個生命循環理論，他說：人的一生可以分爲七個階段：

1. 嬰兒期——從〇歲到三歲。
2. 幼兒期——從三歲到六歲。
3. 兒童期——從六歲到一二歲。
4. 青少年期——從一三歲到一八歲。
5. 青年期——從一八歲到二一歲。
6. 成人期——從二一歲到六五歲。
7. 老年期——六五歲以上。

關於人生命的階段，不只心理學家加以劃分，社會學家、教育學家也曾加以分段。社會學家說：一個人在一四歲以下，或六五歲以上叫生命期中的依賴期，是依賴人口，一五歲到六四歲間稱勞動期，叫勞動人口。教育學家把人從○歲到六歲叫學前教育期，從六歲到二二歲叫學校教育期，二三歲以上稱社會教育期。從心理學、社會學、教育學，可以知道人生可以分成很多階段，不管這些學者分得好不好？對不對？我們可以肯定的說：人生命的發展的確有階段性，人生有些時期較能獨立自主，有些時期要受到別人的支配。扣掉不能自我支配的生命期，人生又剩下多少？

我認爲○歲到六歲是年幼無知的時期，這時受到父母的支配。六歲到二二歲，由於知識不足，要受老師支配。從二三歲到六五歲，因爲工作環境的限制，要受老闆和同事的支配。六五歲以上，因爲生理的衰退，要受另外一個人（可能是上帝）的支配。可見一生中，自己眞正能支配的時間，所剩無幾，徹底的想一想，我們就知道「生也有涯」的道理了。各位聽了我的話，也不必沮喪、悲傷，「老大徒傷悲」是沒有用的。人是萬物之靈，人是有理性的動物，人的生命雖有時而盡，可是「老兵不死」，「老兵只會逐漸凋謝」。可見延長人類的精神生命，使它永久存在的方法還是有的，端視我們如何充分運用有限的生命，充分掌握、控制、利用時間而已。

我提出幾個觀點：

㈠**我們是不是有效的利用有限的生命與時間？**一個人若能有效的利用時間，可以把一小時當做兩小時用，可以把一天當做兩天用，這樣他的活動生命就比自然生命增加好多倍，他把生命延長好多倍。關鍵就在我們會不會有效的利用現有的時間。

㈡**我們是不是把有限的生命，做有價値的利用？**孔子說：「朝聞道，夕死可矣。」這句話是說一個人若能把短短的生命，充分的運用在聞道、得道上，當他聞道、得道後，就已經把生命的意義充分發揮出來。生命雖然有時而盡，已不值得惋惜了。古往今來，很多英雄偉人，把他們的生命做了有價值的利用，其生命雖有時而盡，其生命的價值已做了昇華，充分的發揮。

㈢我們會不會把有限的生命創造社會繼起的生命？一個人的生命如「春蠶到死絲方盡、蠟炬成灰淚始乾」，一個人的生命總會油盡燈枯，可是要懂得火盡薪傳的道理。一個人生命的結束，就是下一代新生命的開始，蘊含承先啓後、繼往開來的歷史任務。社會的大生命是生生不息的。

我說幾句話做爲「生也有涯」的結束：我套法國大革命時的一句名言說「生命誠短促、精神價更高，若爲知識故，兩者皆不可抛」，我就以這句話，作爲「生也有涯」這段話的結束。

其次報告「知也無涯」的道理，從兩個觀點來分析：

㈠從時間的觀點來看：一個人一生一世對讀書或求知永遠不可停止，人活在世上一天，就要不停的追求知識。在現代教育學上有一個新的觀念，叫「終身教育」的理念。

㈡從空間的角度來看：知識的大海，浩如煙海，無垠無界，就是所謂的「學海無涯，唯勤是岸」。

我先從「終身教育」的道理來說明「知也無涯」。做一個現代人，終身要不斷的追求知識，有幾個重要原因：

1.個人心理因素：現代的人生命延長了，在教育的觀點上，就要有一個大的轉變，過去我們把教育用二分法分開，認爲人生的前二十年是努力求學的時期，這時應該心無旁鶩，認眞的讀書受教育，至於讀書以外的事，可以不要管。父母認爲兒童和青少年，只要努力讀書就好了。另外成年人和老年人，過去被認爲要努力去勞動、工作、生產，不必去接受教育、去學習。現在這種觀念被認爲是落伍，因爲兒童、青少年期所受的教育，只是爲人的一生教育奠定基礎而已，人要把所受的教育進一步發揮效果，必須在成年、老年時，不斷接受新的教育，使教育的效果能充分的發揮。現代的教育觀念，認爲成人、老人的學習能力並不低於兒童和青少年。

近幾十年來，心理學家、社會學家、教育學家做過這方面的實證研究，發現成年人、老年人的記憶也許不如兒童與青年，但是他們有自動自發的學習意願，有獨立的判斷能力，選擇能力，加上過去的學習意願，因此成人與老人的學習能力並不低於兒童與青年。這個調查進一步告訴我們，成人、老人有接受教育的必要，可見人的一生都必須接受教育。

2.社會經濟改變的因素：近三十年來，開發中國家社會經濟的進步變遷，非常快速。很多書籍都指出這個道理，像第三波、第四波的書，都指出後工業革命社會及未來社會的情形。還有很多新名詞，如學習的社會、教育性的社會、資訊的社會……不斷的推陳出新，許多新的概念不斷的指出當代社會快速變遷的情形。談到社會經濟變遷與終身教育的關係有三點：

(1)現代社會工業技術快速變遷，技術的變遷造成社會不斷的以新的自動化的系統代替傳統的工業，以及自動化系統被廣泛的應用。自動化系統被廣泛應用的結果，一個從事勞動生產事業的人，必須配合自動化革命，重新不斷的接受職業再訓練，職業再教育。職業的在職訓練成爲重要的課題。

(2)由於第一代、第二代、第三代、第四代電腦的快速出現，整個技術快速成長，資訊廣泛的運用，使我們了解到：現代社會知識與腦力的運用非常重要。資本密集、技術密集，都要靠知識腦力去充分發揮工作效果，去賺錢。什麼是知識？什麼是腦力？必須不斷接受教育才會有好的腦力和知識。

⑶現代社會物質主義抬頭，精神文明淪喪，人與人之間的關係越來越隔閡、不協調，人生活在現代社會中，越來越覺得困難、挫折，必須勇敢的面對它，設法克服它、解決它。怎麼辦？一個人要不斷的提升他的教育境界，知識境界，才能增進人際關係的和諧，才能勇敢的面對現實社會的挫折與困難。甚至進一步提升自己的層次，使自己活得更有意義，更有價值。

這三點是由於社會經濟快速變遷，帶給人接受教育的大衝擊。

3.現代人爲什麼要不斷的接受教育？是由於教育和政治因素。這幾十年有一個新觀念——教育機會均等。教育機會均等是說一個人接受的教育的質與量都要和別人一樣，不僅接受的基本國民教育，大家要相同。甚至國民教育之上的分化教育，要能使一個人的潛能充分發揮。教育機會的均等，說明一個人在國民教育基礎之上，要不斷的接受更多的教育。

政治的民主化，現代的民主國家都要實施民主憲政，許多民意要透過選舉、投票來表決，政治的民主化，最終目標是要全民參與，民衆的意見能充分表達。三十多年來政府一直在推行民主憲政，可是選舉當中還存在不少問題，如選舉風氣問題、賄選問題、選舉當中對社會秩序的破壞等等，都還存在。如何消除這些問題？只有慢慢教育民衆，讓民衆慢慢提升知識水準，提高判斷力，這些都是民衆的民主政治教育，今後我們對成人的終身教育要項就是民主政治教育。

4.由於知識爆增，所以我們必須接受終身教育。幾十年來，人類的知識增加快速，這是個知識革命的時代，知識爆增的時代。從出版品的數量可以看出知識的爆增。十五世紀德國的符騰堡發明活版印刷，當時歐洲一年的出版品只有一千種，一世紀只有十萬種，到一九五〇年代，一年就出版了十二萬種，一年的出版量就遠超過以前一百年的出版量。一九六五年全世界出版品，一年有四十萬種，去年全世界出版品有一百萬種，我們每年要面對這麼多的出版品，眞是知識爆增。

去年美國出版品有八萬五千一百二十六種，日本有四萬五千五百九十六種，中華民國有七千九百一十九種出版品。各位，去年你讀了幾本書？今天我們面對一個知識爆增的時代，我們如果不繼續接受教育的話，我們會遠遠的落在出版品之後。

5.由於休閒時間增加的因素。現在及未來，我們的休閒時間會越來越增多，一方面因爲勞動生產界工作內容很單調、枯燥、機械、乏味、緊張、忙碌，所以工作時間要縮短。否則人長期的工作會精神緊張，甚至得精神病，所以工作時間要縮短。另一方面，工作環境改變，自動化的結果，讓我們不需要長時間工作，所以工作時間越來越縮短，休息的時間增多。

歐美國家，現在每人每週工作縮短爲五天，甚至四天半或四天。我最近看到一個調查報告，是法國學者所做的研究，他精確的算出一九八〇年代，一個人一生如果活八十歲，他的總生命期是七十萬小時，只用四萬小時來工作，何以知道工作四萬小時？他算出人一生工作三十五年，每年工作四十週，每週工作三十小時，總共四萬小時，占生命時間的六%，剩下六十六萬小時占生命期的九四%，即人生有九四%是自由時間，由你自己安排，包括睡覺在內。你如何安排自由時間？如何做休閒娛樂活動？休閒娛樂活動跟教育怎樣結合？值得進一步去思考。

今天的休閒娛樂活動有三個條件：

(1)有閒：有時間才能從事休閒娛樂活動。

⑵有錢：現在很多休閒娛樂活動都要花錢，尤其到國內外旅遊，要花很多錢。

⑶有技能：現代休閒活動很多需要技術，比如開車、划船、滑翔、釣魚、登山、挿花……都需要技術，卽使養狗也要技術，要懂得如何保護它、洗刷它、如何溜狗……才能把它養得很可愛。

因此現代的休閒活動要有錢、要有閒，還要有技能。要過適當的休閒活動，要給予教育機會，所以社會上技訓的補習班也越來越多。

從以上的理由，知道一個人的一生要不斷的接受教育。所以每個人一生要不斷的求知、讀書、接受教育，才不會被時代淘汰，才不會落伍。這是知也無涯的第一層道理。

以下從空間觀點來談談知也無涯的第二層道理，也就是「學海無涯」。古代的人誇耀一個人很有學問，說他「學富五車」、「才高八斗」、「讀萬卷書、行萬里路」，或說他「上知天文，下知地理，無所不知，無所不曉」。以今天的眼光來看，讀五車的書或萬卷書；知識還不夠廣博。因爲今天人類的知識內容包括得很廣。在學理上對於現代人類知識的分法如下：

1. 自然及應用科學類。
2. 生物及生命科學類。
3. 社會及行爲科學類。
4. 人文學或藝術科學。
5. 宗教科學或神學類。

以上只是一個大概的分法。對知識的分類，最權威的應該是圖書館學家，他們經常做圖書的分類與編目，而圖書館學家常說：圖書的分類與編目，旣是科學又是藝術。他們充分了解，對於圖書的分類無法絕對的科學，也就是說並不是哪一本書歸入某類，就無法歸入另一類，很難做二分法，它是一種藝術。這說明現代知識很廣泛，彼此的重疊也很紛繁，不是那麼科學性的可以輕易加以分類。一切人類的知識，窮一個人畢生的精力去鑽研，也無法窮盡，知識的海洋浩瀚無垠，一個人只能望洋興歎，經常逛書店、上圖書館的朋友都能證實這一點。所以說學海無涯。

人一生中永遠有學不完的東西，我把它分爲幾個階段，譬如在幼兒時期要不要學習？一個小孩從小就開始在學習了，嬰兒在出生二——三個月就會注意電視的聲音和畫面，這時已開始在學習了。小孩從小就學習基本的社會紀律，如大小便的習慣。小孩從小就學習與父母家人的相處。父母也教育幼兒，使他們符合長輩的期望，幼兒開始學習社會的文化，所以一個人從幼兒就開始學習，不是學書本上的知識，是學習活用的知識、生活知識。

到兒童時期，開始進學校，要學習食、衣、住、行的禮節，應對進退的態度。可惜現在很多父母忽略兒童的生活教育和品德教育。父母不要怕子女吃苦勞累，要教導他們的生活禮節和態度。兒童還要學習如何和同伴相處，這時要有同輩團體的觀念。兒童在五、六歲要走出家庭和鄰居的小孩一起玩，我們要教育他和別的小朋友互助合作、分工，不吵架、不打架、相尊重，這是兒童教育的重要內容之一。人的道德觀念不是天生的，是後天的教育，父母、老師、長輩，要教導兒童道德的規範，如不說謊、分辨是非、公平。兒童進學校做認知學習，老師負較大的責任。兒童在學校功課的好壞與求知所奠定的基礎，可能對他的一生有重大影響，所以兒童的認知學習很重要。

到了青年時期，有許多新的東西要去學，最重要的是價值教育。現在是多元化的社會，價值觀念很紛歧，許多人面對多元的價值觀念，無所適從，特別是青年人，所以我們要教導青年清晰的分辨社會上的各種價值觀念，使他們能做獨立的判斷。青年期開始產生青年次級文化，很多青年與朋友在一起，就形成青年的副文化。如何使青年了解副文化，如何使青年與同伴和諧相處是很重要的。其次在青年期，職業教育與知識教育的結合很重要，青年要學得一技之長，以便離開學校後，有謀生之技能。

到了成人時期，要實施職業再教育，成人期職業已經選定，如何在他就業環境中，培養其職業的態度、習慣、情操，是很重要的成人教育課題。要對成人實施在職教育、價值教育，使他眞確了解社會狀況。

歐美有一個很新的觀念——再學習觀念。他們認爲一個人大學畢業五年或十年以後，要回到大學再重受教育，因爲人過中年要體檢，當一個人大學畢業若干年後，爲什麼不再回學校做知識的檢查、教育的檢查、觀念的檢查？這都是很新的觀念。現在歐美有個新觀念，認爲一個人一生要接受兩次以上大專教育，這是說成人時期要重新學習，是很重要的課題。成人時期另一個重要教育是休閒教育，教導成人如何利用閒暇時間。

老年時期的教育是今天社會最欠缺的，也是最需要的，今天社會上雖有老人大學、長青學院，但是所做有限，只是起步而已。老人須要接受各種教育，如老人健康教育就很重要，一個人未老以前要知道老人的身心狀況，體能情形，可能罹患的疾病，面對自然的生理衰退所要做的保健工作都屬於老人的健康教育。角色再適應的教育對老人很重要，一個人退休後，成爲無工作的角色，他可能無所事事，如何打發一天的空閒時間？如何安排生活？對老人很重要。可惜今天的社會對老人再適應角色的教育工作不夠。老人比成人更需要休閒文化教育，如早覺會、種花蒔草……。老人的宗教教育也很重要，使他精神有所寄託，對未來抱更樂觀的態度。

總之，學海無涯，一個人一生中所要學的東西太多了，包括健康方面、社會方面、人生方面、職業方面、休閒方面，文學方面、藝術方面……。的確，學海無涯，唯勤是岸。

最後，我分析一下學習的喜悅。我們可以從讀書、求知方面得到怎樣的好處、快樂？有人說爲讀書而讀書，不需要有目標、目的。現在的中小學生爲升學而K書，實在沒有樂趣可言，只感到痛苦。

讀書有什麼樂趣？古人說了一籮筐讀書的好處，如「書中自有黃金屋、書中自有顏如玉、書中自有千鍾粟」，這是具體的用處，使人可以忍受讀書的苦，因爲「十年寒窗無人問，一擧成名天下知」，再苦也可以忍受，如蘇秦的懸樑刺錐，爲達目的，不把痛苦當一囘事。古人用這些話來勉勵人讀書，許多讀書人也因這些目標而讀書。

現代人讀書已不奢望這些幻夢，各級學校的學生，很多是爲文憑、學位而讀書。爲文憑、學位而讀書很痛苦，和古人爲追求功名利祿讀書沒有兩樣。現在談到低年級的小學生該不該帶書包囘家，很多中小學生患近視眼，還有很多小留學生的問題，這都是煩重功課壓力下產生的問題。顯現目今爲考試、升學而讀書的問題，他們的問題不是讀書太少，而是讀書太多。

社會上一般成人的問題與中小學生相反，他們是讀書太少，很多家庭只有酒櫃，沒有書櫃，大家自己不買書，只希望人家送書給他，圖書出版界最近有許多倒風，顯示圖書業不景氣。一些圖書館只有靑少年兒童去，成人很少進去，顯示成人讀書太少。政府及民間社團為提倡讀書風氣，近幾年不斷提出建立書香社會的呼籲，也採取許多行動，如萬種圖書巡廻展覽，大張旗鼓的辦書展、圖書下鄉……等活動都很有意義。據我了解辦書展很有效果，而且越偏僻的地方越有效果，從買書的情形可以看出，越是鄉下地方，透過書展買書的越多。由此顯示社會在建立書香社會有很大的努力，而且獲得初步的效果。

我認為追根究底，讀書靠一個人自動自發去讀。讀書的樂趣，「如人飲水，冷暖自知」，一個人要埋首去讀，才能體會到讀書的品味，讀書的樂趣。不去讀書的人，永遠不知讀書的喜悅和樂趣。要知道讀書的好處和樂趣，靠個人養成自動自發的讀書習慣。我從小很喜歡讀書，我已經讀了很多年的書，我從七歲進小學讀書，到三十七歲完成學位為止，一共在學校長達三十年之久，近幾年由於教書、演講、寫書、做事的關係，不能不讀書，從來沒有一天離開過書本。憑良心說，過去一直沒有嚐到學習的喜悅，今天為了向各位報告這個主題，我試著去整理一下，把過去三十年嘗到的喜悅，具體的條列出來，與各位分享：

1. 讀書可以打發時間，我利用等公車的時間，看醫生的時候，看看書報雜誌，也利用理髮時、等候洗照片時、上厠所時看書，陪太太買菜時，我就站在市場門口看書報。總之，讀書可以打發時間，這是很具體的樂趣。每到週末、假日，不想去聽演講、登山、郊遊、釣魚，要做什麼呢？我的習慣是去買一本雜誌、或買一大堆報紙，一整天的時間可以看書報雜誌，第二天覺得這個假日過得很充實。

2. 讀書可以當秀才，的確「秀才不出門，能知天下事」，做一個現代人，要知天下事，最好的方法就是讀書。多讀史地、旅遊、傳記的書，可以跟別人話說天下大事，不讀書則無話可談。中文《讀者文摘》內容很豐富，我把它當床頭書籍，每期必讀，它提供我很多天下大事的知識。

3.讀書可以未卜先知，一個人常讀書，可以比別人知道更多事情，尤其當我們需要借古觀今時，從讀書當中吸取別人的經驗，透過別人的經驗，可以了解現代，了解未來。知道未來事物發展的動向，就可以超越時代、超越社會，知道未來歷史的動向，就可以得到很大的快樂。

4.讀書可以結交新朋友，認同知己的人物。我常常從書報雜誌中，看到與我觀點相同，見解相同的朋友，進一步可以把他當做我們自己知心的朋友。有機會碰面的話，就可以開懷暢談，變成好朋友。我看到一本新的雜誌──《我們的雜誌》上有一篇文章，叫〈傳道人的心語〉，這是周聯華牧師所寫，文章的內容在講基督教本色化，我看了這篇文章很高興，很想與他見面談一談。因為過去我一直在想：有一天基督教、天主教一定會越來越本土化，周牧師稱之為本色化。我們看佛教在東漢末年傳入中國，經過五百─一千年已逐漸中國化，至今我們分不清佛教是中國的，還是印度的，這證明佛教已經中國化、本土化。我相信中國文化有絕對的包容力，有一天會把基督教、天主教加以本土化。我看到周牧師在〈傳道人的心語〉一文中，居然與我有相同的看法，我的內心有會心的微笑。他談到懷恩堂的門是圓的，這是中國文化的圓通，屋頂是黃色，黃色在中國文化代表高貴。他認為可以祭祖，這與基督教的反對崇拜偶像不同，這些都說明基督教已經在本色化、本土化。我從這篇文章想到，我過去的想法已被周牧師所肯定，這是我學習的喜悅。

5.讀書可以培養一個人的豪情壯志，使他心胸開闊，大步邁向人生未來。我們讀到一本好書，它鼓勵人立志向善，常讀好書，可以解開許多個人的煩惱痛苦，可以培養豪邁的心靈，進而努力工作，朝向奮鬪的未來。我在《天下雜誌》看到一篇高希均教授的文章——〈有平凡的國民才有不平凡的國家〉，我從此文得到很大的啓示：一個人只要立志做平凡、平實、平穩的人，就可以爲建立一個不平凡的國家而努力，這樣我們在心靈上就得到一個立志奮發向上的力量。讀書也可以得到這樣的喜悅。

總之，學習的喜悅，如人飲水，冷暖自知，各位要知道更多的學習的好處，只有靠各位自己去讀書，我的演講就要結束，各位同家好好的讀書吧！

（本文係於臺北市社會教育館的演講紀錄稿）

第貳篇　教育與文化

八、終身教育的理念與實踐

本文從理論上探討終身教育的意義、產生背景、內涵與問題，發現終身教育不僅是當前教育上一種重要的理念，而且也是一種嶄新的教育制度。本文又從實務的觀點，提出終身教育六項的實踐途徑：⑴加速扭轉社會觀念，建立升學—就業—升學的途徑；⑵改善大專院校的推廣教育；⑶早日設立空中大學；⑷確立社教機構實施終身教育的明確目標；⑸提倡書香社會運動；⑹從事長期的文化建設。

壹、前　言

教育部長李煥先生不久前於立法院兩度提及當前教育的重點工作之一，即在建立全民有關「終身教育」的理念。❶

民國七十二年教育部學制改革研究小組所提「學制改革草案」中，也有二處提到終身教育的問題：❷

1.完美的學校制度，除了能為國家培育各項建設所需的人才而外，還要能達成「全民教育」和「終

❶ 李煥，〈教育政策目標的取向〉。
❷ 教育部學制改革小組，〈學制改革草案〉，民國七十二年十二月，第七頁、第十二頁。

身教育」的理想。

2.家庭教育、學校教育和社會教育應作密切有效之配合，以實現「整體教育」與「終身教育」的理想。

事實上，有關終身教育的理念，早在民國六十九年通過的社會教育法修正案中，已確立爲當前社會教育推行的宗旨。社會教育法第一條規定：社會教育依憲法第一五八條及第一六三條之規定，以實施全民教育及終身教育爲宗旨。由此可見，「終身教育」已經逐漸成爲當前我國教育上，最熱門的話題與最重要的課題。

但是，終身教育確切的意義是什麼？爲什麼會產生終身教育這種理念？終身教育實施的內涵包括那些方面？終身教育引起那些值得重視的問題？尤其是如何使終身教育這種理念，成爲具體的制度，付諸實踐，以增進個人的發展，並促進社會與國家教育的進步。基於這些動機，本文首先敍述終身教育的意義，接着探討終身教育產生的背景，其次分析終身教育的內涵與問題，最後則論述終身教育實踐的具體途徑。

貳、終身教育的意義

終身教育（Lifelong Education）這個名詞來自西方，是最近二十年的產物，但是終身教育這個理念並非一個完全嶄新的觀念。

我國有一句俗話說：「活到老，學到老。」莊子於數千年前也說：「吾生也有涯，而知也無涯。」

甚至孔子在論語上也說：「吾十有五而志於學，三十而立，四十而不惑，五十而知天命，六十而耳順，七十而從心所欲不踰矩。」❸這也指出一個人的人格陶冶需要不斷漸進的歷程。這些思想，事實上與現代終身教育的理念，都是完全吻合的。

在西方社會，終身教育的觀念，也是古已有之。西方人常說：學習總不嫌晚（Never Too Late To Learn），可見終身學習的思想，早已深植西方社會人們的心中。

不過，眞正推動終身教育此一觀念，並欲使之制度化，則是一九六〇年代的事，迄今不過二十年。

一九六五年十二月，聯合國教科文組織（Unesco）在巴黎召開成人教育會議，曾建議：❹「人的一生，從出生到死亡之間，實施的教育過程，是一種整體而統整的教育過程，是爲終身教育的理想。」

教育學家郎格蘭（Paul Longrand）在這次會議中的論文「關於終身教育」，遂成爲各國重視終身教育的濫觴。❺

一九七二年聯合國教科文組織由教育學者法爾（Edgar Faure）所主持的國際教育發展委員會所出版的教育計畫報告書，將終身教育視爲教育政策的主要觀念，指出未來教育革新的主要觀念與指導原則，

---

❸《論語．爲政篇》。

❹見於劉焜輝撰，〈終生教育與學校教育〉，載於《社教雙月刊》第二期，民國七十三年七月二十日，第十四頁，轉引自森隆夫編，《生涯教育》，一九七〇年，帝國地方行政學會，第一六七頁。

❺參閱 Paul Lengrand, *An Introduction to Lifelong Education*, Paris: Unesco, 1970.

就是終身教育。❻經由聯合國教科文組織的支持與鼓吹，終身教育的理念廣為流行，成為全世界教育改革的動力。

我們可以簡單的替「終身教育」下一個定義，終身教育是一種觀念，也是一種制度，其目的是主張個人從出生到死亡為止，隨時可以接受教育，同時可以從事職業工作，這種教育不受任何階段（即小學、中學、大學等）的限制，個人可以在教室內或教室外學習，也可以利用各種傳播媒介，如廣播、電視、函授等來學習；易言之，我們也可以說，終身教育乃是一個綜合統一的教育理念，指出人生在不同的階段與生活領域中，以正式的與非正式的學習方式，獲得與充實知識，促進個人的發展與社會的進步。

進一步言，我們可以說，終身教育的意義，包括下列三項重點：❼

第一、國民一生都應有接受教育的權利。過去的教育係以學校教育為中心，以兒童與青少年為主要對象，終身教育的理念强調國民終身都有接受教育的權利，也即保障全體國民都能夠獲得更多更廣的知識與技能，以適應時代的需求。

第二、教育應與日常生活密切關連，教育功能應擴充到整個社會生活。終身教育主張將正式的學習，與非正式的學習，即日常生活中有組織、無組織、有意識、無意識的各種學習機會，二者相互整合，這樣的終身教育，便把教育功能擴大到職業、文化與人格陶冶等各種實際生活中。

---

❻ Edgar Faure, etal, *Learning to be. The World of Education Today and Tomorrow*, Paris Unesco, 1972.

❼ 參閱同註四文，加上作者之闡釋。

第三、終身教育的理念不但要求一生不斷的學習，同時也要求有機地統整家庭教育、學校教育與社會教育。站在終身教育的觀點，個人一生發展的過程，開始於學校教育之前，即以家庭教育奠定人格與社會習慣的基礎；而人生的眞正開始乃在學校教育結束之後，即社會教育應以學校教育所培養的學習動機與學習能力，奠定畢業後自動自發學習的基礎，因此，家庭教育、學校教育與社會教育三者便融合爲一了。

叁、終身教育產生的背景

近十幾年來，終身教育的觀念，在許多先進國家迅速散播，普遍的流行，甚至影響整個教育制度的變革，這種趨勢是有其重要背景所產生的，茲列擧這些因素如次：

(一)個人心理的因素

二十世紀以來，由於營養、醫藥與衞生的進步，人類的壽命普遍延長，接受教育的觀念也有了空前的轉變。過去認爲人生可以明顯的劃分二個階段：

第一個階段：未成熟的人（兒童、青少年）約二十年，努力求學，心無旁騖祇求接受教育即可。

第二個階段：成熟的人（成人、老年人），約五十年，努力生產活動，或過退休生活，無暇或無須接受教育。

事實上，今日的觀念是一個人整個的生命歲月是逐漸成熟的，兒童、青少年時期的成長、發展，乃是日後成人時期身心發展的重要基礎。人生於兒童、青少年時期前二十年需要接受教育，後五十年的成人或老年時期更要接受教育。

晚近的教育研究也進一步的指出，一個人不論年紀如何大，永遠具有學習能力。根據心理學家的研究和統計，成人的學習能力並不比兒童或青少年爲差，甚至成人因具有已往的經驗、自動自發的意願以及適應自身需要的選擇權，因此其學習效率反而更高。如此，肯定成人的學習能力加上成人強烈的學習意願，乃促進終身教育理念迅速擴展。❽

(二)社會經濟的因素

現代社會是一個經濟、技術與職業快速變遷的社會，單以與教育有關的新名詞而言，如：學習社會(Learning Society)、教育的社會(Educative Society)、資訊社會(Information Society)等都指出終身教育的必要性。其次，現代社會也將由過去的第一波、第二波甚至第三波的傳統社會，進入第四波的後工業社會或未來社會，科技的發展，一日千里，這些都使得社會經濟結構產生革命性的變化，必須有終身教育加以適應，諸如：

1. 工業技術的推陳出新，自動化系統的廣泛運用，一個人所接受的教育程度與其職業活動間有着變動的關係，在在都需要職業性的再訓練、再教育。

2. 技術的快速成長，導致資訊應用價值的大幅提高，在資訊社會裏，是一個以「知識」或者說用「腦力」來開發的階段，因此，人人需要不斷獲得良好品質的訊息與高度的知識，所以終身教育是資訊社會的必然產物。

❽ R.H. Dave, ed., *Foundations of Lifelong Education*, Oxford: Pergamon Press, 1976.

3.在現代高度工商業的經濟社會裏，物質主義的抬頭，精神文明的淪喪，導致了人與人關係的疏遠與隔離，而對現代社會生活與行爲規範的改變，每一個人都需要一項新的教育體制，以提昇自我實現的層面，協助改進生活素質。❾

總之，一個人在面對日新月異的社會經濟變遷中，必須不斷的學習，才有高度應變的能力，才能增進和諧的人際關係，所以一個人在終身時間中，要時時不忘學習，要處處接受教育。

㈢教育政治的因素

終身教育理念的產生與教育、政治觀念的變動也有很密切的關係。首先是許多教育學家認爲，個人一生處於變動中的世界裏，傳統的學校教育已無法滿足個人的需要，終身教育可提供一種連貫的、系統的整體教育過程，以配合個人與團體更充分的教育需要。其次是教育機會均等的觀念，於一九六〇年以來，也成爲教育上的主流，這種觀念不僅要求每個國民具有相等機會接受最基本的教育，而且要使人人具有相等機會接受符合其能力發展的教育，這種教育機會均等的觀念，除了消極地不對學生之就學機會加以性別、宗教、種族、社經地位或其他限制而外，更含有積極地提供彌補缺陷的機會，促進立足點的平等，以便充分發展個人的才能。❿

就政治因素而言，近代西方社會政治的民主化（Democratization），徹底改變過去以特權爲基礎的

❾ 參閱 Emmanued G. Mestheue, *Technological Change: It's Impact on Man and Society*, Cambridge, Mass. Harvard University Press, 1978.

❿ 陳奎憙著，《教育社會學》，臺北：三民書局，民國六十九年，第一一八頁。

英才制度（Elitism）、社會階層、不平等的信仰以及不重視人權的剝削形式。政治民主化的本質帶來自由、平等與博愛的社會制度，也開放了人類參與教育活動的措施，大衆教育的理念獲得實現，終身教育的型態、方案與目標，也獲致空前的擴展、革新與整合。⑪

㈣知識爆增的因素

很多學者將二十世紀稱爲「知識革命」（Intellectuar Revolution）或知識爆增的時代，從圖書資料的出版量可以得到具體的例證。以歐洲而言，在十五世紀古騰堡發明活字印刷以前，整個歐洲每年出版新書約一千種。也就是說，每一世紀出版的新書約十萬種。到了一九五〇年，歐洲每年約出版新書十二萬種，到一九六五年左右，全世界每年的出書量估計達四十萬種，現在每年全世界約出版一百萬種出版品。⑫其中美國一年出版量爲八萬五千一百二十六種，日本爲四萬五千五百九十六種，中華民國去年出版品爲七千九百一十九種。⑬

知識爆增如此持續不斷，其對個人的衝擊與教育的挑戰，必須終身學習才能適應時代的需要。終身教育就是欲使每一個人在其一生中，接受組織化、系統化的教育和學習的機會，使更廣大的人羣獲得新的知識和技能，俾能迎合現代社會快速變遷的需求。

㈤休閒時間增加的因素

---

⑪ 參閱楊國賜撰，〈終身教育的理念〉，《社教雙月刊創刊號》，民國七十三年五月，第三一～三七頁。

⑫ 郭爲藩著，《教育發展與精神建設》，文景出版社，民國七十一年四月。

⑬ 行政院經建會人力規劃小組編印，《中華民國七十三年社會福利指標》，第二十六頁。

現今我們已進入機械與自動化的時代，生產質量的提高，一方面所需工作時間自然縮減，另方面工作環境的緊張、忙碌、單調與疲勞，也促使人們渴望休閒，因此現代已進入工作少休閒多的時代。據一項法國的研究，估計一九八〇年代，人類的平均壽命將達到八十歲，終其一生有七十萬個小時。但由於勞動效率的提高，工時縮短，一個人一生祇要工作四萬小時（以工作三十五年，每年四十週，每週三十小時計算），佔其一生時間的百分之六，同時人類的自由時間（包括睡眠）佔其壽命的百分之九十四。⑭如此龐大的餘暇，必將投入休閒活動。休閒時間的利用除了有閒、有錢之外，還得有技能，例如：開車、划船、釣魚、種花、蒔草等，才能達到休閒的目的，才能盡興，而這些技能必須學習才可以獲得，以調劑身心。

根據最近的一項研究指出，當前我們國人的休閒活動以看電視爲最多（佔百分之九十八點四），其次依序爲：看報（佔百分之八十八點九）、聊天（佔百分之八十四）、拜訪親友（佔百分之七十點九），從以上這些項目可以看出目前我們國人的休閒活動偏向靜態的，今後隨着時代潮流的演變，休閒活動逐漸邁向工業化與動態化乃是必然的趨勢，因此解決當前及未來社會的休閒利用問題，其關鍵在於休閒生活的準備與訓練，亦即終身教育問題。⑮通過家庭教育、學校教育以及社會教育，以培養正確的休閒生活觀念以及發展有效利用休閒的能力，這已成爲現代社會不容忽視的一個問題。因爲我們如果不學習一種健全的、進步的、優雅的方法以利用休閒，我們的文化和人格將無法得到健全的發展，我們也無法享

---

⑭ 同④，轉引自森隆夫編，《生涯教育》，一九七〇年，帝國地方行政學會，第三十二頁。

⑮ 參閱宋明順撰，〈大衆閒暇時代與娛樂問題〉，《社教雙月刊》第六期，民國七十四年三月，第二二～二七頁。

受自己所努力工作的果實，也無法享受高度科技所帶來的好處，終身教育與休閒時間增加的關係在此，終身教育將對於休閒時間有效利用的價值，也由此可以充分的得到證明。

肆、終身教育的內涵與問題

探討了終身教育的意義與其產生的背景之後，接着應進一步對於終身教育精確的內涵加以分析，並且根據這些內涵指出當前我國實現終身教育理想可能存在的一些問題，作爲實踐終身教育想理的參考。

茲歸納一九七二年教育學者法爾所出版的「教育計畫報告書」及一九七五年教育學者戴夫(R.H. Dave)所發表的「終身教育與學校的反應」(Reflections on Lifelong Education and the School)乙文，提出八項終身教育的內涵及其問題，履述如次：⑯

1.終身教育是一種終身的歷程，涵蓋一個人整個的生命期，永無休止。

這是終身教育最基本的特性，教育並非終止於正式學校教育的結束，而是一種終身的歷程。迄今爲止，我們國人大多仍未建立這種觀念，始終以爲教育是兒童、青少年與青年的要務，至於一般離開學校的人，主要從事職業工作，大多與課本或學校絕緣，先總統　蔣公於三十多年前發表的「民生主義育樂兩篇補述」中，已明確指出這種弊端了，他說：「今日的學校教育，讓一個學生從小學升中學，從中學

---

⑯ 引見 R.H. Dave, *Lifelong Education and School Curriculum*, Hambury: Unesco, Institute for Education, 1973.

升大學，大學畢業之後，彷彿不必再受什麼教育了。」⑰這種不正確的觀念，必須及早根除，讓學校學生以外的成人、老年人有繼續接受終身教育的觀念、習慣與機會，這是國家的當務之急。

2. 終身教育在性質上具有全民性與普及性，它代表着教育的民主化，讓社會上所有的人皆有普遍接受教育的機會。

我國重視學校教育的全民化，最近三十幾年來已有顯著的績效，據教育部統計，⑱七十二學年度學齡兒童就學率爲百分之九十九點八一，國小升學率爲百分之九十八點六，國中升學率爲百分之七十點一九，高中升學率爲百分之八十二點三三，總共在學學生數爲四百七十九萬九千八百三十三人，佔總人口的百分之二十五點五四。此外，各學齡組人口在學率爲六—十一歲組爲百分之九十九點九，十二—十四歲組爲百分之九十點一，十五—十七歲組爲百分之六十三點八，十八—二十一歲組爲百分之二十五點八，二十二—二十四歲組爲百分之六點三。

雖然如此，我國教育與全民教育理想間仍有一段距離，值得吾人深思與加強改進：(1)上述數字反應，我國約有四分之一六歲—二十二歲的兒童與青年在各級學校就讀，但有四分之三的人口却未進入學校就讀，或已離開學校不再就讀。(2)據最近另一項統計指出，目前我國文盲率爲百分之九點一，約有一百萬的國民仍不具備本國文字基本讀寫的能力。(3)若再就個別情況而言，則學齡前幼兒、身心殘障的兒童與青年、婦女同胞以及老年人在我國社會就學的情形則更值得注意與重視了。

---

⑰ 先總統　蔣公著，《民生主義育樂兩篇補述》。
⑱ 教育部，中華民國教育統計，民國七十三年。

3.終身教育包括正式的與非正式的教育型態。正式的教育型態係指學校教育，在終身教育理念導引下，今後的學校教育應培養終身學習的動機與學習能力，奠定畢業後自動自發學習的基礎，這是我國各級學校最忽視的，應及早改進。而非正式的教育型態係指家庭教育與社會教育，這是我國教育系統較受忽視的環節，今後如何加强家庭教育與社會教育，以促進終身教育理念的實現，實爲最重要的課題。

4.家庭在終身學習的過程中，扮演最重要的角色。家庭教育的重要性，無可諱言，人人皆懂，但觀諸現代家庭中，對於子女從小應有的「灑掃、應對、進退」的生活教育，已極忽略；對於子女待人接物，孝順禮儀等品德教育更爲漠視，因此我們常想幾個與家庭教育有關的問題：沒有良好的家庭教育那會有良好的下一代國民？教育未來下一代的父母容易，爲什麼教育現在的父母却很難？學校教育有人負專責，家庭教育的成敗應由誰來負責？

5.社區在終身教育體系中也扮演極重要的角色。社區教育（Community Education）這個名詞，在我國還相當陌生，但在世界主要國家中如：美國、加拿大、澳洲等七十幾個國家已深受重視。今後我國教育單位如何加强學校成爲社區的精神文化堡壘，成爲主導社會的力量不能祇是徒托空言？而社政單位更應使社區媽媽教室等社區教育，更加落實、紮根，以實現終身教育的理想。⑲

6.終身教育的特質是在學習時間、學習內容、學習工具與學習技術等方面皆應有彈性與歧異性。就這方面來說，我國應就國人的身心特性，對於成人學習的理論與方法，作深入的調查、研究與分析，可惜就個人所了解，我國在此方面的研究幾乎是一片空白，今後實應迎頭趕上，急起直追，以提高終身教

⑲ 李建興著，《社會教育與國家建設》，文景書局，民國七十四年四月。

育的效果。

7.終身教育應同時採用各種教材與學習媒介。例如，現代科技的發達，大衆傳播媒介諸如：報紙、雜誌、電影、廣播、電視等都是實施終身教育不可或缺的媒介。目前我國的空中教學以電視教學爲主，廣播教學爲輔，二者配合，重複施教，兼以函授、面授、發揮最大的教學效果。今後加强大衆傳播媒介的社教功能，建立空中教育體制，以實現終身教育理想已是必然趨勢。

8.終身教育的終極目標，在培育個人的適應力，發揮社會的創新力，以提高生活水準，改善生活品質，並促進國家的全面發展。目前我國經濟高度發展，國民生活已豐衣足食，持此以往，生活水準的日益提高，指日可往，但是國民生活素質的改善，則有待全民終身教育的全面實施，培育國民與社會的適應與創新力，正是淨化社會風氣，重振社會道德，減低犯罪比率，加强社會福利，維護生態環境等的良方，最後則可促進國家的全面發展。

伍、終身教育的實踐途徑

一九六〇年代以來，終身教育的理念在聯合國教科文組織大力倡導之下，已廣爲流行，尤其對先進國家的教育產生深遠的影響。

目前我國正處於一個轉型期的社會中，學校教育處處表現著與社會——經濟嚴重脫節的現象，以致學校教育問題層出不窮；同時家庭教育與社會教育尚未受到應有的重視，實施的理論與具體方法，更尙付闕如，以致未能發揮積極的功能。職是之故，如何有效地利用終身教育的理念，使我國的教育全面改弦易轍，迎頭趕上時代，藉與社會需求相配合，與經濟發展相協調，加速培育有用的人才，服務社會，造福人羣，誠屬至爲重要。茲針對當前我國社會環境與教育實況，提出幾項實踐終身教育的具體途徑，以供抉擇：

1.加速扭轉社會觀念，建立升學——就業——升學的途徑，以暢通教育管道，破除升學主義。

大家都知道，當前我國教育最大的弊病，莫過於重視知識的灌輸以及升學主義的作祟，這種弊端已到令人髮指的地步，但是大多數人皆束手無策，徒喚奈何！個人以爲，這種升學主義的觀念，由來以久，經緯萬端，但其中的癥結之一是各級學校大多一票到底，殊少轉寰的餘地，同時大多數的青年急於一試定終身，一口氣完成各級學校教育所造成。今後教育若能在此方面有所更張，扭轉社會大衆的觀念，或可稍爲減緩升學壓力。

很明顯的，提倡終身教育的理念可以爲上述教育的歪風，注入一股清新的風氣，其理由是：

(1)終身教育可以使人了解兒童——青年時期固然是接受教育的黃金時代，但是今日社會變遷的結果，兒童——青年時期所接受的知識，祇是爲終身教育奠定基礎而已更無法終身適用，所以不必有操之過急的心理。

(2)終身教育可以使人了解成人——老年時期有接受教育的必要，也有接受教育的能力，祇有終身繼續不斷的學習，才不會爲社會與時代所淘汰，建立每個人一生一世終身接受教育，永不休止的正確觀念。

考諸美、日等國，他們的父母與青年大多已具備這種觀念，而在教育制度上也多方面配合這種觀念而實施，因此升學壓力較爲舒解，教育制度也較爲正常，我國應於近期內於此方面急起直追，以期各級教育發揮更大的效果。

2.改善大專院校的推廣教育，使更多的成人——老年人都可進入大學就讀，接受一次以上的大專教育。

我國大專院校向來作風比較保守，基於學位是國家名器，不可浮濫的看法，大專院校的師資、設備、課室、校園等較少充分的使用，尙未發揮較大的效果。因此有一項統計指出，我國高等教育學生數與人口的比率爲百分之十五點四，而美國爲百分之五十四點九，日本爲百分之二十點四，韓國爲百分之二十點七，菲律賓爲百分之二十五點九，我國遜色甚多。[20]

英、美等國辦理大學推廣教育已達二百年之久，大學的推廣服務，讓社會大衆普受大學教育的惠澤，諸如：成人進修、推廣課程、大學講座、函授、暑期研習、夜間教育、勞工諮詢服務與老人福利教育等廣泛實施，因此目前美國四分之三以上的成年人，都已接受過大學教育，而最近日本人也提倡每五年或十年就應回到大學接受「回歸教育」(Recurrent System of Education)，就像人體應接受定期的身體檢查一樣。據聞我國的「大學暨獨立學院推廣教育實施辦法」草案，正在立法院審議中，授不授予學位固可商榷，但加速立法審議，並切實付諸實施，以使大專院校成爲實施終身教育的主要場所，實有必要，願樂觀其成。

3.早日設立空中大學，滿足更多青年在就業中接受大學教育的需求，並擴大電視的教育功能。

---

⑳ 同⑬，第七十三頁。

我國空中大學的立法爭議已久，迄今為止，仍祇聞樓梯響未見人下來。其實世界上早已有七十幾個國家已廣泛運用空中教學，發揮教育的效果，而英國、日本、泰國與韓國等更設置空中大學，使用廣播與電視等傳播媒介，推行大學教育，舉世聞名。㉑

我國許多青年都渴望空中大學早日設立，以滿足他們一方面繼續就業，一方面在大學讀書的願望，據了解近二年來，大學選修課程，每年選讀生都達三、五萬人之多，可見青年求知之熱望。其實空中大學的收視者不僅是正式註册的學生而已，選修生、自由收看者，才是它廣大的教育對象，可見空中大學確是發揮電視的教育功能，實現終身教育理想簡易可行的途徑。

4.確定社教機構實施終身教育的明確目標，加强其活動，評估其效果，以提升社會教育的成果。

依據社會教育法之規定，社教機構有：社教館、圖書館（室）、博物館、科學館、藝術館、文化中心、音樂廳、戲劇院、紀念館、體育場所、動物園及兒童（青少年）育樂設施等，這些公私立社教機構，最近幾年在國內普遍設置，熱烈展開活動，已蔚成風尚。

當前的重要問題之一是這些社教機構目標尚不夠明確，功能重疊，力量不集中，形成人力、物力與財力的浪費，今後若能以實施終身教育作為這些社教機構的主要任務，並以實施終身教育的成效，作為評鑑的重要指標，則可提升社會教育的成果，促進社會教育的發展。

5.提倡書香社會運動，鼓勵圖書的創作、出版與閱覽，培養讀書風氣，提升民衆文化水準。

政府近幾年來大力提倡建立書香社會，舉辦各種書展及辦理圖書巡廻服務，已初具成效。例如：民

㉑ 李建興撰，〈英國空中大學教學體制及其啓示〉，收於⑲書，第一四八～二〇六頁。

國七十三年五月間，臺灣省政府辦理「全國萬種好書巡廻展覽」，巡廻各縣市展出三十六天，展出期間人潮洶湧，盛況空前，統計此次參觀書展人數，多達五十八萬八千餘人，購書價款高達六百八十八萬餘元。這樣建立書香社會，鼓勵大衆多讀好書，提升文化生活品質，有莫大助益。㉒

其實，要建立書香社會也不是件易事，建立書香社會要滙集許多人的智慧與努力，例如：第一、要有作家的創作；第二、要有出版社的出書；第三、要有書商的發行；第四、要有圖書館員的採編與典藏。這四者缺一而不可。今後我們更要集合創作者、出版家、書商與圖書館員的合作與奮鬪，同時政府應給予更多的獎勵與保障，這樣才能創造一個處處充滿書香、人人充滿書香、時時充滿書香的社會，眞正實現終身教育的理想。㉓

6. 從事長期的文化建設，辦好文化中心活動，結合社會資源，創造民族文化的特色。

這幾年來，政府與民衆鑑於經濟發展與精神倫理建設間的偏失，極力從事文化建設，以收補偏救弊之效。在蔣總統經國先生的領導下，各縣市文化中心自民國六十八年起開始興建，目前各縣市文化中心大多完工啓用，以肩負文化建設的重責大任。

目前各縣市文化中心雖然遭遇到編制、人才、經費、活動與評鑑等問題，但假以時日，這些問題即可逐步克服與解決，個人以爲，縣市文化中心最切要的課題乃是：確立它實施終身教育的明確目標，充分結合各種社會資源，凝聚實施終身教育的各項活動，創造民族文化的特色，使其逐漸走上制度化的途

㉒ 臺灣省政府教育廳編，《臺灣省加强文化建設工作研討會》，民國七十四年二月。

㉓ 李建興撰，〈書香與書鄉〉，刊於《社教雙月刊第二期》，民國七十三年七月，第十頁。

徑，最後必能使長期的文化建設，爲建立文化大國奠定牢不可拔的基石。

陸、結語

國父曾說：「建設一個新地方，首先在辦教育，要辦普及的教育，令普通的人民都可以受到教育。」「教育少年之外，當設公共講堂、書庫、夜學，爲年長者養育智識之所。」㉔先總統　蔣公也說：「我們建設民生主義社會，必須把成人教育當做教育的主流來辦理。」「對個人，要教他自覺其『做到老，學到老』，對社會要使其成爲一個大學校，讓每一分子都能充實自己，發展自己。這才是民生主義社會建設的成功。」㉕國父和先總統　蔣公的訓示，都是實施終身教育的最高指導原則。

終身教育在一九六〇年代自歐美先進國家倡導以來，已成爲教育革新的主要動力。對我國而言，教育界對於終身教育的理念與實踐，迄未做深入的探討與分析，流弊所及，在教育計畫、學制改革、課程修訂及一切教育措施上，仍然停留傳統的窠臼，無法創新，以致升學主義積弊日深，家庭教育、學校教育與社會教育的功能始終未能適當的統整。今後我國的教育革新，應該積極的以終身教育理念爲核心，配合終身教育的時代潮流做徹底的改革，以期教育在知識爆增與自動化的時代，扮演着更積極更重要的角色。

（本文原載於師大社教系編，《社會教育學刋》第十四期，民國七十四年六月）。

㉔　李建興撰，〈國父　孫中山先生的社會教育思想〉，同⑲書，第一六頁。
㉕　李建興撰，〈先總統　蔣公的社會教育思想體系〉，同⑲書，第三二頁。

九、父母教育子女的責任與方法

俗語說：「愛是人類的天性」。又說：「天下沒有不是的父母」。前一句話有道理，但是，後一句話，所謂「天下無不是的父母」可能有問題。有一次，我在某一學校做一個測驗，讓學生用非常冷靜與客觀的態度，來描述自己的父母親。有些人描述他的父母親是兇巴巴的，尤其是，當他的父母心情不好的時候，那他的父母的臉色很難看，就像一隻老虎一樣。這樣的父母，不是對他的子女沒有愛心，但是，他們的態度可能有問題，這類的父母，我把他們歸屬於「老虎型」的父母親。

有的學生告訴我，他的父母一天到晚嘮嘮叨叨，管孩子吃穿、功課，甚至於管孩子交朋友等等問題，像和尚唸經一樣，從早唸到晚，我想這種父母，是不是像「火鷄型」的父母親。

又有一些講，我們的父母過份保護、寵愛、縱容我們，零用錢無限制的給予，任何需要也無限制的供給。做父母的希望給孩子最好的享受，更希望孩子永遠不要離開他們。這類的父母，我把他們歸列為「袋鼠型」的父母親。像袋鼠媽媽無論到那裏，總是把小袋鼠放在身邊。

又有學生描述他們的父母親，都是忙着自己的事業，也就是忙於賺錢、交際、應酬等。他們認為多賺點錢，還不都是為了子女好，讓孩子在別人的面前，能夠揚眉吐氣。這樣的父母親外表很好看，也是提供最好的享受給子女，但是，很可能沒有做到父母的職責，像不像「蝴蝶型」的父母親。

非常令人高興的是，大部份的學生，他們的父母都非常慈祥、友愛、關心、溫暖、和藹。我想把這類的父母，加上一個動物名詞，但想不出那一種動物能夠形容，我說他們是「人類型」的父母親。

各位想一想，我這種劃分多少有點不倫不類。這樣的劃分並沒有把普天之下的父母；全部歸類。但是，可以幫助我們了解，這個社會一些父母親目前的情況。

父母對子女的愛，有時愛得不得法，不適當。為什麼？各位記不記得有人說：「公僕難為」。我借用這句話來說，今天的「父母難為」。

今天的父母親有什麼難為之處？

壹、從父母方面來分析

1.過去的父母親具有很高的權威。我家有一位老祖父，從小就給我很深刻的印象，他抽一種很長的煙斗，家裏有人做錯事情，有不禮貌的時候，老祖父拿起煙斗來敲你的腦袋，沒有人敢說不對，沒有人敢反抗。今天做父母的，要當「孝子」，就是我們要孝順我們的子女，而不是讓自己的子女來孝順我們。今天做父母的權威已經沒落了，管教子女已不再是片面的約束。

2.其次，再看過去的家庭，除了父母之外，還有伯、叔、兄、弟、姊、妹等很多家人住在一起，孩子有什麼問題，自己無法解決的，可以找其他的家人幫忙解決。今天的小家庭，一旦父母親有事情，再也找不到別人幫忙照顧。這種小家庭的問題，父母親的感情是直接的、面對面的，沒有緩衝的餘地，這是現代父母難爲的原因。

3.過去的家庭生活，吃、穿、用自給自足，簡單、樸素。今天的家庭經濟變動很大，衣、食、住、行永遠沒有滿足的一天，當父母的要爲生活來奔波，更不能忘記管教子女，兩方面的責任難以兼顧。

4.我們再看過去的家庭，所謂男主外、女主內，分得相當清楚，過去所謂的模範母親，像孟母教子，她可以一面紡紗，一面教孟子唸書。今天的家庭，誰是一家之主？到底是父親，還是母親？許多父母親同時出外就業，職業婦女又兼家庭主婦兩個角色，她如何兼顧？

5.過去是以家庭爲社會的重心，社會對家庭的影響力小，單純又純樸。今天的社會五花八門、聲色犬馬、電動玩具、色情場所，再加上報章雜誌擴大的宣傳，其影響力，可以說是非常大。今天做父母的，在消極方面，要制止外來的影響，我們要減弱不良的影響力。另一方面，我們要給子女，樹立一個好的榜樣。今天的父母親的確難爲。

貳、從子女方面來分析

1.過去，養育兒女比較簡單，大人吃什麼，小孩一樣吃什麼，簡單、容易。今天，各位都知道，孩子要在最好的醫院接生、吃最好的奶粉，穿最好的衣服，還要看最貴的醫生，一切都說明了養兒才知父母苦。

2.今天養一個小孩十分不容易，小孩的身心，發展比較早熟，六、七歲小孩講起話來像大人一樣，我們以爲小孩子不知道，事實上，他們懂得不少。我與太太講悄悄話，小孩在旁邊，我說：你懂什麼？

聽什麼？他却說：我知道。所以，今天的小孩的確懂得、知道不少事情。當然從某方面看身心發展早，對教育是很好，但是，另一方面却使我們做父母、老師的有教育工作愈來愈困難的感覺。

3. 臺灣近二、三十年來，經濟發展迅速，而長在這個時代的孩子，沒有遭受戰亂之苦，未經人世滄桑痛苦的小孩，不能體諒，也不會知道別人的辛苦。

4. 我們處在中國倫理、道德漸趨沒落，又遭受西方科學文化衝擊當中，再看我們年青的一代，追求西方物質文明，造成「代溝」、「代差」的問題，因此，使得父母與子女之間，產生溝通困難。

我想提醒各位，我分析父母難爲的道理，並不是告訴大家父母難爲，就可以放棄教養子女的責任。相反的，我們更要曉得父母難爲之後，如何去克服困難，眞正做到一個標準、好的、理想的父母親，對這個家庭、社會負起承先啓後的責任。

「如何教育我們的子女」，我想提出幾個具體的說明，我們到底應該如何教育我們的子女，才是比較正確的方式。

第一、我們應不應該給予兒女零用錢？

有些朋友問：李教授，你給不給孩子零用錢？

答：我不給。

問：爲什麼？

答：因爲孩子還小，才十歲。若是給他零用錢，要敎他儲蓄，讓他把錢放在撲滿裏面，養成儲蓄習慣。大一點的小孩，我們也許要給他一些零用錢。但是，一定要有節制，不能隨便給得太多，我們要注意他買些什麼？用到什麼地方？用得適當不適當？我們有責任去注意他。我們做父母親的實在應該很當心，你上、下班，你的衣服、錢包，不要隨便放。有時候無意之間，會形成孩子偷竊的行爲。偶然，發現孩子有偷竊的行爲，那麼，這個時候應該卽時糾正，不要讓孩子養成不良的習慣。

第二、我們做父母親的可不可以體罰孩子？打罵孩子？

有些朋友說：你贊不贊成體罰孩子？

答：一般來說，我不贊成。

問：爲什麼？

答：因爲心理學家說，打、罵會傷孩子的自尊心，可能會養成孩子的報復心理，體罰只有短暫、表面的效果而已，教育當局禁止老師體罰學生。我個人覺得這個原則不錯，但是，我認爲做父母親的，可能很難避免打、罵，我覺得打、罵不是絕對的不好，而是，打、罵用得適時、適地的問題。我自己學了不少教育理論，有兩個觀點：

(1)孩子是沒有道德觀念的。一個人的道德觀念是主觀形成的。道德標準是由外在約束，然後內化爲個人的道德行爲，需要他律，才能變成自律。教育理論支持我們，在實際上來說，做父母親的，也很難避免不打、不罵孩子。

(2)再說怎麼樣才是適當？我提出幾個原則：

a不要在氣頭上，打、罵孩子。

b不要在大庭廣衆之下，在親戚朋友面前打、罵孩子。

c讓孩子知道，爲什麼被打、駡？

d告訴他，如何去做；如何去改，才可以避免被打、駡。

第三、我們應不應該要求孩子做家事？

我看到太多的父母親，從來不要求孩子幫忙做家事。很多孩子放學後，書包隨便一丟，不管是桌上還是椅子上，然後去玩了。父母怕孩子辛苦，總是想，一點小事，自己做了算了。這種愛心反而害了孩子。小孩子從小應該養成愛好清潔的習慣，要他自己把衣服、文具收拾乾淨，並且要求他幫忙做家事，從小養成勤勞的習慣，長大以後才能守法、守分，成爲好國民。

第四、要不要帶孩子去參加宴會、訪客、郊遊等等？

一般情形來說，都市生活的交際應酬，加上小孩還很小，不太適合帶孩子去。可是我們也要了解，今天的公寓式生活，小孩子能玩的地方很少，做父母的應該利用早晨、星期假日帶孩子出去運動、爬山、郊遊、旅行，舒展大人、小孩的身心，調節生活情趣。

第五、父母親要不要注意孩子的功課？

我們知道孩子在學校，老師會規定一些家庭作業。我們如何協助他們？有的父母自己忙，從來對孩子的功課是不聞不問，有的家長把孩子交給補習班。有的父母不但自己督導孩子的功課，甚至要孩子參加學繪畫，練鋼琴等等。父母親關心孩子是對的，但是，過份的要求，也是不適當的，父母過份望子成龍、望女成鳳，會造成孩子的身心負擔，不見其利，反見其弊。

第六、是否讓孩子看電視？

站在做父母的立場，孩子電視看得太多會影響視力，又電視節目有許多不良的影響。可是又無法讓孩子不看電視。我的意見是，父母親應該先以身作則，你不要孩子看太多的電視，先約束自己，不要看太多電視。如果你只說小孩子不要看電視，自己兩個眼睛却看着電視，孩子可能不聽你的。做父母可以跟子女約法三章，在固定的時間，一起看，其他的時間把電視關起來，大家可以安心的做功課、做家事。如果，父母親能夠與孩子一起實踐，久而久之，可以養成好的習慣。

第七、拿自己的孩子與別人的孩子做比較，恰當嗎？

有些父母常把自己的孩子的高、矮、胖、瘦、聰明、還是笨，或是說功課如何？天天與別人家的孩子比較，希望自己孩子是好的，上進的，不要落在別人的後面，我們了解孩子是有個別差異，身心發展的快慢、早晚是不一樣的，每一個人的專長、天賦有所不同，我們不需要天天拿別人來比。如果處處與人家比較，這樣會造成孩子很大的壓力。比較好的方法是，我們多鼓勵孩子，讓他感到父母是關心他的，而能自動自發、力求上進，這才是根本的方法。

一個眞正愛子女的父母，其眞愛之道，我把它歸納幾個原則：

(1)你愛孩子的動機是出於愛他，希望他好，成爲一個健全的國民。
(2)愛孩子應該符合積極的原理，多鼓勵，不要過分責備。
(3)愛孩子要物質與精神並重，口頭的獎勵，精神的支援都是很重要的。
(4)愛孩子預防重於治療，多注意孩子平時行爲，事後的教導更加困難。
(5)養與教並重，以勤勞儉樸的生活來教養孩子。

⑹愛孩子要順其自然，不要過分勉强、過度要求，會使孩子金色的年代失去光彩。

⑺愛孩子要大公無私，並注意他能與人和睦相處，讓孩子自尊、尊人，已立、立人，向一個正確的目標邁進。

假使我說的是對的話，那麼讓我們身體力行，更進而發揚光大，去努力達到這些目標。最後我提出幾個實踐的方法與大家共勉之。

第一、體諒兒女的心願，也就是，父母不要過分的主觀，也就是要用愛心去溝通，看看孩子爲什麼這樣做，只有不斷的爲子女修正你的意見、做法，才可能是眞正愛孩子、關心孩子、體諒孩子的父母。

第二、夫妻的感情一定要和諧。我覺得父母是孩子的重要榜樣。如果，夫妻的感情不和睦或是管教孩子的態度不一致的話，孩子不曉得聽誰的好？如何去選擇？這種情形，而要求孩子變好是很困難的。

第三、一定要跟老師合作，因爲老師是受過教育專業訓練的人才，對孩子身心的發展、功課等有專門的研究，他知道你的孩子的個性，經常與老師溝通，甚至看看老師。

第四、經常與親朋合作。孩子在我們面前，我們看得到，在我們背後，有些我們看不到的，別人提供給我們的事實，聽取別人的意見，作爲敎導孩子行爲的參考是有價值的。

第五、利用社會資源。今天社會上有許多輔導孩子的專門機構，像張老師、醫生、衞生所。孩子有問題的時候，不要不敢請教別人。

第六、隨時充實敎育子女的知識。今天的社會變遷很快，教育子女的方法，很可能推陳出新，若是不再充實，就等於毫無進步，你認爲是對的，可能已經跟不上時代了。報章雜誌經常提供我們資料，可

做爲教育子女的參考依據。

胡適之說：「要怎樣收穫，先怎麼栽。」俗話說：「種瓜得瓜、種豆得豆。」有怎樣的父母，就有怎麼樣的子女。因此，我們可以說：「要有怎樣的子女，先怎麼教。」這句話的意思希望我們全體父母共同勉勵。最後再一次的祝福各位父母親都成爲有愛心、成功的父母親！

十、羣育的教學

壹、羣育的意義及其重要性

教育的主要目標，在培養受教者的健全人格，健全的人格包括五大要素，就是「豐富的知能」、「高尚的品德」、「健康的身心」、「樂羣的習性」和「美化的人生」，簡單的說，就是「智、德、體、羣、美」五育。中小學教學最大的功能是在培育學生的「五育」，促進五育的均衡發展，以達成「健全人格」之目標。

何謂羣育？根據《辭海》解釋，羣育爲「學校中養成學生互助合作精神之教育也。實施方法在藉各種實際的團體生活，使其分子互相刺激，互相模仿，使各人旣皆有活動之機會，以盡量發展其才能，同時又有尊重他人人格而保持適當之協和精神。」[1]

雷國鼎敎授對羣育的解說爲：「羣育者，係學校爲學生所安排之教育設施，啓發羣體意識，建立人際關係；陶融團體觀念，尊重他人人格；培養社會道德，維護他人權益，以促進個人生長及社會進步之

[1] 見《辭海》，中册，臺灣中華書局印行，第三五二八頁。

歷程也。質言之，羣育者，乃人際關係之教育也。」❷

先總統　蔣公對於羣育也有很精闢的界說，並且曾明確指出羣育的重要性。他在《中國之命運》一書上說：「自有人類以來，個人就是生於羣，長於羣，沒有一天可以絕對離羣而孤立。所以羣的生命，爲個人生命所寄託；羣的發展，個人才能夠得到發展。」在〈爲學的目的與教育的要義〉一文，他說：「教育就是要使受教的人，發揮其智識、道德、體魄和羣性，卽所謂智、德、體、羣四育。智育就是智識技能的培養；德育就是品德人格的提高；體育就是精神體力的增强；羣育就是團結一致互助合作的養成。」在《民生主義育樂兩篇補述》一書上說：「我們要研討民生主義教育的方針，首先要指出的一點，就是教育的內容，是包括着智育、德育、體育和羣育，一個人要做獨立自由的現代國家的國民，一定要完全受到這四育，這四育合起來，才是健全的教育。」❸

大家都知道，人在社會中生活，歸屬感、安全感與成就感都是最强烈、最深入的情感動力。人們不能離羣索居，團體生活不僅是人類生活的一面，更是其根源。從積極方面而言，世界上每一件偉大或重要的事，都是集合多數人的合作所致；從消極方面，當一個人完全孤獨或感到完全孤獨時，他不是陷於絕望，就是開始憎恨他人、摧毀他人。所以，對於個人或社會來說，歸屬於團體和貢獻自己於他人，都是具有重大的意義和價值。「羣育」就是教導學生或成人，認知這種團體或社會的重要性，並了解與實踐這種與他人和諧相處之道；而「羣育的教學」，卽在實際的教育情境中，經過特殊的設計，進行這種

❷ 雷國鼎編著，《教育概論》，下册，教育文物出版社印行，民國六十四年，第四四八頁。
❸ 先總統　蔣公著，《民生主義育樂兩篇補述》等著作。

羣育的活動，以實現羣育的目標。茲將羣育教學的關係，繪成一圖以示之：④

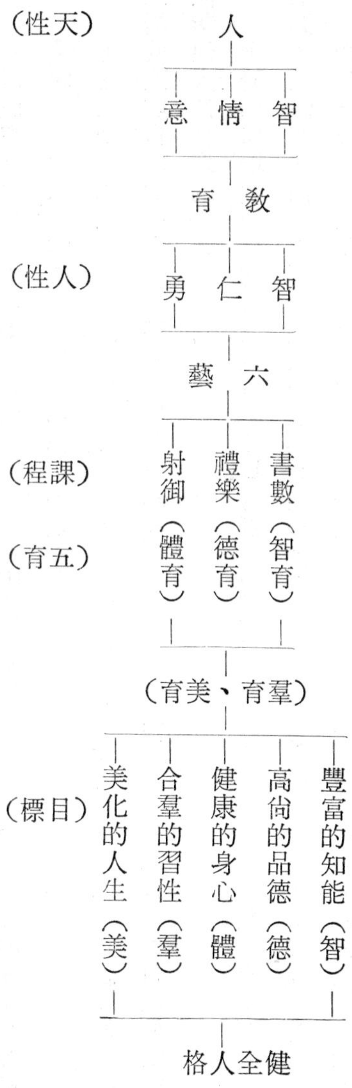

貳、羣育教學的原則

羣育乃是陶冶羣性的教育，也就是學生社會行爲的培育與輔導。一個人羣性的陶冶或社會行爲的培育，一方面可在各科教學中，採社會化教學法而完成之，另方面尤其應在日常生活上，透過社會化過程，隨時予以適當的指導，以啓發受教者發展適當之愛羣合羣的天性。一般說來，羣育教學的實施，必須把握下列幾項原則：

④ 本圖根據吳鼎教授所繪《我國課程理論體系》，修正而成。見於吳鼎：〈中西課程理論基礎〉，收於中國教育學會主編，《課程研究》，臺灣商務印書館，民國六十三年，第十七頁。

1.羣育教學，多屬愛好、態度、價值和信仰等，因此羣育教學的目標，應由簡單、實在的、普遍性較小的行爲開始，逐漸發展到複雜的、抽象的、普遍性較高的行爲目的，透過「價值內在化」的過程，達到最高層的「品格之形成」。具體言之，這種羣育教學的目標，可分爲五個層次：❺

(1)接受：即學生表示願意學習，或願意參加學習活動。

(2)反應：即學生表示積極的態度，參加學習活動，並對學習活動作積極自動的反應。

(3)價值判斷：即學生對所接觸的事物、現象或行爲做價值判斷，或接受社會價值判斷的準則。

(4)價值之組織：即學生將各種價值判斷組織成一個系統，決定價值觀念間的關係，指出價值判斷間的矛盾，而確立重要的價值觀。

(5)價值體系之形成：即學生具備有系統而堅固的價值判斷，從而建立高尚的人生觀和社會觀。

2.關於羣育教學的內容，必須包括下列幾項要點：

(1)協助學生認識自我：優良的社會適應，必須以瞭解他人爲出發點，但培養瞭解他人的能力，又須以培養瞭解自己的能力爲基礎。心理學家諾曼（Norman）指出，凡能現實地對自己判斷的人，也比較能對他人作合理的判斷。

至於如何培養學生的自我瞭解呢？培養學生認識自我，主要是父母、教師與學生個人之間的關係與活動，具體的作法是：父母或教師應隨時隨地盡量鼓勵，並給予學生機會，去訓練及嘗試發現自己。

(2)啓發學生道德意識：羣育中含有許多與他人有關的道德意識，例如：服從父母、和睦相處、謹言

---

❺參閱方炳林等，《教學原理》，教育文物出版社，民國六十八年，第三十四頁。

愼行、守秩序、重公德與愛國等，羣育教學應逐漸培養學生這些道德意識，最初藉社會的獎懲以支配行爲，其次，以較强固的情緒態度而影響行爲，最後則建立道德的理想爲標準，直接決定行爲。在適當的羣育教學環境下，這些道德意識，便日益發達，成爲道德人格的基礎。

(3)訓練學生社交禮儀：羣育教學也應培養學生禮貌的習慣及社交禮儀，如：會客、集會、授受、慰問、慶弔等均有一些特殊的社交禮儀，這些社交禮儀我們應當利用適當的時機，教導學生並指導其實踐。

(4)培養學生團體生活的習慣：羣性教育應逐漸培養學生樂羣、合羣、愛羣與善羣的態度、習慣和理想。樂羣即認識團體生活的好處，喜歡參加團體生活；合羣即遵守團體的規律，能與人互助合作，過着和諧愉快的團體生活；愛羣即愛護自己所屬的團體，爲了團體的榮辱，可以犧牲小我，完成大我；善羣即能夠自立立人，自達達人，有服務精神，爲建設理想社會而努力。培養上述這些團體意識，最好的方法，即是讓學生直接參與民主的團體生活，透過實際的參與，即能逐漸形成民主的團體生活習慣。❻

3.最後，羣育的教學在實際的應用時，最好也能注意下列幾項原則：❼

(1)擬訂教學計畫時，除了知識目標及技能目標外，也應列入團隊精神、同情心、合作態度、守紀律、公德心、民主風度等目標，使學生在教學中培養社會適應的能力。

(2)在教材選擇方面，應因時因地而不同，並留意社會共同的需要。

(3)藉各種羣育活動，改造民族不良習性，如：迷信、不守時、偏私等，復興民族優良文化。

---

❻ 吳元杰撰，〈兒童羣育的原則〉，載於《國民教育》，第十七卷第五、六期，民國五十八年十一、十二月出版。

❼ 徐南號著，《教學原理》，自印，民國六十八年，第一二一—一二二頁。

(4)在教學方法方面，應多利用各種社會資源，如：各社區的文物、機構、公共設施、領導人物等，並多採用或配合國家慶典、週會、團體活動、分組研習、小組討論、民權初步演示等教學方式。

叁、羣育教學的實施

國民中、小學的羣育教學應該融入各種教學科目及活動中，雖然依據九年一貫的精神，目前國民中、小學都有團體活動的課程，但為培養德、智、體、羣、美五育均衡發展的健全國民，羣育教學應普遍而廣泛的實施，以達成修己善羣的教育目標。❽茲分述之。

(一)羣育與各科教學

當前國民中、小學的各科教學，包括：生活與倫理（國小學）或公民與道德（國中）、健康教育、語文學科、數學、社會學科、自然科學、藝能學科、選修科目等。上述這些教學科目，都可以在適當時機採用分組討論法，使學生養成民主的風度，及團體合作的精神，而教師們於各科教學進行時，也應特別重視學生正確的態度、理想、情感和興趣的培養。

以國民中學的「公民與道德」為例，包括六大單元，即：健全的個人、美滿的家庭、完善的學校、進步的社會、富強的國家與和平的世界等，每次的教學活動都應活用各種教學法，如：社會化教學法、問題教學法、協同教學法、自學輔導法、發表教學法等，使學生對本科發生興趣，並且須與學校訓導活動、學生自治活動，以及校外生活指導等方面聯繫配合，如此施教，對於學生羣性的陶冶，互助合作能

❽ 教育部公布，《國民中學課程標準》，正中書局印行，民國七十二年七月。

力與精神的養成，自然於潛移默化中，逐漸形成。

㈡羣育與童軍教育

童軍教育的目標，在發揚民族精神，實踐童軍誓詞、規律、銘言，建立自信，修己善羣，變化氣質。兒童與青年的天性都是好動與愛好結羣的，童軍教育即把握他們的天性，以遊戲與比賽的方法，使每個兒童或青年爲了全體的成功，而負起自己的責任，藉以養成團隊的精神，公正的態度，並有「勝不驕，敗不餒」的氣度，這即是羣體生活的美德，也即是最好的羣性陶冶。

因此童軍教育之教學重點應包括：童軍介紹、技能訓練、安全教育、野外訓練與服務訓練等，先總統 蔣公說：「童子軍的訓練包括了智育、德育、體育和羣育等四大項目，我們民生主義社會建設，最要緊的是一般國民能夠協和合作，童子軍訓練在這點上是特別著有成效的。」因此，加强羣育教學，應自童軍教育始，以童軍教育實現團體生活的理想。

㈢羣育與團體活動

最新頒佈的國民中學課程標準，所謂的「團體活動」，名稱相當分歧，即一般常稱爲的「課外活動」或「聯課活動」。

團體活動的目標最主要的是：增進自我認識，發展合羣心性，鍛鍊自治能力及奠定民主基礎等，可見團體活動與羣育有極密切之關係。

團體活動分：自治活動（班會、安全活動、榮譽競賽等）、分組活動（學藝活動、康樂活動、體能活動、技能活動、科學活動）、社會活動（參觀訪問、社區調查、社區服務、聯誼活動）、綜合活動（

運動會、展覽會、母姊會、教學參觀日等）四大類，項目相當繁多，每週均為二小時，以團體活動方式實施。

團體活動實施的要領，有下列幾項：

1. 不採用教科書教學，但各校應擬訂團體活動實施計畫，切實推行。
2. 團體活動應視學校人員、設備、場所等條件，彈性運用，配合實施。
3. 全校教師對團體活動均有指導和參與之責任。
4. 各項活動應與實際生活相結合。
5. 各項活動應隨時發掘特殊才能之學生，並予指導。
6. 各項活動成果，應有發表之機會，以增進學習效果。

加强團體活動，實施羣育教學，在今日國民中、小學教學正常化要求下，特別值得重視，我們應該積極加强實施團體活動，培養中、小學生互助合作習慣，表現活動進取精神，培養德、智、體、羣、美均衡發展之健全國民。

肆、羣育教學的評鑑

各種教學都必須針對教與學的過程，加以評鑑，羣育的教學，自不例外。歐肯（W. Oken）認為教學評鑑，具有下列三種價值：❾

❾ 同❼第三三六頁。

1. 能夠促進教學活動與教學目標密切聯結在一起。
2. 能夠促進學生積極行動，培養自我檢討的批判態度。
3. 能夠及時補救教學上的缺陷，使以後的教學評鑑，發揮更大的意義和價值。

羣育教學的評鑑，同樣也期其達成上述三項價值。不過，羣育常偏於情意、態度、情操、興趣或理想的層面，比較缺乏客觀具體的評鑑標準，在實施時，較認知與技能的評鑑，事實上有較大的困難。不過，羣育教學的評鑑，可循下列原則加以實施，也可收到相當具體之效果。⑩茲分別敍明之：

1. 評鑑的目標要明確，重視對學生積極性之鼓勵為主。
2. 評鑑內容應依學生實際參與活動之態度、精神、認知觀念、能力、興趣，以及意志等方面，予以評鑑。
3. 評鑑可分教師評鑑與學生評鑑。
4. 評鑑方法可採：觀察、查閱、考問、展覽、比賽、表演、鑑賞等。
5. 評鑑時間可分：平時、定期和期終等。
6. 評鑑記錄可採意見徵詢方式或等第評定方式如：最優、優、可、差、很差等進行。
7. 評鑑結果應有適當處理，建立完整性記錄，並作改進教學之參考。

---

⑩ 參閱❽第二五三—二五六頁。

十一、遠親不如近鄰——與鄰人相處之道

遠親不如近鄰乃是一句通俗的話，今天的主題是——鄰居或鄰人。誰是鄰居或鄰人，根據中國傳統，中國人非常重視五倫，所謂五倫乃是君臣、父子、夫婦、兄弟及朋友，五倫關係中，除朋友外，可說是都是我們的親人，卽是有血緣關係之人。

李政務委員國鼎先生，提倡所謂第六倫，第六倫卽是感覺中國傳統五倫的關係，大都爲親人，因此在這工商社會裏，似乎缺乏一倫，卽是跟那些沒關係之人，跟自己不熟悉或沒交情之人，卽所謂「陌生人」，因此他認爲今天工商社會裏亦應關心與我們沒有血緣關係之陌生人。我常想，所謂親人與我們有血緣關係之人，我們愛他們，這是天經地義的事情，可是對於那些沒有血緣關係的陌生人，若要我們去愛他們，這恐怕不是由於人性，而是需要長期教育的結果。所以愛親人是天經地義的，而愛陌生人的陳義就高了些，但須逐步教育。

今天所說的鄰人或鄰居，我覺得他們大都不是親人，但也不是陌生人，也就是說，他是介於有血緣關係的親人與沒有任何關係的陌生人之間的一種人，這種人，我加了一個名詞，就是「可愛可親的陌生人」，他可能是陌生人，但却是非常可愛的陌生人，是需要我們跟他們相互幫助的一羣人，我認爲這羣

鄰居或鄰人，他們與我們相處的空間距離是非常近的，常說，鄰居與我們是生息相關，可見空間距離是很接近的。這些人他們與我們相處的時間也是相當多的，幾乎是朝夕碰頭碰面，因此我們要與我們的鄰人、鄰居沒有關係，這是很困難的。但今天所要報告的主題是——我們到底該如何與這些可愛可親的陌生人相處呢！

各位知道，中國人原是非常重視倫理、親情的民族，這在農業社會似乎是天經地義的事情。傳統中國人，有所謂「九代，九族」那就是「高、曾、祖、父，我們自己己身，下面四代——子、孫、曾、玄」那上四代加上下四代與本身，剛好九代。這層層血緣關係，我們中國人看得最重要，體系最清楚，平常九代間要相親相愛，一旦有事，要負起連帶責任。旁系之間，不管堂兄弟、表兄弟，姻親甚至一表九千里的表親關係，這種旁系關係，延伸皆是中國人社會自古重視的血緣關係。所以中國人只要拉上關係，皆把他視為親人一樣。在這一點我們不妨舉例：比如我們要到衙門辦事，當然現在無所謂衙門，不過到機關去，比如區公所、醫院等，若我們去辦一件事情，你有一親人或認識朋友就好，即使他可能只是掃地，只是一個工友的職位；當然今天職業神聖，無所謂貴賤，只是舉例一說。只要在那單位有一個認識的人在那裏，那就比你是一個教授或是什麼人，恐怕，只要有熟人，他幫你辦事就快多了。這就是中國人向來重視關係的，認為辦任何事，只要有關係就辦得通，沒關係就辦不通。再看看，中國人對於自己認識的人，都親切招呼、非常親近。但是對於不認識之人，相反的顯得相當冷淡，甚至有時許多外國人認為中國人對於陌生人、不認識之人，顯得很殘忍。這些都可說明，中國人對於關係是相當重視的。但是在現代社會裏，我覺得這種所謂血緣、姻親關係，也跟從前農業社會有所不同了。即這種親緣也慢慢疏遠了，何以見得，此種親緣關係逐漸疏遠了呢？

第一點：父母、親長也有很多跟子女分居的，有些原因也許是戰亂關係，造成遷徙流離，隻身在臺，有時在自然情況下可與子女住一起，但反而不要的也有。例如：有些年長的教授，他們有好幾個子女，常設法讓他們一個一個到外國留學，然後拿到綠卡，得到公民權，然後在那定居下來。但他老人家只是偶而出去看一看、玩一玩，事實上他老人家願意隻身在臺，或者年老夫妻在臺灣。有時我去看他們，問他們子女呢？他說：「在國外」有幾個孫子、孫女呢！他念了一大串，我說看過他們嗎？他說沒有，但是有照片，一張張照片拿給我看，他說有時一早起來，他就看著書桌玻璃墊上的孫子女照片，這些人本來他不是沒有機會見他們的，與他們相處在一起。但是他寧願他的子女一個個到國外去，甚至在國外定居。類似此種情況，我們看到這社會上有些時候親長與子女分居。再看看，有些子女不能奉養父母，這情況亦不少。比如，我們看到有些朋友住都市內，他的父母不願到臺北市來，他寧可住在鄉下，他說，我爲什麼到臺北市，我到那與你們住一起，那小小公寓裏，每天吃飯後還是吃飯，最多只是看電視，沒有親戚朋友可走動，亦沒有可聊天對象，他根本不想住到都市裏。有時子女非常希望父母跟他一起住，可是現今年老的父母親亦愈來愈獨立。我有一女同事，她講她一個月一萬二千薪資，她有二個小孩，大的七、八歲，小的二、三歲，結果付給別人帶小孩的錢，大的五千，小的八千，一個月花一萬三千元，她薪資一萬二千元，入不敷出。結果她好希望她婆婆跟她一起住，幫他照顧孩子，她婆婆却說我爲什麼要帶小孫子，我帶自己的孩子都煩死了，還要帶孫子啊！她也好希望她媽媽跟她一起住、照顧孩子，她媽媽說我爲什麼要跟妳帶小孩子，我早上去參加早覺會、去跳舞，還有許多事要做，爲什麼要幫妳帶小孩？所以，年老的親長，他們有自己獨立生活，他們甚至不願與子女住一起。這些也可看出，有些子女已經無法事奉他們的親長了。各位看看兄弟，即使親兄弟現在要住在一起也很不容易，因為每一個兄弟教育過程不一樣，因此每人職業亦不同，工作地點不一樣，當他們成家後，買了房子在四面八方不同之處居住，兄弟不可能做同一件事，住同一處。我自己有四、五個兄弟，有的教書、有的在銀行工作、有的從商，不同的職業。每個人成家後買了房子散居臺北各地，不可能在一起。手足雖情深，一年亦難得見幾次面，父母、兄弟、子女已經慢慢疏遠了，更不用說，姻親表親了。所以在今日工商業社會裏，這些親人們由於想法、觀念上的差距或者經濟上、社會上、生活上、職業上的等等不同，使得親人間逐漸疏遠。

所以，我一直想，遠親，所謂遠親，原來只不過指遠房的親戚或住在遠方的親戚，叫遠親，我覺得今天不如把它倒過來叫「親遠」，我覺得今天親人間漸漸的在疏遠，越來越遠離。那麼「近鄰」呢！「近鄰」是否變為「鄰近」了呢？我的答案是否定的，是不一定的。近鄰是近鄰，住得是很近，心是不一定很親近的。所以這方面也很值得去探討。

第二點：鄰人，現在的鄰人似乎很淡漠。從前中國人鄰居大都是非常熟的，這當然有幾方面原因，比如，從前中國人住一起的鄰居或鄰人，他們大都是親戚或是同姓氏之人，所以他們相當熟悉、親近，或者這些鄰人皆是幾世代住在一村，是鄰居，彼此從小就相互認識的，非常熟悉，常說是這朋友是穿開襠褲一起長大的朋友，即是從小就相處一起、認識。因此就非常了解、認識。何況農業社會裏相互幫助的情形很多，家裏有喜事需鄰居幫忙。從前小時候，我住鄉下，鄰居有喜事、喪事，不要說出人力，即使是桌椅、碗筷都要借給人家，自己都沒碗筷吃飯，只要過去幫忙就過去吃了嘛，此乃農業社會鄰居的關係。今天的鄰居關係，需不需此種幫忙是另外一回事，所以可知農業社會之所以如此熟悉、親近的關係，有它特定原因。但在現今社會中，我剛說是非常淡漠的，其原因朝許多方面解釋：

1.都市中的陌生人：基本原因是住在都市的人口常說他們異質性高，何謂異質性高，單看性別就好了，只有男女之分，但從前性別關係與現今性別關係是不同的，從前是男性中心社會，兩性關係上可說是只有男性沒有女性。現在所謂女權高張結果，男女地位平等。我們說「次級文化」或「副文化」時，發現今天有男性文化也有女性文化，兩者處於相等地位，男性有選舉權，女性也有選舉權，男性要爭取競選勝利，女性也要爭取競選勝利，甚或說女性跟男性同樣的對抗。又如在年齡上，從前沒有問題，從前不也是有老人、成人、小孩嗎？但從前小孩爲具體而微的大人，小孩的財產或生命權，均操縱在大人手裏，大人決定一切小孩的主權。現在不是了，現在是要倒過來服侍小孩，孝順小孩，個個當孝子，所以可看出從年齡上構成許多年齡上的次級文化，從性別上、年齡上都有這種情形，何況在其他方面，再如：「種族」，在一個大都市裏，種族就有不一樣。宗教上，有許多宗教都爲自己宗教團體上的利益而維護。地區方面，來自不同地區，可能來自東部、西部、南部，至於那一個縣市來的，那一個鄉鎮來的，更不用說了，每個人出身不一樣，社會階層不同，所謂社會階層不一樣只要從貧富來看，有的是大企業家，有的是中產階級，也有貧苦的。在教育程度上不同，思想上都有差距，職業上；士、農、工、商，甚至黨派的差異，生活上的差異，甚至有意識型態上各方面差異，所以你仔細看看，在臺北市這個大都市裏，甚或鄰近的城市、三重、板橋、中和等地，這些都是構成異質性高的人口特質，因此大家由於異質性高，所以疏離感就大，也就是因爲異質性高，大家想法、做法都不一樣，就缺乏對都市的共識，因此在美國大家都提出要吾愛吾市的運動，激起市民對城市的共識。我覺得我們這裏也是相當缺乏都市的共識的，此跟人口異質性有密切關係，所以今天特別談到都市中的鄰居關係，都市是由許多陌生人組成，異質性很强的人組成，都市裏有都市裏許多特有問題，犯罪即是一個最顯著的例子，都市由於犯罪的頻率又高，所以大家有恐懼感，缺乏安全感，甚至對於鄰居都有一份不安全感，此情形下，就構成所謂「都市中的陌生人」。在現在學術上很多類似這樣的術語，例如：現在城市中的原人（原始人），現代都市的游牧民族，基本都是在說明都市中人口的構成本身有很高的複雜性，因此鄰人不易親近，此爲一個重要原因。

2. 圍牆主義：何謂圍牆主義，研究中國人的傳統民族性，相當會築圍牆，劃圈圈。中國人很會築圍牆，如果一個家有一個小小庭院，中國人沒有不圍圍牆的，圍牆愈圍愈高，愈高愈好。圍牆上加玻璃，這還不夠，上面還加上鐵絲網，甚至放電。歐美國家的家庭，若是有一個空地，從來沒見過圍圍牆的，都是留草坪的，中國人卽使有草坪的，也圍起圍牆，自己欣賞。除圍牆外，又加上鐵欄杆，圍圍牆還不夠，還要加鐵欄杆。所以內政部林部長說：三個月使鐵窗業蕭條。林部長一定沒有研究過中國人的民族性，今天的鐵窗，有人估計可造兩條戰艦，不久就可造三條、四條，也就是鐵窗業不但不會蕭條，而且會愈來愈興盛，有什麼根據呢！卽是中國人的民族性就是如此。加了鐵窗外，中國人還加深門重院，就是中國人的門窗都是非常講究的，最好是厚鐵板，看看中國的廟宇就知道了，中國廟宇的門一定很高也很厚重的，門閂也是非常安全的，考慮到安全性。所以中國人圍圍牆到鐵窗，到門一層層的防護起來，交朋友也是這樣子，劃大圈圈，比如：山東省人劃一大圈圈卽是有別於非山東省人這還不夠，大同鄉裏可能還有這地方的小同鄉，小同鄉還不夠，還再圍一個小圈圈，從外一直一圈圈的圍進來，中國人喜歡講究圍圈圈。所以研究中國的民族性很有意思，跟其他民族是不同的。可是中國人在自家門戶內，絕不圍圈圈，而且完全開放，甚或到沒道理程度，很多房間都沒有門，卽房子內的房間不需加門，加了門也不須加鎖，你的我的房間都不太分的，可隨時的走進別人房間，甚或可不用敲門，他認爲你的房間應該公開，爲什麼我要敲門，甚少養成敲門習慣。不僅在房間這一項，各位想想，床舖，你的床我可以睡，我的床你也可以睡，如夫妻一定睡同一床，那有分開的，我們中國人夫妻要睡在一起的，不但如此，兒女也跟父母睡同一床，睡到好大才分開，不像外國連夫妻都分得清清楚楚，不要說兒女了。書信方面，有書信寄到家裏來，家人都可以拆，反正是寄到家裏來的，不管收信人名字是誰，有信大家都可以拆，家裏人還保守什麼秘密，你的信就是我的信，我的信就是我的信，這就是圍牆內的情形。甚至碗筷，根本就不分，家裏都不分碗筷了，外面就不要分了。有一個當醫生的朋友告訴我「若中國人的碗筷再不分，中國人一百年後，B型肝炎仍舊是不會根絕，繼續傳染下去」。碗筷是中國人的習性不須要分的。中國人的圍牆主義很奇怪，從外面一直圍圍到家門口，裏面就不須要圍了，不須設防。這跟西方實在不一樣，所以稱之爲圍牆主義。此圍牆主義怎樣將我們的鄰居推到圍牆外面，大門之外。卽對大門之外的鄰人，用另一種眼光去看。不像對待親人、家人的方式，這是絕對不同的，這叫做圍牆主義。

3.面子問題：跟鄰居相處淡漠的原因，面子也是主要原因。中國人愛面子，甚或說是死要面子，講究面子，丟人丟不起的，面子是不能丟的。常聽人家說：唉呀！鄰居人家他有錢，我們沒錢，我們不要去高攀了。人家有勢，我們沒有勢不要跟人家打交道，我們不要去，此乃中國人的面子問題。人家有錢有勢是否就瞧不起我們就不肯跟我們交朋友，認爲我們窮、沒勢呢？那就不一定了。但我們自己先設防，我們認爲面子很要緊，我們爲何要讓人批評我們高攀呢？中國人臉皮薄，大家都有經驗，覺得臉紅不好意思，就因爲如此，不敢主動、親切的與人打招呼，中國人經常處於被動的地位，人家主動對我招呼、點頭，也許我才對應，否則那有我主動與人打招呼的。陌生人我又不認識，爲什麼我要與你打招呼，此乃中國人的經常態度，這面子問題是相當重要的。記得我去美國讀書時，在一個鄉村（大學城）覺得像到了理想國一樣，美國的鄉下人是非常親切的，因爲我的面孔是黃種人，是外國人，他們問早、問安、問好，親切招呼，我感動得幾乎痛哭流涕，外國人這樣親切而在本國裏却一點也不能感受到這種親切的招呼。再舉一例，有次我到舊金山玩，不知路途，認爲找中國人問路最好，可是他們都不理我，後來才知道他不會講英語，也不會講國語，只會說廣東話。幾次碰壁後，我就知道了中國人一點都不親切，我都不問黃種人了，我只要問白種人或美國人就可以了，每一次有問必答，說得淸淸楚楚又要帶我走一段路。我們與鄰居相處也是如此，許多人都站在被動地位，因爲面子問題不肯主動與人招呼，一天到晚站在一個守勢地位，希望人家主動，那這從何時開始，這關係從何時打開呢？別人怕，我也怕，誰也不願主動，大家一直保持冷漠關係。

4.隔行如隔山：在現代都市中，人與人之間的確是隔行如隔山，換句話說，過去有三百六十行，而現在何止三萬六千行，一本厚厚中華民國職業分類典，有幾千幾萬種職業。每人行業不同，增加了溝通的困難，因爲彼此所做之事並不一樣，溝通不知談什麼，你講的我不懂，我講的你不懂，各位說有這麼嚴重嗎？有的，不但我們嘗試了解，有很多書已經開始寫這個。我舉一個例子：英國有位社會學家叫史諾，寫了一本書叫《兩種文化》，許多年前他就發現，今天科技文化與人文科學之間已經有很大的差距，他發現研究自然科技與研究文法者之間，已經沒辦法溝通，變成兩種不同的文化，大家講的話彼此之間無法了解。有時我跟當醫生朋友說話，發現都會有困難，因爲他學的是醫學上整套的術語，講的是醫學上的話，但我講許多現代文法，他也沒辦法了解。一般鄰居，大家從事士、農、工、商不同的行業，因此要找一個共同了解的話題，非常不容易。若每次遇到鄰居都招呼「今天天氣很好，哈哈哈」一次尚可，若每天如此說他覺得你無聊，甚至神經病。若每天早上都問人家「吃飽了沒有」，中午、晚上都是「吃飽了沒有」早上問一次，中午又問一次，晚上再問一次，一天問三次，人家以爲這人神經病，而事實上也不易找到共同話題。

5.生活方式有關：首先大家都市生活的職業生活都非常繁忙，爲何大家工作都如此繁忙呢？例如你問一個朋友近來如何！他說「忙啊！忙什麼，我自已也不知道。」人人都說不知道，而人人都很忙。爲什麼很忙，原來是基本上在今天這工商、都市社會裏，是一個市場取向的社會，是一種「市場價值取向」，人的價值用市場決定，即以物的運用價值來決定。若這人有用，就會不斷被提升，待遇愈來愈好。如果此人沒用，那就一直停留在這個職位，甚至首先遭到淘汰，這就是現代社會中，人的價值市場取向。因爲這樣關係，所以我們的競爭强，要競爭就要忙，所以工作緊張、忙碌、單調乏味，這就是現代人職業生活的情形。平常工作就很忙，忙後又要交際，應酬，不能不跟別人打交道，正常工作外，尚有非正式的應酬非去不可、不參加，別人會說你不懂得應酬之道，做人道理。要談升遷也要考慮你會不會做人！這還不夠。還有另一個層次，卽人人要應付兒女，星期假日，尙且不一定能空下來，要跟兒女，跟丈夫，跟太太去散散步、去郊遊、去玩，每一家庭都有他的不同的休閒娛樂的方法，從職業生活到交際應酬到休閒活動，因此大家整天像無頭蒼蠅團團轉。大家都那樣忙，那還有時間跟鄰居打交道。管鄰居事情，這就是都市生活也使得我們與鄰人之間的距離愈來愈大。

以上這五種原因都是我認爲與鄰人較淡漠的原因，儘管如此，但切記我們與鄰人關係仍舊是非常重要、密切，甚或不可分開。不可能與鄰居不聞不問，不理他。爲什麼呢？我認爲今天與鄰居的關係非常密切，非常重要。我擧一個實際例子，希望引起各位的共鳴，看是否如此，我們今天與鄰居分不開的原因，有以下幾項：

1.音響相聞：從前的鄰居，在空間上是咫尺天涯，過去交通不方便，一點路可能要走好幾天，所以人一生要見面可能沒幾次，就因爲咫尺天涯。儘管如此，但心理上却是天涯咫尺，雖然住隔很遠，我心裏却時時刻刻想念你。卽從前人在空間上雖然咫尺天涯，而在心理上却天涯咫尺。而現在人剛好相反，空間上是天涯咫尺，儘管再遠距離也是近的，我每次到中正機場送朋友到日本，一個多小時就到了，我常說我人還在中正機場，朋友已經在日本羽田機場下機了，這太近了。所以我說現代是天涯咫尺。但是現代人與人之間却是咫尺天涯，像鄰居是朝夕相聞，聲息相聞的，但却經常發現彼此之間老死不相往來。此種聲息相聞，我想可能可用一個新名詞卽是——音響相聞——因爲現代家庭都有好多的機器，收音機、電唱機、電視機、冷氣機、洗衣機，而且每一機器都會發出聲音，聲音都是很大的，從樓上傳到樓下都聽得清清楚楚的，尤其是正想睡覺之時，洗衣機聲音根本沒辦法使他成眠。所以這些聲音，鄰居都可聽到。不僅是機器的聲音，尚且樓上之人一走動，一跑動都會聽得清清楚楚的，小孩子的哭聲可以聽見，尤其深夜，小孩之哭聲仍舊是驚天動地的，再有開門窗的聲音，都會有影響。當我家樓上一個太太早上六點多要去跳舞，門一開我就驚醒，就可聽見。關門聲音也可聽見，甚至咳嗽聲都可聽到，不但機器聲，大大小小的聲音都可聽見，若這些聲音正是我所欣賞的音響，有福同享。若你開西洋音樂，而我最欣賞西洋音樂，那你不妨開大聲點，愈大聲愈好。但是鄰居間由於生活習慣的不同，心理上、心情上的不同，你最喜歡聽這音樂時，而他最討厭時，此時這些聲音就是噪音。但今天鄰居間的音響相聞，逃是逃不掉的，不可能把耳朵塞住一整天，由音響相聞的關係來看，可知鄰居彼此之間的關係是多麼密切。

2.休戚相關：我的意思是現代鄰居間眞是生死與共，休戚相關，像舌頭與牙齒一樣，唇齒與共。舉個例子：首先「電錶」電是同一來源，有一總電錶，分成很多小電錶，分電錶不錯由每一個家各自付帳。但總電錶則是每家電錶加上公共電費，公共電費與公共燈由誰管理，除非有管理人，若有一家常用電爐什麼的，而讓保險絲跳了，這整棟樓就會很黑暗，你看單從電源來看，都是相關。「水」也是一樣的，公寓房子的水首先進到地下室的大水池，再抽到頂樓水塔，各家都有分錶，水池水塔都是需要清洗的，水池的安全性誰考慮啊？這些都是休戚相關的。此外「電梯」也相關，裝電梯容易，而維護却很難，買時才幾十萬，但從此每個月每一年都需要保養，各家各戶大家一起付，電梯若不保養，一有差錯如何是好。再如「信箱」，每一家都有一個信箱，但是由於忽忙，偶會有郵差投錯信件的情形，人人都會有此種經驗，如果你的信被投到別人信箱中，被別人拆了，如果是重要的信怎麼辦呢？若郵差按「電鈴」說是你的掛號信，而你回說沒有這人，你弄錯了，郵差掉頭就跑了，類似此種情形。此外像整棟大樓的整潔維護，竊盜的預防，這都是休戚相關的事的。據說有些小偷都從頂樓爬下去，頂樓的人要是不把門關好，那麼小偷一定從頂樓下來，大家都易遭小偷。這就是鄰居間的休戚相關，唇齒與共。很多事是沒辦法分得很清楚的，因此彼此間的相互幫助是非常重要。

3. 以鄰爲壑：據說，若要維護自己地方的安全，就把別人（鄰居）的地方開一水溝，水就流到他們那裏去，鄰居都變成低地，而你這裏變高地，你就安全了。現代人也很容易以鄰爲壑。鄰居要給你造成一個困難太容易了。例如：樓上的人澆花，多澆的水就往下流，把衣服都沾溼了，像公寓式房子，澆花要非常小心，至於小孩子丟紙屑更是司空見慣之事。第一樓之人經常爲丟紙屑，庭園都變成了垃圾堆了，不僅此情況，還有把垃圾堆在人家門口的。曬衣服也會有這種情況，不是衣服滴水，就是把被雨弄溼的棉被披在別人圍牆上，這也是以鄰爲壑的例子。再看「搭鐵架」如一樓搭鐵架，剛好二樓遭小偷，從一樓鐵架跳到二樓去了，所以當一樓搭鐵架，二樓就裝鐵窗，一樓就是「以鄰爲壑」。停車亦是，停車經常停在別人門口，別人進出都不方便。還有養貓養狗的，當貓叫春時，聲音眞難聽，聽說外國有人喜歡養蛇，那多可怕，外國人是獨家獨院還好，若在中國，這家人喜歡養蛇，樓下樓上還能住人嗎？還有「抽油煙機」，家家戶戶都要抽油煙出去，要是向西邊吹還好，若向下吹，那樓下之人就會享受到油煙，你好、廚房乾淨別人却受氣了。「搭違章建築」，每人都想多搭一坪出去，人人都喜歡這樣做，所以永遠缺少一個房間就是這樣，整棟大樓一有人搭違建，那就難看了，景觀完全被破壞。其他例如：住宅區內蓋工廠，小工廠內敲敲打打的亦是很煩人的，即使連午睡也沒法安靜，而你也沒辦法叫他不要敲打了。這些就是「以鄰爲壑」。

4.疾病相扶持：現在鄰居或鄰人也有臨時或緊急時互相幫忙的。假設鄰人間相處很好，比如借油、鹽，過去我在鄉下，沒有油、鹽了，跟鄰居借一下很方便的，還有「借椅子」，比如家裏客廳不太大，平常只須十把椅子就可以了，但客人一來多了，只好向鄰人借椅子了，鄰居相處得好就有這些方便。又比如「借電話」，家裏電話若壞了，跟鄰居借用是很方便的。又如家人有病痛，須快找救護車，鄰居互相幫忙也很方便，甚至火災，有鄰居相互照應，便可救急。

5.里仁爲美：若鄰居整體上能相互幫助，大家有仁愛之心，鄰居間會變得很和諧。卽鄰居間有好事，大家都有面子，不好大家都受害，這是很明顯的。例如臺北市有「名人巷」「高級住宅區」「守望相助區」這些地方名聲比較好，房價賣得比較高。「貧民窟」「風化區」或者「髒亂地區」房子價格自然下跌。所以鄰人間相處得好就大家有面子，甚至房子賣得好價錢，可見鄰居間相處好是多麼重要。

由以上五點可以看出鄰居間的重要性，因此鄰居間一定養成要守望相助。了解鄰居的重要性後，接着就該談如何與鄰居相處？

1.愛鄰如己：根據中國的傳統，很多話稱讚鄰居的重要性，例如「遠親不如近鄰」及「里仁爲美」。外國人則說「愛鄰如己」，根據基督教的信條，强調愛鄰如己。我認爲處在現代社會中，對於親人間，朋友間及鄰人間都是非常重要的，鄰人間與我們的生活有很重要的關係。如何愛鄰如己？在此强調三個觀念：

(1)先接納鄰人，再肯定自己：在現今社會裏，我們都很講究要尊重、接納別人，因此我們跟鄰居也是一樣，要尊重、接納、接受鄰居，如何接納鄰居呢？首先要先接受鄰居他是人，即是先肯定鄰居他是一個人。就是尊重他是跟你一樣是一個有人性的人。其次肯定鄰居是一個好人，他有好心腸，有善意的人。第三肯定鄰居是一個有人格尊嚴的人，這應該自己從心理上、態度上先有這樣的肯定，從這樣的正確觀念出發，你才容易與鄰居相處。

(2)先要求自己，再要求別人：前面論及音響相聞以鄰爲壑的事，你一定不喜歡鄰人做，但首先要自己不做，自己不音響相聞不以鄰爲壑，然後才可以要求鄰居這樣做。若只是口說，要人家不吵你、不鬧你，而自己却做了，又如何要求鄰人不做呢？因爲你這樣做是不合情、不合理、不合法的。因此先要求自己再要求別人。

(3)先盡義務，再享權利：大家的事情，你自己先去做，甚至讓鄰人多享受，如范仲淹的「先天下之憂而憂，後天下之樂而樂」，在做人道理上也是這樣的，有權利先讓別人享受，有義務、責任自己先做，大家若能都如此，自然就相處非常愉快。

2.和睦相處：如何與鄰居相處？我舉一個實際的例子，外國人有一點非常值得我們參考的，他們常有一種叫「友誼性的拜訪」，即當搬新家時，他們把傢俱放定後，第一件事就是去看看左鄰右舍，作禮貌性的拜訪。而中國人却沒這習慣。若我們每天遇到鄰居就點頭、問好、問早、微笑，這些雖是微不足道的事情，但却是做人的基本習慣，若每人養成這習慣，就能贏得鄰居的友誼。

其次，對於年長的鄰居須加以禮遇、照顧。比如進門時，先讓年長者先走，進電梯時幫年長的鄰居操作一下，這些小事，而却是鄰居間重要禮貌。對鄰居年幼的小孩也要很親切，愛護他們，比如鄰居不在而小孩却在馬路上玩時，你過去招呼一下他們不要在馬路上玩，要小心、要注意安全，關心鄰居小孩，鄰居也關心我們的小孩。又如對鄰人要尊重，尊重他們的工作、職業、家庭生活，甚至尊重他們的職位，即使職位低你也應要尊重他們，因爲職業神聖，在鄰居間不可挑撥是非，不可起衝突。

此外，要以鄰人成功爲榮，如鄰居有子女結婚，一忙忘了發喜帖給你，主動跟他道賀，那他就會邀請你。鄰居有成就成功時，有値得道賀之事，主動跟他道賀，一方面他會與你分享光榮，另方面你禮貌到了，他覺得很溫馨，如此你與鄰居間的良好關係就建立了。

3.爲鄰人服務：若有適當機會，應爲鄰居提供良好的服務，比如遇到鄰人家裏有災害、變故、困難時，若能做到應該盡力而爲，他即使沒有想到我們，我們亦應見義勇爲認爲我有能力幫助他，就應該伸出援手幫助他，渡過難關。遇到鄰居有何糾紛時，盡可能做排難解紛的工作，用客觀、公正、理智的態度，來爲他們排難解紛，出面調解。若我們有閒、有錢、有能力時，鄰居間若要選鄰里長或理事會時，類似這些義務性工作、職務，可以去競選去擔任，如此便有更多機會爲更多人、鄰居服務，用當仁不讓精神服務鄰居，這也是可以考慮的。

4.爭取鄰人福利：如以團體力量盡力爲鄰居們多爭取些福利，設法讓大家爲地方維護整潔、安寧、秩序、建立一個高尙、典雅的鄰里環境。比如建立一個守望相助的組織，發動大家集體力量，以守望相助的組織，共同防止竊盜、火災或其他事故的發生，這就更積極更有意義了。更一步提倡鄰里性的公益工作，比如我有一個朋友有一地下室尙未使用，就把他開闢爲圖書室，讓鄰居的小孩到地下室看看書，這對他是非常容易的一件事情，可是却照顧鄰居的小孩甚或爲他們組成一個讀書會，很有意義的。或闢爲鄰里間的讀書閱報室，大家可以看看報交換交換雜誌。甚至在小公園內增設一點遊樂設施，讓小孩可以玩，甚至對鄰居青少年的輔導、老年人的照顧、或辦一個婦女活動，如早覺會、跳舞、一個文化活動等，只要有心有意，都可以去做，並不難的。在國外或香港有很多叫「街坊福利會」，他們很注意到鄰里間的公益事業，比如鄰里間設聯誼性、康樂性、體育性的各種活動，一種鄰居間自動自發的組織，爲鄰里做一點公益的事業活動。這些都是很好，相信各位有信心就可以去做。

在今天的現代社會裏，的確是遠親不如近鄰，但是近鄰也是要愛惜的，在愛惜方面我剛剛談到二方面，一方面是消極方面，就是「音響相聞」「以鄰爲壑」這些事，必須從自己開始，自己家人開始不要去做，這樣才能與鄰里和睦相處。在積極方面要進一步的「愛鄰如己」「和睦相處」「爲鄰里服務」進而「爭取鄰人福利」。若人人如此做，不但個人感受到快樂，我們家人會快樂，而鄰里會很和諧，社會更和諧、進步。

（本文係於臺北市社教館的演講紀錄稿）

十二、臺灣光復四十年教育文化的發展

中華民國臺灣地區光復四十年來，秉持三民主義的一貫教育政策，舉凡延長九年國民教育，加強高中教育的功能，建立技術職業教育體系，擴充高等教育、加強社會教育及促進文化建設等，皆已獲致卓越的成就。且於實際的教育指標上，顯示：無論學校數、學生數、學齡兒童就學率，教育經費與師生比率等，都有重大發展，較之先進國家毫不遜色，與中國大陸相較，則有天壤之別。這是因爲中華民國的教育文化建設始終重視：⑴普及，⑵平等，⑶與國家建設配合的結果。今後，我國的教育文化發展，當在以往的基礎上，發揮旣有的特色，必能促進國家早日的現代化，完成三民主義統一中國的神聖使命。

壹、前　言

民國三十四年，臺灣結束日本五十年統治，重歸祖國懷抱，迄今已歷四十週年。四十年飛逝的光陰，對於一個人來說，正好是「不惑之年」，極可能就是他半生的歲月，但對一個歷史悠久、文化綿延的民族來說，在其幾千年的歷史發展上，那祇是短暫的一瞬間而已。時間是相對觀的，過去的四十年，無論長或短，但對於生於斯、長於斯或老於斯的每一個中國人，都有刻骨銘心的記憶與懷念。

四十年來政府在臺灣的一切施政措施、建國方針及治國大計，莫不是根據 國父孫中山先生手創的三民主義，淬勵奮發，努力不懈。如此，才使得臺灣成爲中華民國的一個模範省；一個堪作光復大陸，重建三民主義新中國之藍圖。在四十年的中華文化的重建與復興階段中，政府在教育文化的建設上，本諸 國父倡導光大我中華文化及迎頭趕上西方科技文明的原則，一方面提出復興中華文化，以喚起國人對先民所締造的文化，加以維護與培孕的責任感，並加强國人身體力行我國固有先哲思想與美德的意識，並從普及教育上，推行傳統文化中的倫理與道德觀念，而有助於現實社會的發展。此外，政府在過去的四十年中，更積極推展科學，務期科學能夠在我國文化領域中紮根而生長。這一切都採用緩和漸進的方式，引導國家的現代化。❶

臺灣在光復初期，倍受第二次世界大戰戰火的摧擊，已是滿目瘡夷，百廢待擧。民國三十八年政府退守臺灣，二百萬軍民同胞一時擠向這座孤島，一切的艱難險阻可想而知，可是四十年後的今天，我們却欣欣向榮，屹立不搖，以一個堅强反共堡壘的地位面對全世界人類。到底這四十年來，我們如何轉危爲安，如何由貧弱而富庶，其教育文化成就的過程爲何，這是本文探討的重點。然而，臺灣近四十年來的社會變遷所牽涉的過程與問題相當廣泛，擧凡政治、經濟、社會、教育與文化等各方面，莫不息息相關，殊難分論，本文僅偏重於教育建設過程爲討論之重點，兼及文化建設之發展爲輔，或有不當之處，懇請教育文化界先進，多予指正。

❶ 見徐宗林撰，〈文化發展之我見〉，載於臺灣省政府新聞處編印，《三民主義在臺灣的實踐——文化建設》，慶祝建國七十年叢書，第一二三—一三四頁，民國七十年十月。

貳、教育文化的重要政策

我國教育文化政策的主要依據是：　國父遺教、先總統　蔣公遺訓，教育宗旨以及憲法中教育文化條文，茲試加分述。

㈠**國父遺教**：「總理三民主義各講，都是我們中國教育宗旨與教育政策的根據。」此外，其他如《孫文學說》、《軍人精神教育》、《地方自治開始實行法》、〈上李鴻章陳救國大計書〉等遺教，都是教育政策的重要依據，茲將　國父孫中山先生對教育政策重要指示，摘錄數則如下：❷

1. 凡在自治區域之少年男女，皆有受教育之權利。
2. 凡為社會之人，無論貴賤，皆可入公共學校，不特不取學膳等費，即衣履書籍，公家任其費用。
3. 教育少年之外，當設公共講座、書庫、夜學，為年長者養育智識之所。
4. 建設一個新地方，首先在辦教育，要辦普及的教育，令普通的人民都可以受到教育。

㈡**先總統蔣公遺訓**：先總統　蔣公對於教育文化政策的遺訓甚多，其重要者如：〈教育與革命建國的關係〉、〈改造教育變化氣質〉、〈今後教育的基本方針〉、〈救國教育〉、〈革命的教育〉、〈軍事化的教育〉、〈救國必須實施文武合一術德兼修的教育〉、〈時代考驗青年，青年創造時代〉、〈國家需要革命青年，青年需要革命教育〉、《民生主義育樂兩篇補述》、〈革新教育注意事項〉、〈中山樓中華文化堂落成紀念文〉等。茲摘錄幾段先總統　蔣公對於教育政策之重要訓示如下：❸

❷ 見《國父全集》，中國國民黨中央黨史史料編纂委員會，民國五十四年。

1. 教育是國家民族百年的根本大計，復國建國的路能否成功，就完全寄託在教育成敗得失上面。

2. 教育的目的，就是要使人民無論道德、學問、能力都能夠得到健全的發展，成爲完完全全的國民。國民教育，在教育學生成爲一個活活潑潑的好學生，成爲一個堂堂正正的中國人。

3. 我所謂的教育，並不是狹義的，專指學校教育；在家庭裏父兄教育子弟，有家庭教育；在社會上先輩教育後生，以及智者教育庸者，有社會教育。我們對於家庭的子弟和一般親戚朋友，以及社會上一般民衆，都有教育的責任。

4. 我們中華民國的教育宗旨，是要建立以倫理、民主、科學的三民主義教育。

㈢**教育宗旨**：我國現行教育宗旨於民國十八年四月十六日公布，沿用至今，其全文爲：「中華民國之教育，根據三民主義，以充實人民生活，扶植社會生存，發展國民生計，延續民族生命爲目的；務期民族獨立，民權普遍，民生發展，以促進世界大同。」教育宗旨對於教育政策之重要啓示爲：

1. 三民主義爲建國的最高理想，也是中華民國教育的主要依據。

2. 教育應針對中國社會的四大缺點：貧、弱、愚、私，以充實人民生活，扶植社會生存，發展國民生計，延續民族生命爲目的。

3. 教育的目標，在實現民族獨立，民權普遍，民生發展。

4. 教育以促進世界大同爲終極理想。❹

---

❸ 見於《先總統　蔣公嘉言總輯》，中國國民黨中央委員會黨史委員會編印，民國七十年。

❹ 孫邦正編著，《國父思想與教育學》，正中書局，民國五十四年。

㈣**憲法中教育文化條文**：憲法為國家的根本大法，教育政策消極方面不可違憲，積極方面應弘揚憲法精神。中華民國憲法中關於教育文化重要規定有下列諸項：❺

1. 人民有言論講學著作及出版之自由（第十一條）。
2. 人民有受國民教育之權利與義務（第二十一條）。
3. 教育文化應發展國民之民族精神，自治精神，國民道德，健全體格，科學及生活智能（第一五八條）。
4. 國民受教育之機會一律平等（第一五九條）。
5. 六歲至十二歲之學齡兒童，一律受基本教育，免納學費，其貧苦者，由政府供給書籍。已逾學齡未受基本教育之國民，一律受補習教育，免納學費，其書籍亦由政府供給（第一六〇條）。
6. 各級政府應廣設獎學金名額，以扶助學行俱優無力升學之學生（第一六一條）。
7. 全國公私立之教育文化機關，依法律受國家之監督（第一六二條）。
8. 國家應注重各地區教育之均衡發展，並推行社會教育，以提高一般國民之文化水準（第一六三條）。
9. 教育科學文化之經費，在中央不得少於其預算總額百分之十五，在省市不得少於其預算總額百分之二十五，在市縣不得少於其預算總額百分之三十五。其依法設置之教育文化基金及產業，應予以保障（第一六四條）。

❺中華民國憲法，中央文物供應社，民國七十年十月。

10.國家應保障教育科學藝術工作者之生活，並依國民經濟之發展，隨時提高其待遇(第一六五條)。

11.國家應獎勵科學之發明與創造，並保護有關歷史文化藝術之古蹟古物(第一六六條)。

12.國家對於左列事業或個人，予以獎勵或補助：

(1)國內私人經營之教育成績優良者。

(2)僑居國外國民之教育事業成績優良者。

(3)於學術或技術有發明者。

(4)從事教育久於其職而成績優良者(第一六七條)。

臺灣光復四十年來，教育文化政策在上述指導原則下，順利進行。其間政府為圖謀教育的根本改革，作為復國建國的始基，也曾研訂各種具體方針或方案，以從事教育文化之推展，茲擇其重大者縷述如後。

1.臺灣光復後，教育文化面臨兩個課題：一方面要「除舊」，把日本教育的舊規徹底消除；另一方面又要「佈新」，將祖國自由民主的教育建立起來。而實際的措施，便是將當時的學校制度更改為「六、三、三、四」制。此外，為加强祖國文化，則從積極推行國語著手，而這二件事，在當時都曾確實執行，收到實效。❻

2.民國三十九年政府遷臺，教育部頒布「戡亂建國教育實施綱要」，以為反共復國時期教育設施之

❻ 伍振鷟撰，〈臺灣光復四十年來教育政策的回顧與前瞻〉，載於臺灣光復四十年專輯，《教育文化的發展與展望》，臺灣省政府新聞處編印，民國七十四年十月，第三三—五二頁。

準繩，其重點則在加强民族精神教育、生產勞動教育、與文武合一教育。

3.近四十年來，政府曾於民國五十一年，民國五十九年與民國六十四年召開三次全國教育會議，每次均有數百位教育專家學者與會，檢討並策劃我國學制、課程、師資及發展計畫等，對於教育文化與國家建設奠定良好的基礎。❼

4.自民國四十二年起，政府連續執行經濟建設四年計畫，教育部爲配合經濟建設之需要，充分發展人力資源，曾於民國五十年草擬一份「中華民國教育計畫——長期教育計畫（民國五十三年至民國七十一年）」。此後，有關我國各項教育之長期性改進計畫，可說即以本計畫爲參照之藍本。其中較重要者諸如：「發展國民教育長期計畫（五十四年至五十九年）」、「發展與改進國民教育五年計畫（六十五年至七十年）」、「發展與改進國民教育六年計畫（七十二年至七十七年）」及「工職教育改進計畫（六十八年至七十四年）」等。❽

5.政府爲促進各級各類教育文化之改革，曾先後研訂各種法令爲推行依據，其犖犖大者如：「九年國民教育實施條例」、「國民教育法」、「幼稚教育法」、「高級中學法」、「職業教育法」、「社會教育法」、「特殊教育法」、「强迫入學條例」、「專科學校法」、「大學法」、「學位授予法」及「空中大學條例」等。

❼ 教育部編印，〈國民教育會議報告〉，民國七十年五月。

❽ 教育部編印，《中華民國教育計畫——長期教育計畫（初稿）》，民國五十三年。

叁、教育文化的主要興革

臺灣光復四十年來，政府對於各級各類教育曾作許多重大的興革，以為教育實施之張本，玆將這些主要興革，敍述如次。

(一)延長九年國民教育

臺灣在光復後，嬰兒出生率驟然提高，就學人口大量增加，加以人民經濟生活的改善，父母望子成龍心切，總希望自己的子女能進最好的學校，然而由於學校容量有限，尤其一般所謂明星學校更少，因此在民國四十年代，我國曾面臨國小階段不當補習之歪風，對於學童身心的健全發展影響頗大。政府乃於民國四十五年起，採行了許多措施，充實教育內容，以增進青少年就學的機會，並為延長國民教育作準備。其間所規劃及實施的重要方案如：「發展初級中學教育方案」、「國民學校畢業生升學初級中學學校實施方案」、「初級中學入學免試常識之規定」、「省辦高中、縣(市)辦初中之政策」等。⑨

民國五十六年，先總統　蔣公昭示：「我們要繼續耕者有其田政策推行成功之後，加速推行執行九年義務教育計畫」。教育部隨卽草擬「九年國民教育實施條例」，並於民國五十七學年度開始「延長九年國民教育」，至此，我國國民教育年限乃由六年延長為九年，開創了我國國民教育史的新境界。

由於九年國民教育籌辦初期時限迫促，校舍設備未能準備週全，師資素質也不齊一，因而各地國民中學開辦後，仍有許多未能臻於理想。教育部乃於民國六十年起邀請教育專家學者，進行調查研究，民

⑨ 見梁尚勇撰，〈臺灣光復四十年來教育的發展與展望〉，同⑥書，第一三三頁。

國六十五年起，執行「發展與改進國民教育五年計畫」，在五年內投資六十餘億元，改善國民中、小學的設備和學校環境。民國七十年教育部又召開國民教育會議，通過了「執行發展與改進國民教育六年計畫案」，計畫投資經費一百八十餘億元，自民國七十二年度開始實施，預定七十七年度完成，除繼續從事物質方面的改善外，更注意到人員編制與教育品質的提昇。⑩

㈡加强高中教育的功能

高級中學係以升學預備爲其主要功能，教育當局積極地採取各項措施，希望加强發揮高中教育此項應有的功能：⑪

1.高中設校的分布，儘可能適應區域的發展，逐步將核減某些高中招生班數，改招職業類科，並輔導附設職業類科較多之高中改辦職業學校。

2.完成高中課程標準修訂工作，並自七十三學年度起逐年實施。此項改革主要內容是自高中二年級起，不再施予文、理分組教學，而改採選修方式，增加了高中課程的彈性，也使高中生可以選修適合自己性向、志趣及能力之課程，這是我國高中教學史上的一大突破。

3.自七十三學年度起，取消了已流於形式的高中畢業考試。

4.教育部自六十九學年度起，選定若干學校從事高中學生評量輔導之實驗工作，更於七十三年訂頒「高級中學學生輔導工作實施計畫」，通令各高中全面實施，同時訂頒「中學數學及自然科資賦優異學

⑩ 同前註。

⑪ 行政院經建會編，《經建十年計畫第三期執行檢討，教育之發展與調整》。

生輔導升學要點」，以從事資賦優異學生之輔導。

㈢建立技術職業教育體系

民國五十七年九年國民教育施行後，一方面爲適應國中畢業生就業的需要，一方面爲配合經濟建設的發展，政府乃大力推行技術職業教育，其中尤以擴充與改進工職教育，使用經費最多。故最近十餘年來，技術職業教育的發展，在質與量兩方面均極快速，其具體績效如次：⑫

1.高中與高職學生比率之調整：臺灣光復之初，職業教育比較不發達，高中學生遠多於高職學生，五十六學年度，高中與高職學生人數之比，仍爲六比四；但自五十七學年度積極發展職業教育後，高中與高職學生人數比率，於六十二學年度降爲四比六；七十學年度更成爲三比七，達到預定之目標。（詳見表一）

2.職業教育結構之改變：五十六學年度時，職業教育的結構，係農職學生占百分之二十二，商職學生占百分之四十六，工職學生占百分之十八，此一結構不合經濟發展所需大量工業技術人力要求，教育與經建單位，因而規劃調整，加以改變，到七十二學年度時已改變爲：農職學生占百分之五・九八，工科學生占百分之五二・四四，商科學生占百分之三一・八七。

3.完成技術職業教育體系：自政府推動經濟建設計畫以後，臺灣的社會已迅速自農業社會轉變爲工業社會，因此建立完整的技術職業教育體系，以爲配合乃成爲迫切的課題。民國六十三年，國立臺灣工業技術學院成立，總算初步完成「高職——二專——技術學院——技術研究所」相銜接之技術職業教育

⑫　李建興著，《我國技術職業教育的成本與效益》，臺灣學生書局，民國七十年。

體系，俾鼓勵高職畢業生循「就業——進修——就業」之途徑，分段完成技職教育。

技術職業教育在過去十餘年來，改進的事項尚多，如：提高職業學校水準，充實設備，增加實習時數，實施輪調式建教合作，及工職教育改進計畫等。

㈣擴充高等教育

政府遷臺後對於高等教育的發展可說十分重視，因此在過去三十餘年來臺灣地區高等教育學府，在數量上的擴充至爲迅速，其增長情形詳見表二。

在目前一〇五所學校中，計可分爲：大學十六所，獨立學院十二所，專科學校七十七所，七十二學年度大專院校學生總人數已達三十九萬五千一百五十三人。至於近年來，政府對於改進高等教育的若干興革措施，則有：⑬

1. 大學教育彈性化，可縮短修業年限一學期或一學年。
2. 自民國六十一年起實施輔系制度，七十二學年度更確立了雙學位制度。
3. 開設大學教育第二部，如：臺大等醫學院辦理「學士後醫學系」，師大辦理「學士後教育學系」。
4. 放寬對私立大專院校之限制，得設立分部。
5. 加強輔導專科學校提高師資素質。
6. 自民國六十四年起，我國開始在大學及專科學校實施評鑑工作。
7. 放寬研究所入學規定，使同等學歷者得報考研究所。

⑬ 同⑨，第一六—一九頁。

8.建立逕行修讀博士學位制度。

9.充實科技研究所教育之師資設備，增加教師員額。

10.開辦各種繼續進修教育之途徑。

(五)加强社會教育促進文化建設

我國社會歷年來不僅重視兒童青年就學機會的普及，也重視全體國民教育機會的均等，實現社會教育與終身教育的理想，因此社會教育在近四十年來也有重大的興革，例如：國民補習教育從民國四十年普遍實施國民小學民教班開始，現在國民小學附設補校有三十九所，國中附設補校有一一二所，高級進修補校二一五所，專科進修補校四所，短期補習班則有一九五四所。

特殊教育近年也很受重視，目前全國特殊學校計有：啓明學校三所，啓聰學校四所，肢體殘障兒童學校、智能不足兒童及多重障礙兒童學校各一所，共十所。附設於一般學校之特殊教育班學生人數也達九千六百六十二人。

此外，教育部也在七十一年成立「空中大學規劃委員會」，開辦空中大學選修科目，以爲將來空中大學舖路。

其次論述文化建設的發展，一般而言，一個國家的文化發展與其社會背景與特徵有極其密切之關係。近四十年來，我國社會遵循五千年歷史傳統思想以發揚光大之，因而有民國五十五年倡導中華文化復興運動；隨著我國社會逐漸工商業化，民衆生活奢華淫逸，而有改善社會風氣重要措施；更由於民衆生活水準之提高，生活品質亟待改善，便有「加强文化及育樂活動方案」，全面推展文化建設，提昇國民

精神生活。茲分段敍述之。⓮

1.中華文化復興運動：民國五十五年十一月十二日　國父一百晉一誕辰紀念日，先總統　蔣公發表「中山樓中華文化堂落成紀念文」，昭示國人「倫理、民主、科學，乃三民主義思想之本質，亦即爲中華民族傳統文化之基石。」定是日爲中華文化復興節。次年（民國五十六年），中華文化復興運動推行委員會正式成立，恭請先總統　蔣公親自領導全國同胞，推行中華文化復興運動。

二十年來，文復會所擬訂與推動的有關文化復興運動的各種法令規章，如：中華文化復興運動推行綱要、國民生活須知、國民禮儀規範等，不下數十種之多，多經詳細策劃，戮力推行。這些年來，臺灣地區成爲世人公認的中華文化橱窗，這與中華文化復興運動對於教育的改革，學術的推進，文化的發揚，文風的倡導等，都有重要關係。

2.改善社會風氣重要措施：政府對於改善社會風氣，一向列爲施政重點，不過沒有特別擬出方案，直到民國六十八年五月十八日行政院才公布了「改善社會風氣重要措施方案」，這方案共有三大部分：(1)提倡勤奮儉樸的生活。(2)遏阻賭博、色情、吸毒販毒的行爲。(3)推展正當休閒活動。這個方案經過三年實際執行的結果，並不切實收到實效，於是民國七十二年加以修正，其目的充實爲：(1)建立一個更爲勤勞節儉的社會，以厚植國家力量。(2)建立一個更爲知恥守法的社會，以維護公共安寧。(3)建立一個更爲團結自强的社會，以增進全民和諧。措施項目有九大項，推行要點有二十五項，再次實施以來，也無

⓮ 李建興撰，〈臺灣光復四十週年社會文化的發展〉，《近代中國雙月刊第四十九期》，民國七十四年十月三十一日第五六—七二頁。

立竿見影之效，因此改善社會風氣始終是全體民衆深切關懷的重要課題。

3.加强文化及育樂活動方案：民國六十六年九月，蔣總統經國先生在當時行政院長任內，在立法院作施政報告時，鄭重宣佈政府在十項建設完成後，進行新的十二項建設時，加入文化建設，就是計畫在五年之內，在臺灣分區完成每一個縣市的文化中心。民國六十七年十二月，行政院進一步通過了「加强文化及育樂活動方案」，包括：⑴設置文化建設和文化政策推行的掌管機構。⑵發動民間熱心人士，組織文化建設協進委員會，策動成立文化基金會，以推動整體文化建設。⑶舉辦文藝季。⑷設置文化獎。⑸積極檢討「著作權法」，早日予以修訂完成，以促進文化的成長。⑹修訂「古物保存法」爲「文化資產保存法」，設置文化資產管理委員會，並核定臺灣地區的古蹟。⑺加强文藝人才的培育，並提高國民文藝鑑賞能力。⑻提高音樂水準。⑼推廣和扶植國劇和話劇。⑽設立縣市文化中心。⑾保存和改進傳統技藝。⑿鼓勵民間設立文化機構。

民國七十二年七月由於行政院原訂「加强文化及育樂活動方案」中，已有執行完畢者，亦有仍在繼續執行中者，爲因應當時國家整體文化建設之需要，及輔導縣市文化中心積極推展文化活動，曾加以修正。文化建設自民國六十八年推行「加强文化及育樂活動方案」以來，已收到具體的成果，對於全體國民精神生活的提昇，助益頗大。

肆、教育文化的重要指標

四十年來臺灣地區教育發展快速，教育建設成績斐然，並且由於教育的進步，帶動政治、經濟及社

表一　歷年來高中與高職學生數比率變化情形

項目／學年度	高中學生數	高職學生數	總數	比率
三九	一一、二二六	一一、二二六	三〇、〇九二	六二・六九
四五	二五、四一〇	二五、四一〇	六二、六六三	五〇・四五
五五	八三、一〇二	八三、一〇二	二一〇、五九二	六〇・〇五
五六	九四、五四七	九四、五四七	二三五、一五一	五九・七九
六〇	一九八、九六九	一九八、九六九	三八九、七六七	四八・九五
六五	二九六、四九三	二九六、四九三	四七八、四二六	三八・〇三
七二	四〇四、五四九	四〇四、五四九	五九四、七六三	三一・九八
七三	四〇七、八八六	四〇七、八八六	六〇〇、七九九	三一・一二

註：本資料不包括五專前三年的學生人數

表二　歷年來高等教育之發展情形

學年	項目	專科學校	大學及獨立學院	總校數	碩士	博士	總人數
三九	校（班）數	三	四	七	一		
	學生數	一、二八六	五、三七四		五		六、六六五
	占人口千分比	〇·一七	〇·七一				
六〇	校（班）數	七三	二三	九〇	二四五	六三	
	學生數	一一九、一四六	一〇〇、四五五		二、六九七	二〇七	二三二、五〇五
	占人口千分比	七·九〇	六·六六		〇·一九		
七二	校（班）數	七七	二八	一〇五	五五三	一五四	
	學生數	二二六、一六五	一六九、三四一		八、四二七	一、二二〇	三九五、一五三
	占人口千分比	一一·五〇	九·〇一		〇·四五	〇·〇六	

表三　政府遷臺後三十五年來各級教育發展概況

學校類別	項目 (學年) 度別及比較	校數 (每千平方公里數)	學生數 (佔人口之千分比) (佔學生總數百分比)	就學率	教育經費支出額(佔國民生產毛額比率)
總數	39年	1,504 (41.66)	1,054.927(144.19)		213,082(1.73%)
	72年	5,738(158.95)	4,868,917(256.20)		110,942,492 (5.84%)
	增加率	2.82倍	3.62倍		
幼稚園	39年	28 (0.76)	17.111(2.74) (1.9%)		
	72年	1,719 (47.62)	214,076(11.39)(4.46%)		
	增加率	60.39倍	11.51倍		
國小	39年	1,231 (34.10)	906,950(123.35) (85.55%)	79.98%	50,772
	72年	2,474 (68.53)	2,272,707(119.59)(46.68%)	99.81%	27,193,942
	增加率	1.01倍	1.51倍	0.25倍	
國(初中)	39年	128 (3.55)	84,293 (8.18) (5.67%)	31.99%	55,303
	72年	669 (18.53)	1,077,743(56.71)(22.13%)	98.60%	18,190,008
	增加率	4.23倍	11.79倍	2.08倍	
高中	39年	128 (3.55)	18,866 (2.70) (1.88%)		55,303
	72年	176 (4.88)	192,913(10.15) (3.96%)		7,563,674
	增加率	0.38倍	9.23倍		
高職	39年	77 (2.13)	11,226 (1.66) (1.15%)		55,303
	72年	201 (5.57)	407,886(21.46) (8.38%)		99,145,155
	增加率	1.61倍	35.33倍		
大專	39年	7 (0.36)	6,665 (1.04) (0.72%)		23,651
	72年	105 (2.91)	412,381(21.70) (8.47%)		26,272,423
	增加率	14倍	60.87倍		
特殊學校	39年	2 (0.06)	384 (0.07) (0.04%)		
	72年	10 (0.28)	2,829 (0.15) (0.06%)		
	增加率	4倍	6.37倍		
補習學校	39年	23 (0.64)	3,781 (0.67) (0.47%)		
	72年	393 (10.89)	362,770(13.99) (5.48%)		
	增加率	16.09倍	68.5倍		
備註		39學年度初中校數係合併高中校數計算	最新之學生總數係73學年之資料		1.教育經費單位爲千元。 2.初中、高中及高職之39年教育經費支出係三者合併計算。

會各方面的革新，因此要找出一些能共同接受的指標，殊爲不易，尤其民國三十九年以前，教育統計數字較爲欠缺，故以表三所列各項教育統計數字，來說明臺灣地區教育之發展。

㈠**以學校數而言**：我國各級學校總數由民國三十九年的一、五〇四所，增加爲五、七三八所，增加二・八二倍；每千平方公里的學校數由四一・六六所，增加爲一五八・九五所。分別言之，國小數由一、二三一所增加爲二、四七四所，增加一・〇一倍；國（初）中數由一二八所增加爲六六九所，增加四・二三倍；高中數由一二八所增加爲一七六所，增加〇・三八倍；高職數由七七所增加爲二〇一所，增加一・六一倍；大專院校由七所增加爲一〇五所，增加十四倍；特殊學校由二所增加爲十所，增加四倍；補習學校由二三所增加爲三九三所，增加一六・〇九倍。此外，幼稚園由二八所增加爲一、七一九所，增加六〇・三九倍。⑮

㈡**以學生數而言**：民國三十九年各級學校學生總數爲一百零五萬四千九百二十七人，占當年人口總數的千分之一四四・一九；而民國七十三年學生總數爲四百八十六萬八千九百十七人，占當年人口總數的千分之二五六・二；增加率爲三・六二倍。其中，幼稚園學生數增加一一・五一倍，國小增加一・五一倍，國（初）中增加一一・七九倍，高中增加九・二三倍，高職增加三五・三三倍，大專增加六〇・八七倍，特殊學校增加六・三七倍，補習學校增加六八・五倍。

此外，特別值得一提的是研究所的發展，在三十九學年時，只有一個碩士班五名學生，但是到了七十二學年時，已增加爲二五九個碩士研究所，五五三班，八、四二七名碩士研究生；及八十二個博士研

---

⑮ 教育部編印，〈中華民國教育統計〉，民國七十三年。

究所，一五四班，一、二二〇名博士研究生。

㈢**以學齡兒童之就學率而言**：由三十九學年的百分之七九・九八，提高為七十三學年的百分之九九・八一。至於國小畢業生升入國中之升學率也由三十九年度的百分之三一・九九，提高為七十二年度的百分之九八・六。七十二年度國中畢業生升學率為百分之七〇・一九；高中畢業生升學率為百分之八二・三三。

㈣**以教育經費而言**：就各級公私立教育經費的總支出額來看，由三十九年度的二億一千三百餘萬元，增加為七十二年度的一千一百零九億四千二百餘萬元，其成長數可說極為龐大。再者，就教育經費之支出占當年度國民生產毛額之比率來看，也大為增加，由百分之一・七三增加為百分之五・八四。

㈤**另外就各級學校專任教師人數而言**：也由三十九年度的二萬九千人增加為七十二學年度的近十八萬人，其增長率也高達五倍餘。而每一教師平均所教學生數三十九學年度為三六・三五人，七十二學年度減為二六・六九人，此則顯示教師之增加率高於學生之增加率，對學生受益更大。

由上述的資料中，確實可反映出這三十餘年來，我國各級教育之發展，已有十分顯著的進步。⑯

至於文化建設的重要指標，則更不易設定，茲列述幾項數字，以概觀三十餘年來進步之狀況。臺灣地區報社數自民國三十九年來，一直維持三十一家，迄民國七十三年每千人份報紙雜誌為一八四・六；雜誌由三十九年一八四種增加為二千五百四十三種。通訊社維持四十四家，而出版社由三三三家增加為二、四二六家，唱片業由九十四家增加為五三三家。臺灣地區現有影劇院數七一七家（民國五十年為四

⑯ 同⑮。

七四家），平均每千人有座位二八・六，平均每人每年觀賞人次七・九，臺灣地區圖書出版量，民國四十一年爲四二七種，民國七十三年出版圖書七、七一五種。⑰

伍、教育文化的主要特徵

臺灣光復四十年來，我國的教育文化建設始終秉持幾項重要目標：⑱

1. 提高全民接受初等、中等或高等教育的人口比例。
2. 賦予全國國民接受均等教育的機會，不因性別、年齡、種族、地區、宗教、社會階層等有所差別。
3. 充分發展各級學校教育，投費教育經費，改善教育素質。
4. 相信教育爲立國根本，並相信教育可促進人類的幸福與進步。

這四十年來教育上最顯著的特徵，誠如蔣總統經國先生所說：第一是教育普及，第二是教育平等，第三是教育與國家建設的配合。蔣總統於民國七十一年七月二十二日對國建會領隊講話，就曾指出：⑲「談到教育文化方面，我們中華民國今天的教育方針，有兩大目標：一是普及，二是平等，而這兩

⑰《中華民國國情簡介》，行政院新聞局，民國七十四年九月。
⑱李建興撰，〈我國教育投資的特性與策略〉，《師大學報第二十五期》，民國六十九年六月，第一—二〇頁。
⑲李建興撰，〈蔣總統經國先生對教育之昭示與實踐之道〉，收於《社會教育與國家建設》，文景出版社，民國七十四年三月，第六一—七一頁。

表四　臺灣海峽兩岸人民生活素質的比較

（摘自中央日報七二・一〇・一〇國慶特刊專稿）

項目	單位	臺灣	大陸	比較	備註
1.平均每人國民所得	美元	二三三四・〇〇	二二六・〇〇	一〇・三三倍	依大陸問題研究中心編印中國大陸實況圖
2.每人每日消耗熱量	卡／人	二七四九	二三三〇		情報局提供
3.每人每日消費蛋白質	公克／人	七七・〇	五七・五		情報局提供
4.每人全年棉布消費量	公尺	三六	五・五〇	六・五五倍	依大陸問題研究中心編印中國大陸實況圖
5.平均每人居住坪數	坪	五・九一	一・一〇	五・三七倍	依大陸問題研究中心編印中國大陸實況圖
6.每人每月家用電量	度	三八・一四	一・一七	三二・六倍	依大陸問題研究中心編印中國大陸實況圖

7.每萬人汽車數	輛	五〇六・〇	一二・〇	四二・一七倍	依大陸問題研究中心編印中國大陸實況圖
8.每萬人機車數	輛	二七八七・六	三・三	八四四・七三倍	依大陸問題研究中心編印中國大陸實況圖
9.每萬人電話機數	具	二三八一・二	…………		…………
10.每萬人電視機數	臺	二一二〇・〇	一六〇・〇	一三・二五倍	依大陸問題研究中心編印中國大陸實況圖
11.大專以上在學學生占總人口比率	百分比	一・六〇	〇・一一	一四・五五倍	依僞國家統計局公報
12.死亡率	千分比	四・七七	六・六〇		依香港大公報
13.每萬人醫事人員數	人	二七・二七	三〇・九五		依僞「中國統計年鑑」
14.每萬人病床數	床	二九・二四	二〇・三三		依僞「中國統計年鑑」

表五　臺灣海峽兩岸各級學校在校學生人數的比較

（摘自亞盟七二·六出版之「當前中國大陸情勢表解」一三二頁）

地區	學生人數　人數（單位）人	小學	國（初）中	高中（含五專及高職）	大專
臺灣	在學人數	二、二二三、一七九	一、〇七〇、九四二	六八五、八六六	二三九、二八一
臺灣	在學人數佔全部人口萬分比	一、一九五	五七八	三七〇	一二四
臺灣	升學率%	九七	五九	二五	
大陸	在學人數	一三九、七二〇、〇〇〇	四一、四四五、八〇〇	六、一〇〇、二三〇	一、一五四、〇〇〇
大陸	在學人數佔全部人口萬分比	一、三七六	四〇八	六〇	一一
大陸	升學率%	五九	一四	一九	

附註：㈠臺灣教育情況見教育部一九八二年「中華民國教育統計」臺灣人口以一八、五一五、七五四人計算。

㈡大陸教育情況及大陸人口數字見僞「國家統計局」一九八二年統計「公報」。

㈢臺灣學齡兒童就學率已達百分之九九點七六，大陸學齡兒童的就學率據中共自稱亦達百分之九十，但能讀至小學畢業者約爲百分之六十，而畢業生中國文、數學兩科合格者僅達百分之三十。本表所列大陸在校小學生萬分比高於臺灣，係因七十年代大陸新生人口特多之故。

個目標可以說都做到了，我這樣說，並不表示我國的教育沒有缺點，事實上還有很多地方尙待改進，但以普及來說，目前及齡兒童入學率已達百分之九十九以上，差不多已經接近完全沒有文盲的境地。而在平等方面，則任何家庭子弟，不分職業、不分地位，只要有志上進，都可在公平競爭下，有絕對平等的機會接受各級教育。所以無論在大專院校、研究所，以至出國的留學生中，都包含着種種不同的家庭環境和生活背景，充分說明了我們的青年接受教育是一種平等。」

因爲這種教育文化建設的結果，乃使我們擺脫了貧窮落後國家之林，即將步入開發國家之境，這種成就實足令人欣慰與驕傲。

如再以海峽對岸中共所竊據下大陸的情形作一比較，更可看出今天政府在臺灣所實施教育政策措施的正確與成果的豐碩了。三十五年前當中樞播遷來臺之時，臺灣與大陸經濟情況相比，國民所得大致相差不多，但在天然資源、國內市場、及文化教育條件上，大陸則遠勝於臺灣。然而經過三十五年來實施不同制度發展的結果，臺灣自由基地各方面的突飛猛進，教育與文化建設的成果，已遠遠地把大陸拋在後面，拉大了彼此間的距離，試看上列二表即可得知全部事實。[20]

陸、教育文化的未來展望

我國經過四十年的蓬勃發展，在政治、經濟、社會、教育與文化等方面都有了一個嶄新的面貌，教

⑳　三民主義統一中國大同盟推行委員會編印，《一海之隔，復興基地與中國大陸之比較》，民國七十二年十月，第一六七—一七〇頁。

育文化發展代表了這種奇蹟式的成就的一部分。今後，我們要使臺灣地區能有更進一步的發展，人的因素仍是最重要的，過去的政治、經濟、社會、教育與文化的發展，使我們民衆的價值規範與行爲體系有了轉變，因此今後爲使我們的社會結構與社會發展朝更好更健全的方向，也必須從健全社會價值規範着手，因此下列幾點是値得注意的：㉑

1. 培養互助合作的社會道德，發揚服務精神。

2. 强調責任倫理，鼓勵企業家與政治人物的社會責任感。

3. 提倡「忠、義、信、儉、勤」的傳統價値與美德。

其次，我們要繼續加强教育與文化建設，並且要突破現狀，「爭一時，也爭千秋」，絕不能以現狀爲滿足，必須百尺竿頭，更進一步。以教育文化未來的發展而言，我們以爲下列數項建議，値得重視：㉒

㈠幼兒教育方面

幼兒教育亟待加强與辦，就主觀方面言，今日幼兒人口多，幼兒心智早熟，有及早開始接受教育之需要；就客觀情勢而言，由於社會經濟水準的提高，婦女就業人數增加，父母或家庭皆無暇親自照顧幼兒，加上，世界上主要國家，爲維護教育機會均等原則，有所謂「教育優先地區」，「及早開始就學計畫」及「補償教育」等趨勢，再再都說明，今日我們只有約四分之一幼兒進公私立幼稚教育機構，且這些幼稚教育機構於收費、設備、師資或教學方法等皆相當參差，如何加强維護幼兒權益，及早開始教育

㉑ 同⑭，第七一頁。

㉒ 同⑲，第六八—七一頁。

國家未來的下一代，已是刻不容緩的課題。

(二)國民小學方面

就國民小學而言，自民國五十七年起，已無升學壓力，但爲何國小還會有教學不正常，課業負擔繁重的道理？實在令人費解！吾人以爲，補救之措施端在：第一、教育行政當局有無決心與勇氣，痛下針砭，並嚴格要求與實施，該獎則獎，該罰也不容寬縱，若有如此求治之心，上行下效，大概三五年後，初效可現；第二、各國民小學積極鼓勵於教學正常化之餘，力求發展特色，開拓生動活潑之教學方式，辦理美、勞、體、音……等活動，讓全體師生身心充滿生趣，奠定國民教育良好之基礎。

(三)國民中學方面

國民中學是今日問題較多的學段，但這些問題由來有自，例如：(1)學生人數膨脹，班級與學校編制大，(2)青少年（十二－十五歲）時期，身心變化較大，教育較困難，(3)教師人數多，素質較參差，故吾人應勇於面對問題，力求克服，並臻於較理想之境域。具體作法可採下列諸項：(1)嚴格執行學區制度，力求各校均衡發展；(2)加强學業、生活與職業輔導工作，以擴大成效；(3)提高導師津貼，加重導師責任；(4)認眞督察教學正常施敎，加重美、勞、體、音與童軍活動；(5)改進高中（職）與五專入學考試與命題辦法，必要時，實施較小型聯招，導引國中教育正常化，並均衡高中教育之發展。

(四)技術職業教育方面

職業技術教育的基本學制已建立，目前改進的主要重點當在於：(1)對於公、私立職校課程設備、師資與教材等應貫注更多心力，政府宜以實質獎勵，導引民間支援私校力謀教學水準之提高；(2)公私立職校應加强建教合作之措施，積極輔導學生之就業輔導，以及⑶職校畢業生之升學問題尤値重視。吾人以爲，暢開職校畢業生，於適當時機，可進入技術學院（增辦農技、商技與水產技術等學院）或空中大學就讀，使職校畢業生終身存有進修機會，這是最根本之辦法。

㈤大學教育方面

大學聯招已開始實施第三方案，即「先考試，後塡志願，再統一分發」，有關分發的電腦技術問題已克服，可達成輔導高中教學正常化及爲大學甄選適當學生之雙重目的。大學教育內容，通才教育課程開始實施，新課程已付諸實施，提早畢業的措施已有人開其端，今後有關師資素質之提高，圖書設備之充實，學生生活輔導及畢業就業等問題應可逐步改善。而擴增研究所，提高高級技術人力之培養，當也是今後高等教育的重點工作。

㈥社會教育方面

社會教育已成爲現階段教育的熱門課題，其中尤以空中大學的創辦已成爲社會各界共同關注的問題，今年試開大學課程三科目：國文、經濟學與中國通史等，報名人數極爲踴躍，達三萬五千名之多，空中大學條例已獲通過，空中大學籌備開學已迫在眉睫，今年的招生已勢在必行。但對辦理成人進修教育的空中大學仍有三個基本觀念，有待溝通與確立：⑴空中大學應該可以授予學位，最簡單的理由是應從積極面鼓勵未來的空中大學保障其教學水準。⑵空中大學最好是獨立設校，有自己的校區，有助於學生日常返校面授或生活輔導，而且可將校園空閒時間，用來加強辦理各級公務人員在職進修教育。⑶空中大學應重視研究與發展，因爲這是一種嶄新的學制，開中國教育史上新紀元的大事，只許成功，不許失敗，因此，重視實驗、研究與發展，可不斷取信於社會大衆，也可不斷修正與強化大學本身的各種作法，精益求精，可達止於至善。

(七)**師範教育方面**

師範教育是各級各類教育之母，現行師範教育制度應予維持，但有許多可興可革之事。例如：培養小學師資的師範專科學校，部廳局之間應可再溝通，促其實現逐年升格爲國立師專或師範學院之計畫，這一措施，對於師專可能是起死回生之良方。師專、師院與師大都應早日開辦「第二部」或「學士後的教育系」，開拓普通大專畢業生從事教育工作之途徑。當然，師範生的生活教育及教育專業精神之陶冶，也是根本之要圖。

(八)**教育行政方面**

對於教育行政，筆者也想到三點基本的概念與作法，覺得是當前要務：(1)教育行政應逐步實現「均權制」之理想，不偏於中央集權，因地制宜，保留給予地方適當的彈性，尊重省市間的個別差異，尤值重視；(2)教育行政應強調「行政卽服務」之觀念，行政與學術結合，行政爲教育事業單位服務，行政也爲各級學校服務，大家不分彼此，都以教育工作的成功爲業；(3)教育行政應重視「以人爲本位」的作法。教師是一切教育工作的主體，提高教師專業補助，鼓勵教師教學熱忱，一切教育責任與權利落實於各級學校教師之身上，這是最高的教育行政之藝術。

最後，我們要強調的是教育革新的原動力是教育研究與教育計畫，因此，在中華教育研究院未成立前，尤不可忽視實際教育問題之實證性研究，並規劃各級各類教育的短程、中程與遠程計畫，以逐步促進教育革新，實現文化大國的理想。

柒、結語

臺灣光復四十年，我們一方面欣喜先賢先聖篳路藍褸、披棘斬荆，爲我們的教育文化發展開創了這一片美好的成就與前程；同時我們更具有一份惶恐的心情，今後如何勇敢的薪火相傳，以「一棒一條痕，一步一脚印」的踏實步伐，爲我們千秋萬世的子孫，立下屹立不拔的基業。我們唯有在三民主義光輝照耀下，徹底了解自己的社會與積極規範將來，我們有堅定的信心要把臺灣建設得更美好，我們也有信心在三民主義統一中國時，要把整個中國建設得更好。

（本文曾於民國七十五年元月二十六日，在中華民國留日學人學術研討會於日本東京學行會議上發表，並略經修正發表於社會教育學刊第十五期，民國七十五年六月）。

參考文獻

一、郭爲藩主編，《中華民國七十年之教育》，上下兩册，臺北：廣文書局，民國七十年。
二、郭爲藩、梁尙勇主編，《國立臺灣師範大學校友學術論文集》，上、中、下三册，臺北：水牛出版社，民國七十四年。
三、李建興著，《社會教育與國家建設》，臺北：文景書局，民國七十三年。
四、臺灣省政府新聞處編印，《建國七十年專輯：文化建設篇》，民國七十年。
五、臺灣省政府新聞處編印，《臺灣光復四十年專輯：文化建設篇，教育文化的發展與展望》，民國七十四年。
六、行政院研考會編印，《中華民國行政概況》，民國七十三年。

第叁篇 教育與社會

十三、教育模式的成與敗

——臺灣與中共教育建設的比較

壹

美國的「基督教科學箴言報」曾有一項報導，它們根據若干尺度或標準，尤其根據一個國家國民的教育程度，選擇中華民國、韓國、巴西及土耳其等國，爲世界的明日大國。

的確，教育是一個國家能否成爲大國的重要標準，我們常說教育爲立國的礎石，就是這個意思。一個國家的建設，一切以「人」爲基礎，教育的功能即在培育優秀的人才。有了優秀的人才，經濟才能穩固成長，政治才能有健全的發展，文化也才能有輝煌的成果。反之，沒有人才則一切國家建設都是空中樓閣，可望而不可及。

臺灣近三十幾年來，經濟、政治與社會文化等各方面的進步與成就，均爲世人有目共睹的事實，而其中教育建設更是各項成就的源泉。臺灣教育的普及與人力素質的提高，培育了大批優秀的人才，這些人才不斷努力推動各項建設，這是臺灣建設明日大國雄厚的資本。

貳

回顧臺灣三十幾年來，一貫的教育政策，可以明顯的發現有幾項特徵：

第一、教育的目標，在培育大量的教育人口，亦卽要使全國國民普遍接受初等、中等及高等教育。

第二、教育機會是均等的開放，亦卽全國國民不因性別、年齡、種族、地區、宗教信仰、社會階層或黨派，而有所歧異。

第三、教育由國家充分的支持，亦卽國家負擔大量的教育投資經費，改善教育素質，使教育發揮最高效果。

第四、教育被視爲立國的根本，亦卽國家相信透過自由的教育機會，可提高人民的生活素質，增進世界人類的幸福、和諧與進步。

這種教育政策，不但注重教育的數量，提高教育的品質，尤其强調教育的崇高理想與目標之實現，可說是一種自由、民主與均等化的教育模式。

反觀中共的教育政策，近三十幾年來始終搖擺不定，始終沒有建立一套完整可行的教育制度。大略言之，中共的教育政策可分三個階段：第一個階段是一九四九—一九六六年的十七個年頭，可稱爲「修正主義的教育」，本質上是沿襲西方國家或抄襲蘇俄的教育制度；第二個階段是一九六六年文化大革命後的十二個年頭，可稱爲「激進派的革命教育」；第三個階段是一九七八年以後的八個年頭，可稱爲重視「開發和現代化的教育」。

共產主義在本質上認爲：教育是上層建築之一，是人類社會生活鬪爭的經驗與繼續發展之工具。在階級社會裏，教育是爲一階級所掌握而爲之服務的工具，換句話說，教育是促進生產勞動和加强政治鬪爭的工具與武器。因此近三十幾年來，中共教育的根本方針，含有兩項原則：一是教育爲無產階級政治服務；二是教育與生產勞動相結合。這是中共教育的一貫政策，卽使最近中共的革命教育作了某些修正，這種政策也沒有太大更易。

在這種政策引導下的中共教育，一貫提倡階級教育，所謂「出身不好」的青年，則無受教育之權利。由於學校重視生產活動及政治運動，師生經常停課參加種種羣衆運動，教育的水準極爲低落。教育的內容本質上是非學術性的，認爲在農村、工廠及街市上都有學習機會，教育品質自然低落，非學術性的資格，例如：生產紀錄、思想及政治的接受性等，都是代表教育的成就與價值。

上述中共這種教育政策，可稱爲：統制的、階級的與集體的教育模式。這與臺灣自由的、民主的與均等化的教育模式，正好成爲一個尖銳的對照。

叁

臺灣三十幾年來教育建設的成果非常豐碩，最近幾年來，我國從事十大建設，十二項建設及十四項重點建設，在在都需要大批技術人力，投入生產行列，如果沒有普及的教育水準，重大的教育成就，則絕無此可能，可見教育建設已有明顯的績效。

依據教育部一九八六年教育統計指出：民國七十四學年度臺灣共有六、二八五所學校，平均每千平方公里有一七三·八一所學校，平均每鄉鎮市區有學校一七·〇八所，無論鄉村、山地或偏遠離島地區，皆普遍設有學校。以學生數而言，在總人口一千九百多萬人中，各級學校學生人數共有四百九十四萬多人，即每一千人中，有二五五·八九人是學生，亦即臺灣每四個人中，有一個是學生，就學機會可說非常普及。

臺灣各級學校學生就學率，六歲至十二歲的學齡兒童就學率，於民國七十四學年度高達百分之九九·八五；國民小學畢業生升學率達百分之九九·三八；國中畢業生升學率達百分之七一·三一；高中畢業生升學率達百分之八〇·三二；而臺灣的大專院校共有一〇五所，學生人數有四十二萬八千餘人。

其次，我們要指出臺灣這種教育機會，從不因性別、地區、黨派或階級而有所不同。根據中華民國憲法第一五九條保障：「國民受教育之機會，一律平等」。因此臺灣各級學校教育：⑴男女生都有同樣的入學機會；⑵宗教不得干預學校；⑶山地同胞也普受教育的嘉惠；⑷鄉村離島地區，學生有營養午餐，教師有特別加給；⑸家庭貧困的學生，免繳學費或有各種獎助學金，給予鼓勵。

臺灣這種教育建設，部分由私人或團體投資，政府也以大量教育經費挹注。我國政府三十幾年來，每年的教育經費預算，總佔當年國家總預算的第二、三順位，僅次於國防外交或交通經建建設而已。以一九八五年爲例，政府對於公私立各級教育經費支出總額達一千二百六十億餘元，這項預算佔當年國民生產毛額的比率爲百分之五·三八，又佔當年政府歲出總額的百分之一六·四五。可見各級政府對於教育之重視與負擔之繁重。

其次我們也要指出，中國人傳統上非常重視孩子的教育，政府的文教政策如此，民衆的觀念更是如此，臺灣的全體民衆總認爲卽使賣田地、房屋也得送孩子去上學唸書，這是臺灣教育發達的根本原因之一，也是中國傳統文化的發揚，更是教育精神的眞正體現。

反之，中共的教育措施則非如此單純，它的政治掛帥，使得教育制度很難充分發展。首先我們應瞭解，研究中共教育的實際措施有相當的困難：⑴中共的教育制度一再變革，沒有一貫的制度；⑵中共學校制度較沒有明確的系統關係；⑶中共的教育統計數字，是一項令人深感撲朔迷離的魔術，在它的報導中，常可發現前後矛盾的情形，而其所報導的數字，究竟包含怎樣的內容，也常常交待不清楚。當然在最近六、七年來，由於中國大陸採取「對外開放，對內搞活」的政策，稍有改善，因此目前可以客觀的比較臺灣與中共的教育建設，作較公正的批判。

目前中共各級學校畢業生之升學與就學情形，以一九八四年統計的實況，說明如次：

一九八二年中國大陸小學在學總人數爲一億三千九百餘萬人，一九八四年中國大陸小學畢業生人數爲二千二百五十九萬五千人，其中能升入初中者僅一千二百八十八萬一千人，其粗升學率爲百分之五七・○一（同年中華民國國小畢業生升學率爲百分之九八・六○）無法升學者多達九百七十一萬四千人。

一九八二年中國大陸初中學生總人數爲四千一百餘萬人，一九八四年中國大陸初中畢業生人數爲一千二百八十八萬一千人，其中能考取高中（職）者僅四百一十萬八千人，其粗升學率爲百分之三一・九（中華民國國中粗升學率爲百分之七○・一九），失學者多達八百七十七萬三千人。

一九八二年中國大陸高中（職）學生總人數爲六百餘萬人，一九八四年高中畢業人數爲三百三十二萬一千六百人，其中能考取大專院校者僅四十七萬五千人，其粗升學率爲百分之一四・三（中華民國高中畢業生粗升學率爲百分之八二・三三），其餘二百八十四萬六千六百人未能升學。

一九八四年中國大陸已有研究所六九五個單位，研究生七千五百人；普通高等學校數九百零二所，在校學生數一百三十九萬六千人。但此數量仍很不足，鄧小平於一九八〇年一月曾說：「如果我們有二百萬到三百萬在校大學生，我們培養的專門人才就會比較多。」

最後，我們也應指出中共過去三十幾年來的學校教育，一般都認爲是徹底的失敗，而這種失敗使得「教育受盡了摧殘，變成一項隨心所欲的政治工具，使它的社會的進步，至少落後了一個世代。」當前中共教育的改革，即在針對過去教育失敗的教訓，努力推行三項工作：㈠爲學校制度的正規化；㈡爲強調學術研究的重要性；㈢爲加速科學及技術的講授和研究。但一般認爲：中共今天的教育改革，至多只能算是一項可能的新展望的開始，究竟它能維持多久？却是一項難於解答的問題。

肆

教育建設是一切經濟發展、國防武力與文化設施的基礎。中華民國在過去三十幾年，由於有一貫而正確的教育政策之指引，無論教育的數量與品質，都已有長足的改善與進步，這種教育建設之成就已使臺灣躋於明日大國之列。

反之，三十幾年來，中共由於政治領導教育，教育政策搖擺不定，教育制度始終無法正常的推動與實施，其結果自然導致學校教育的徹底失敗。

總之，我們很明顯地可以判定，兩種教育模式的好與壞，兩種教育制度的成功與失敗，而且我們更可堅定的確信，中華民國自由、民主與均等化的教育模式，亦即三民主義教育模式，也即是充分證明是一種成功的教育模式，必可揷播於中國大陸每一省份，亦可實施於中國大陸每一角落。

十四、海峽兩岸留學政策的比較分析

壹、前　言

我國留學教育的歷史，若自公元一八四七年容閎入美國孟松學校讀書算起，已有一百三十九年，若自滿清政府制定留學政策，從清同治十一年（公元一八七二年）奏派第一批官費幼童詹天佑等卅名出洋算起，也已有一百一十四年了。❶誠如舒新城先生所說：「無留學，中國新教育與新文化決不至有今日。」❷陳果夫先生也曾說：「留學教育是建設國家，尤其是我國目前需要迎頭趕上外國的時候，爲最重要的教育。將來要永遠保持國家的進步，永遠不使成爲落伍的國家，那麼留學教育，只有更需要重視與開展。」❸可見留學教育政策對於國家過去與未來的現代化，都具有相當的重要性。

我國近百餘年來的留學教育史，約可劃分爲三個階段：第一階段自清同治年間起始，至民國三年止，

---

❶ 王煥琛著，《留學教育——中國留學教育史料》，第五册，臺灣書店，民國六十九年，第二五五八頁。

❷ 舒新城編，《近代中國留學史》，中華書局，民國二十一年，第一頁。

❸ 同❶，第二六〇二頁。

此期間我國留學生多半東渡日本留學，且學成後幾乎全部都返國服務；第二階段自民國四年起至民國三十七年止，此期間我國留學生大多數放洋遠赴歐洲及美國地區留學，以英、美、法、德、俄等國較多，學成後也多數返國服務，尤其以庚子賠款，赴美的留學生，於民國成立後，先後返國，對於民國八年以後，我國政治、經濟、社會、教育與文化的影響，至深且鉅。❹

第三階段是自民國三十八年中共竊據大陸後迄今，海峽兩岸的留學政策隨著大陸變色，社會制度與生活方式的不同，有了根本的差異。

政府以臺灣爲復興基地後，爲積極培養復國建國的大量人才，除逐步發展國內高等教育外，同時注意推展國外留學教育，造成我國留學教育史上空前興盛時期。政府遷臺初期，留學生數目尙少，每年均在四百人以下，自民國四十四年以後逐漸增多，民國五十年當年已達九七八人，民國五十一年後每年躍增至一千人以上，最近五、六年留學生人數維持在每年五千餘人之譜。根據教育部統計，自民國三十九年至七十三年止，三十五年間復興基地共核准出國留學生人數爲八五、四四九人。❺此外，以應聘、探親、依親生活、就醫、觀光等名義出國的留學生，其確實人數則無法得知。可見三十幾年來，復興基地留學教育興盛之狀況。

反觀，中共竊據大陸三十幾年來，其留學政策與教育制度搖擺不定，幾次更迭。一九五五年以前，中共向蘇俄一面倒時期，中共爲加速其科技研究與經濟建設，曾先後派遣一萬四千多名學生留俄，「以

❹ 陳金泉著，《二十年來我國留學教育之研究》，行政院青年輔導委員會印，民國七十年。

❺ 教育部編印，〈中華民國教育統計，民國七十四年〉，第五十二～五十四頁。

俄爲師」學習蘇俄的科技與文化。至於西方國家，每年僅有點綴性的數十名學習語文的留學生而已。一九六〇年代初，中蘇共反目，中共停止向蘇俄派遣留學生，其後「文化大革命」十一年，中共大肆批判「洋奴哲學」，實行閉關自守，盲目排外政策，留學教育幾乎完全停頓。從一九七八年下半年起，中共又恢復向西方各國逐年增派留學人員，至一九八五年止，六、七年來，中共派到國外留學的總人數已經達到三萬六千八百多人。❻

海峽兩岸留學政策的差異，不僅反映在留學政策的穩定與多變，留學人數的多與寡而已，而且要反映在政府與民間對於留學生的關懷與照顧，反映在留學生學成之後，能否有適切的鼓勵，能否得到返國服務的獎勵與輔導等。本文試圖將復興基地（以三十四年爲期）與中共（以最近六、七年爲限）的留學政策，作一客觀比較分析，最後並指出海峽兩岸留學政策的走向與我們應採的適當對策。

貳、復興基地的留學政策

(一)留學規程的頒修

政府以臺灣爲復興基地後，爲適應時代需要，培養復國建國人才，曾作九次修訂國外留學規程。最初，政府鑑於外滙艱難，對出國留學嚴加限制，不得不根據審核，始准留學。其後因送審人數漸增，於民國四十二年起舉辦大專畢業生留學考試，至民國六十五年起爲配合國家建設及學術研究發展之需要，取消自費留學考試。

❻ 中共人民日報，一九八五年七月一日。

我國政府自民國三十九年以來，曾對留學政策（卽國外留學規程）作過九次規定，卽：⑴民國四十三年修訂國外留學規程，⑵民國五十一年修訂國外留學規程，⑶民國五十三年修訂國外留學規程，⑷民國五十八年修訂國外留學規程與國外留學甄試辦法，⑸民國五十九年修訂國外留學甄試辦法，⑹公布認可就讀之美國大學名單，⑺民國六十一年修正國外留學規程第十條及第二十四條，⑻民國六十五年修訂國外留學規程，⑼民國六十八年修訂國外留學規程。❼這些留學規程是我國留學政策的主要依據，茲縷述梗概如次。

政府遷臺之初，對於留學教育的各項措施，仍本大陸時期所訂的「國外留學規程」，民國四十三年爲因應需要，公布「國外留學規程」，此一規程最主要的規定爲「國外留學生出國前，均應經教育部考試及格」。關於考試資格增列「高級中學畢業者」一項，又規定留學考試及格之男生，「於軍事訓練期滿，始准出國」。

民國五十一年陽明山會談後，教育部依據指示再次修訂留學規程，其特點爲謀增多留學機會，試行免試留學辦法，規定自費或獎學金留學生，得申請免試出國。依該辦法出國留學至爲容易，對有志出國深造之青年學子大開方便之門。

民國五十三年行政院重新修訂國外留學規程，仍保留免試出國之規定，惟於公自費生之留學年限及公費生之學成回國服務，有明確之規定。自民國五十一年實施免試留學辦法之後，出國留學人數逐年增多，而且每年依免試辦法出國之留學生數反較經留考及格出國者爲多，形成本末倒置現象，如下表所示：

❼ 同❶，目次。

類別＼年度	五一	五二	五三	五四	五五	五六	五七	五八	合計
留考錄取人數　公費	七	六	六	八	八	一〇	八	一〇	六三
留考錄取人數　自費	一、一三二	一、一二五	一、一九六	一、〇七八	七七九	一、一三九	一、〇五七	一、〇九九	八、六〇五
免試出國人數	七七六	一、二五三	一、五一四	一、四三五	一、四七五	一、六九九	二、〇一二	二、五六一	一二、七二五

資料來源：《第四次中華民國教育年鑑》第十四篇第七章第九三頁。

由上表可知，在八年間免試出國人數較留考錄取人數多出四千餘人。正好民國五十七年聯合國公佈各國出國留學生滯留不歸人數統計，以我國最多，其次為韓國、伊朗及印度，引起朝野人士注意。民國五十八年乃決定採取收縮性之留學政策，乃將「免試」改為「甄試」，並訂定「申請辦理自費出國留學應行注意事項」，民國五十九年教育部根據美國教育評審會審定的美國大學及獨立學院，共六七一校，作為赴美留學審核學校的依據。此後一直施行至今。民國六十五年各界反映我國亟謀發展，各項建設積極展開，各類高級人才需求殷切，宜再放寬出國留學規定，教育部乃取消行諸已久之自費留學考試，改以審查方式行之，並擴大公費生範圍，增加選送名額。民國六十八年政府為適應國家建設需要，並為便民及使行政作業更具彈性，再次發布最新的「國外留學規程」，共十條。自實施以來，一般

反應均甚良好。❽

㈡政府舉辦的留學考試

我國政府歷年來所舉辦的留學考試計有：⑴高級中等學校畢業生獎學金留學考試：如四年全部獎學金留學考試、日本政府贈送獎學金留學考試、護士獎學金留學考試、西班牙獎學金留學考試等；⑵大專畢業生自費留學考試，此項考試自民國四十二年起每年舉行，至民國六十四年止，前後凡二十三次，共計錄取二四、〇二九人；⑶大專畢業生公費留學考試。這項考試為我國留學教育的特色，係由政府出資獎助，使家境清寒、學行優異之大專畢業生有同等出國深造機會，符合民主、教育機會均等之原則。茲將民國四十九年起至民國六十八年止，歷屆公費留考報名及錄取人數列表如下：

此外，自民國六十九年起教育部每年公費留學考試錄取名額增加為一百名。亞洲理工學院每年獎學金十五名，臺灣省公教人員公費留學考試每年選送十名出國留學，執政黨中山獎學金也每次錄取十名左右，出國留學。

㈢留學生狀況之分析

自民國三十九年以來，我國政府核准留學生出國留學，教育部國際文化教育事業處皆有詳細的檔案資料，茲僅就近一、二十年來我國留學生狀況，作數項較重要之數據分析。

前已指出，三十五年末（民國三十九年至民國七十三年）政府核准出國留學人數為八萬五千四百四十九人。茲列表述明其發展狀況如下：

❽ 同❹，第五～九頁。

年度＼類別	報考人數	錄取人數	錄取率
四九	二二八	五	二・四〇
五〇	二〇八	八	三・八五
五一	一七二	七	四・〇七
五二	一七三	六	三・四七
五三	一三三	六	四・五一
五四	一一六	八	六・九〇
五五	二二六	八	三・五四
五六	二七九	一〇	三・五八
五七	三一六	八	二・五三
五八	三〇七	一〇	三・二六
五九	六〇五	一三	二・一五
六〇	八一一	一三	一・六〇
六一	五六四	一一	一・九五
六二	五四九	一三	二・三七
六三	四二四	一一	二・五九
六四	五八三	一二	二・〇六
六五	一、四四一	五七	三・九六
六六	四二四	三三	七・七八
六七	七五七	二二	二・九一
六八	一、九九二	七四	三・七一
合計	一〇、三〇八	三三五	三・二五

資料來源：《第四次中華民國教育年鑑》（第一二九六—一二九八頁）

類別 年度	合計	男	女
三九	二一六	一三二	八四
四〇	三四〇	二四七	九三
四一	三七七	二五七	一二〇
四二	一二六	七九	四七
四三	三九九	二五三	一四六
四四	七六〇	五五四	二〇六
四五	五一九	四〇六	一一三
四六	四七九	三五九	一二〇
四七	六七四	四八七	一八七
四八	六二五	四七八	一四七
四九	六四三	四九七	一四六
五〇	九七八	七八五	一九三
五一	一、八三三	一、三七一	四六二
五二	二、一二五	一、五四一	五八四
五三	二、五一四	一、七八二	七三二
五四	二、三三九	一、五三五	八〇四
五五	二、一八七	一、四二六	七六三
五六	二、四七二	一、六〇四	八六八
五七	二、七一一	一、七二七	九八四
五八	三、四四四	二、二一三	一、二三一
五九	二、〇五六	一、三五一	七〇五
六〇	二、五五八	一、六六六	八九二
六一	二、一四九	一、二四二	九〇七
六二	一、九六六	一、二一一	七五五
六三	二、二八五	一、三九一	八九四
六四	二、三〇一	一、三四八	九五三
六五	三、六四一	二、二二九	一、四一二
六六	三、八五二	二、三七七	一、四七五
六七	四、七五六	二、七六九	一、七八七
六八	五、八〇一	三、四二四	二、三七七
六九	五、九三三	三、五四四	二、三八九
七〇	五、三六三	三、二五六	二、一〇七
七一	五、九二五	三、八九八	二、〇二七
七二	五、六九〇	三、五八四	二、一〇六
七三	五、四一〇	三、四五二	一、九五八
合計	八五、四四九	五四、六七五 (六三・九九)	三〇、七七四 (三六・〇一)

資料來源：民國七十四年教育部教育統計，第五二—五五頁。

從上表可知，民國五十年以前，我國出國留學人數每年都在一千人以下，民國五十一至六十四年間；每年約二千餘人，民國六十五年超過三千人，民國六十七年超過四千人，民國六十八年以來，每年出國留學人數超過五千人，並且近八年來出國留學人數維持相當穩定數量。三十五年來，男生出國留學人數較多，共計五萬餘人，佔全部留學生人數的百分之六十三點九九，女生出國留學人數較少，共計三萬餘人，佔全部留學生人數的百分之三十六點〇一。

其次，關於留學生留學國別，因民國四十九年至五十八年僅有赴各國留學生總數資料，並無分類資料，所以僅能就民國五十九年至六十八年（六十八年後，暫缺）資料加以分析。在近十年核准出國留學生留學國家以留學美國佔絕大多數，高達二七、八〇二人，佔百分之八十八點六四，亦即每年出國留學人數中有近百分之九十的人赴美國，而其一年平均人數約達二、七八〇人。其次爲留學日本，計有一、一五三人，佔百分之三點六八。其他留學人數較多的國家依序爲：西德（四九七人，佔一・五八%），加拿大（四九六人，佔一・五八%），法國（三一五人，佔一%），泰國（二七二人，佔〇・八%），西班牙（二一六人，佔〇・六九%），英國（一七二人，佔〇・五五%），其他留學人數不滿一百人者，尚有奧地利（八二人）、韓國（七五人）、約旦（二一人）及其他中東地區、大洋洲等地區國家，人數均在二十人以下。⑨

留學生出國留學人數，如按原國內畢業學校所學類科來分，以工程類七、五九〇人（佔二四・二〇%）最多，其次是社會科學類七、一九三人（佔二二・九三%），再次是自然科學類六、五二一人（佔

⑨ 同④，第二八～四二頁。

近十年核准出國留學生留學國別—按畢業類科分（民國五九～六八年）

人數

國別	計	人文	教育	藝術	法律	社會科學	自然科學	工程	醫藥	農業
合計	三一、三六五	四、二五二（一三·五六）	四九〇（一·五六）	八九九（二·八七）	六二三（一·九九）	七、一九三（二三·九三）	六、五二一（二〇·七九）	七、五九〇（二四·二〇）	一、四三一（四·五六）	二、四二〇（七·七二）
美國	二七、八〇三	三、一六二	四一七	六七九	四八〇	六、五四五	六、二〇八	六、九四七	一、一六二	二、二〇二
日本	一、一五三	二四〇	四五	三六	五三	二五五	六一	一七〇	二〇九	八四
西德	四九七	一九〇	一一	二九	五五	五二	四九	六〇	一六	三五
加拿大	四九六	七〇	五	一三	六	九七	一三六	一〇三	二一	四五
法國	三一五	二〇八	三	二八	六	五六	八	三	一	二
泰國	二七三	一	〇	八	〇	一一	一六	二一六	〇	二〇
西班牙	二一六	一三七	二	三二	一	三四	二	七	一	一
英國	一七三	三四	〇	七	一二	三一	一七	四六	一三	一二
奧地利	八二	一九	三	四三	三	六	一	一	二	四
韓國	七五	六三	一	三	〇	七	〇	〇	〇	一
約旦	二一	二一	〇	〇	〇	〇	〇	〇	〇	〇
其他	二六四	一〇七	三	二三	七	四五	二三	三五	八	一四

百分比

國別	計	人文	教育	藝術	法律	社會科學	自然科學	工程	醫藥	農業
合計	一〇〇·〇〇	一〇〇·〇〇	一〇〇·〇〇	一〇〇·〇〇	一〇〇·〇〇	一〇〇·〇〇	一〇〇·〇〇	一〇〇·〇〇	一〇〇·〇〇	一〇〇·〇〇
美國	八八·六四	七四·三六	八五·一〇	七五·五三	七七·〇五	九〇·九九	九五·二〇	九一·五三	八一·二〇	九〇·九九
日本	三·六八	五·六五	九·一八	四·〇〇	八·五一	三·五五	〇·九四	二·二四	一四·六一	三·四七
西德	一·五八	四·四七	二·二五	三·二三	八·八三	〇·七二	〇·七五	〇·七九	一·一二	一·四五
加拿大	一·五八	一·六五	一·〇二	一·四五	〇·九六	一·三五	二·〇九	一·三六	一·四七	一·八六
法國	一·〇〇	四·八九	〇·六一	三·一一	〇·九六	〇·七八	〇·一二	〇·〇四	〇·〇七	〇·〇八
泰國	〇·八七	〇·〇二	〇	〇·八九	〇	〇·一五	〇·二五	二·八五	〇	〇·八三
西班牙	〇·六九	三·二三	〇·四一	三·四五	〇·一六	〇·四七	〇·〇三	〇·〇九	〇·〇七	〇·〇四
英國	〇·五五	〇·八〇	〇	〇·七八	一·九三	〇·四三	〇·二六	〇·六一	〇·九一	〇·五〇
奧地利	〇·二六	〇·四五	〇·六一	四·七八	〇·四八	〇·〇八	〇·〇二	〇·〇一	〇·一四	〇·一七
韓國	〇·二四	一·四八	〇·二一	〇·三三	〇	〇·一〇	〇	〇	〇	〇·〇四
約旦	〇·〇七	〇·四九	〇	〇	〇	〇	〇	〇	〇	〇
其他	〇·八四	二·五三	〇·六一	二·四五	一·一二	〇·六三	〇·三五	〇·四六	〇·五六	〇·五八

資料來源：教育部教育統計。

二〇・七九％），人文學類四、二五二人（佔一三・五六％），農業類二、四二〇人（佔七・七二％），醫藥類一、四三一人（佔四・五六％），藝術類較少爲八九九人（佔二・八七％）法律類也少爲六二三人（佔一・九九％），教育類最少爲四九〇人（佔一・五六％）。

教育部也曾統計近十年來，核准出國留學生國內修習類科與出國留學所欲研究科別，二者之間相關情形。據統計近十年出國留學三一、三六五人中，其國內外所學類科相關情形，有關者二三、九二八人，佔七六・二九％，無關者五、七三七人，佔一八・二九％，不詳者一、七〇〇人，佔五・四二％。在各類科中有關者以社會科學（八四・七九％）、工程類（八四・五五％）、藝術類（八三・二一％）最高；其次爲自然科學類（七九・七四％）、醫藥類（七六・四九％）、教育類（七三・二六％）；有關程度較低者爲法律類（五〇・七二％）、人文類（五四・六三％）和農業類（五八・五八％）。

叁、中共的留學政策

中共於「文化大革命」結束後，開始坦承其科學研究工作呈現「科技隊伍人數還不多，水平也不高，自然科學方面尤其落後」的窘境，中共也自己評估其科技水平「同世界先進水平相比，多數領域大約相差十五年到二十年，有些領域還相差更多一些。」因此「文革」一結束，便有人提議大規模向西方各國派遣留學生。不過，由於當時談「洋」色變的極左教條，仍然根深柢固，再加上華國鋒兩個「凡是」的束縛，所以派遣留學生的主張，遂被當時（凡是派）幹部，僞教育部長劉西堯所否定。直到鄧小平再度復出，負責領導文教科技事務時，才逐漸被扭轉過來。

一九七八年夏天，中共在黃山召開教育改革問題會議，在討論有關向海外派遣留學生的問題時，鄧小平嚴厲批評劉西堯怕這怕那的保守思想。鄧說：「卽使派出去的留學生有一半不回來，還有一半學成回來可以搞四化建設，也比不派、少派要好得多嘛。不要再去談『算政治賬』一套了。你怕負不了責，就不要幹。我負責。」在鄧小平的堅持下，於是中共中央在一九七八年六月作出「擴大派遣留學人員的重要決定」，並在同年底的中共「十一屆三中全會」上被確認爲重要政策。這就是中共現階段留學政策的背景。❿

㈠現階段中共的留學政策

從一九七八年下半年起，中共開始向西方各國逐年增派留學人員。中共所以要採取開放的留學政策，是中共爲加速人才培養，並引進西方工業國家的科學技術，在所謂「保證質量，力爭多派」的留學方針下，以達到其加速「四化建設」，促進「國家」現代化的目標。

中共之所以不斷選派留學人員分赴海外進修，究其原因有下列三項：⓫

1.加速人才培養：中共因「文革」暴亂，斷送了一代人的培養，不祇導致教育上嚴重的脫節，也直接造成各方面人才奇缺的現象。此種情況，與當前中共提出「四化」建設的口號極不適應，甚至根本就拖住「四化」的後腿，而且更重要的，中共並無力迅速改變本身教育落後的現況，因此，派出留學生，

❿　周白雲撰，〈中共留學政策的演變——中共的三項戰略目標與大陸情勢〉，《問題與研究》，第二四卷第二期。

⓫　一九八〇年十一月九日，中共光明日報。

乃成爲加速培養建設人才的要著。

2.引進西方工業國家的科學技術：一九八〇年二月廿三日，中共召開十一屆五中全會，提出「確定適合國民經濟發展需要的教育計畫和教育體制」，內容包括留學政策和留學計畫，就是從進一步培養人才出發。蓋「四化」的關鍵在科技，基礎則在人才培養，而引進西方工業國家的科技則又爲開展建設的捷徑。僞國務院副總理、前僞中國科學院院長方毅曾强調：「今後派出留學人員，不僅是爲了解決『四化』急需的高級科技和管理人才，亦是加快縮短與世界先進水平差距的一項措施」。顯然，引進西方工業國家的科學技術，乃爲中共派遣留學生主因之一。

3.結合外交，進行統戰活動：中共一向將政治工作溶入留學政策之中，即將政治任務賦予外派留學生，或將訓練有素的特工系統幹部，喬裝留學生，派赴各留學國家，以合法身分作爲掩護，事事擔任政治統戰或科技間諜活動，因此利用留學生在國際上加强滲透與統戰又成爲其另一主因。

根據上述理由，中共於近幾年來，不斷釐定與修改其公自費留學政策，作爲派遣留學人員之依據。茲分述其重要規定如次：

1.一九七九年十二月至一九八〇年一月，中共教育和國務院科技幹部局在北平聯合召開「全國出國留學人員工作會議」，決定了選派留學人員的原則爲：

(1)派出留學人員不僅是現階段爲解決四化急需的高級科技和管理人才，加快縮短與世界先進水平差距的一項重要措施，也是今後必須長期堅持的一項方針。

(2)今後選派留學人員的方針是：在確實保證質量的前提下，根據國家的需要和可能，要廣開渠道，力爭多派。

(3)在選派工作中，必須堅持「三個爲主」的原則，卽：

a.選派留學人員應以培養高等教育師資爲主，並兼顧其他方面的需要。

b.派出專業應以自然科學爲主，同時派人學習社會科學和外國語言。

c.自然科學方面應以技術科學爲主，但也不應忽視基礎科學和應用技術的需要。

(4)對留學生的選派標準是：要把那些擁護黨的路線、熱愛祖國、有革命事業心和幹勁、眞正願意爲實現四化攻關獻身、思想品質好、身體健康、有一定外語基礎、業務基礎好、擁有培養前途的優秀人才選送出國留學。

(5)以進修人員和研究生爲主，同時派出一定數量的大學本科生，將來逐步做到以派出研究生爲主。

2.一九八〇年十月二十八日至十一月八日，中共教育部、外交部、國務院科技幹部局、財政部、文化部、中國科學院又在北平聯合召開「出國留學人員工作會議」，除重申：保證質量、力爭多派的方針外，並提出三項重要改革：

(1)對留學生的質量要求：「四脚落地，缺一不可」。所謂「四脚」卽是：政治思想、專業程度、外語水平、身體條件。

(2)今後幾年要特別注意加强管理人才的培養，要採取有力措施，從具體有大學水平的自然科學基礎和工商管理經驗的人中，選派一些人出去學習。

(3)自費留學人員是「我國」留學人員的組成部分，也是出國學習、培養人才的一條渠道，在政治上，對自費留學人員和公費留學人員一視同仁，不得歧視。

3.一九八二年七月十六日僞國務院批准並發布由僞教育部、公安部、外交部、勞動人事部聯合提出的「關於自費出國留學的規定」，其要點包括：⑫

(1)攻讀外國大學或研究所者，年齡不得超過三十五週歲，進修人員不得超得四十五週歲。

(2)高等學校在讀本科生、專科生以及研究生（含科研機構），不得申請留學。

(3)高校畢業必須服務中共「統一分配」，工作兩年後，經批准，始得申請自費留學。

(4)大陸科教、業務骨幹分子（如：助理研究員、講師、工程師、主治醫師、優秀運動員、文藝骨幹、機關工作業務骨幹等）和研究所畢業人員，不得申請自費留學。如上列人員要求申請到外國攻讀學位或進修，事前必須經所在工作單位批准，始得對外聯繫，在取得費用保證及入學許可後，一律按僞教育部有關公費留學人員辦法辦理。

(5)留學生對於所學專業的選擇，必須符合經濟建設與需要。

從上述規定，可見二、三年以來中共爲了防範留學人員呼吸到自由空氣，並經過與自由社會的接觸，耳濡目染和親身體驗，對民主與極權兩種制度優劣，自然作出明確的比較與理智抉擇，爲此中共除對公費留學人員加強嚴密控制外，並收縮自費留學人員的外派。但是此項嚴格的自費留學規定，已於一九八四年十二月廢止。

4.一九八四年十一月二十三日至二十九日在北平召開「全國出國留學人員工作會議」。中共國務委

⑫ 一九八二年七月三十日，中共人民日報。

員張勁夫在會上談到「如何開創留學人員工作新局面」中表示：

(1)今後除繼續每年派出留學人員外，從一九八五年起還準備從現有工商企業派技術和管理人員到海外學習。

(2)要採取有力措施，加强對回「國」留學人員的工作，以充分發揮他們的作用。並將撥專款試行「博士後科研流動站」的制度(即對博士學位留學生，擇優在「流動站」工作兩年後，再確定工作單位)，要爲學成返歸的優秀人才創造較好的工作條件。

(3)制定有關政策讓成績突出的部分回「國」人員赴海外進行學術交流；並要改革出「國」留學工作的管理體制和管理方法。

5.一九八四年十二月二十六日僞國務院正式發佈「關於自費出國留學的暫行規定」，同日起施行，對於一九八二年七月頒發的自費留學嚴格的規定，加以廢止。新規定的主要內容如下：⓭

(1)凡大陸民衆個人，通過正當合法手續，取得外滙資助或國外獎學金，辦好入學許可證的，不受學歷、年齡和工作年限的限制，均可申請自費到國外上大學、作研究生或進修。

(2)高等學校在校的專科生、本科生和在學的研究生，可以在學校或單位申請自費留學，出「國」後，保留學籍一年。應屆畢業的專科、本科和研究生，凡屬「國家」統一分配的，應服從「國家」分配，到工作單位後，再申請和辦理自費留學。在職職工申請自費留學者，一般可停薪留職，若其本人要求退職，可予同意。出「國」進修人員五年以內回「國」者，可連續計算工齡，五年以後回「國」者，按出

⓭　一九八五年一月十二日，中共人民日報。

「國」前工作時間與回「國」後參加工作的時間合併計算工錢。

(3)自費留學人員的審批工作，按公安部門規定的辦法辦理。在校學生或在職職工，則由學校或單位簽署意見。

(4)自費留學人員的一切費用，包括生活、學習、醫療和往返旅費等，均由本人自理。但在外「國」取得碩士、博士學位的自費留學人員（包括由自費轉爲自費公派留學人員），回大陸參加工作的，由中共提供回程國際旅費。

(5)自費留學人員返歸後，將本着學用一致，尊重本人志願的原則安排工作。屬於進修人員需要跨地區、跨部門安排工作的，由所屬部門或省、自治區、直轄市的科技幹部管理部門審核，報送「國家科委」科技幹部局安排工作；屬於自費留學畢業的研究生或大學專科、本科生，本人要求由「國家」分配工作的，可與中共駐外使館聯繫，由使領館報告「國」內，返歸後按公費留學畢業研究生、大學生的分配方法辦理。這些人員回「國」後的工資待遇和職稱的評定，均按同類公費留學人員的有關規定辦理。

(6)自費留學人員在國外學習期間，可以自費回「國」探親、休假、實習等，次數不限。

(7)教學、科研、生產等單位的業務骨幹（助理研究員、講師、工程師、主治醫師和相應職稱以上的人員，以及優秀文藝骨幹、優秀運動員、機關工作業務骨幹和具有特殊技藝的人才）和已畢業的研究生（包括應屆畢業研究生）申請自費留學，必須取得所在單位同意，按隸屬關係，報請國務院主管部門和省、自治區、直轄市科技幹部管理部門審批，按照自費公派留學辦法（即屬於自費留學派出的辦法）辦理。大學本科畢業人員（包括應屆大學畢業生）和在學研究生，申請自費留學，根據本人自願，可按自費留學辦法辦理，也可以按自費公派留學辦法辦理。在國外作研究生的自費留學人員，如本人自願，可以轉爲自費公派留學人員，由駐外使領館頒發「國家派出留學人員證明」。

⑻自費公派進修人員，具有兩年以上工齡的，在批准留學年限內，由原單位照發工資，計算工齡方法與自費進修人員相同。自費公派留學的研究生，包括在國外留學期間由進修人員轉爲研究生的，其「國」內原享受的人民助學金或工資待遇，同公費研究生一樣對待。

⑼自費公派留學人員，凡按期返回工作、回程旅費確有困難的，由原派出單位提供回程的國際旅費。

⑽自費進入國外大專院校學習但沒有畢業的人員，返回後均由出「國」前所在省、自治區、直轄市勞動人事部門根據所學專長量才錄用，享受「國」內同類人員工資待遇。

關於最近此項規定，其內容與以往有關之規定相較，其顯著不同之處如次：

1.放寬申請自費留學的資格：在校學生可直接申請自費留學，以往之規定爲畢業後須工作滿兩年始能申請。

2.縮短申請自費留學時間：僞公安部對於申請自費留學案件的時間，最長不得超過三個月。在過去，對此並無明確規定，許多申請案件，往往延宕時日，甚至石沉大海，杳無訊息。

3.准許自費生之眷屬自費出區探視。

4.自費生返區時所攜帶之物品，僞海關將予以優待，標準與公費生相同，以往均視自費生爲華僑身份，任何大件行李，均須繳稅。

總之，現階段的中共留學政策，先是以派出公費留學生爲主，自一九八〇年以後，則逐漸轉變爲以自費公派及全面鼓勵自費留學爲主。自費留學政策由嚴格而漸寬鬆，並且和公費留學人員「一視同仁，不得歧視」，回「國」後的工資待遇和職稱的評定，均按同類公費留學人員的有關規定辦理。至於中共的公費留學政策則一直堅持幾項原則：⑴確保質量的前提下，廣開渠道，力爭多派；⑵選派人員以培養高等教育師資，以自然科學及技術科學爲主；⑶選派對象以進修人員和研究生爲主；⑷選派的條件以所謂「四脚落地」：政治思想、專業程度、外語水平、身體條件等缺一不可。

㈡中共歷年派遣留學人員的分析

自一九七八年中共擴大派遣留學生以來，其派遣留學生的數量，散見各種報章、廣播之統計，但資料仍非十分完整，茲根據各項報導，綜合分析如次。⑭

據中共「新華社」一九七九年一月三日北平電披露：一九七八年派出留學人員共四百八十人，並強調「這是近十幾年來最多的一年」。

一九七九年中共「國家統計局」公報透露：「教育部門全年共派出留學生一千七百六十二人。」

一九七九年十二月二十二日中共「新華社」北平電稱：「自一九七八年以來，已向全世界五十洲四十一個國家派出了各類留學人員二千七百多人。其中教育部系統派出二千一百多人，中國科學院直接派出六百多人。」

一九八〇年十一月六日中共「新華社」北平電又稱：「自一九七八年下半年以來，已向四十五個國

⑭ 彭淳，〈對中共選派留學人員現況的分析〉，《匪情研究》，第二十八卷，第三期。

家派遣了五千一百多名留學人員。其中進修人員三千九百多人；研究生五百六十多人；大學生六百六十多人。」

一九八一年四月二十九日中共「國家統計局」公報披露，一九八〇年「教育部門全年共派出留學生人數二千一百二十四人。」

一九八一年中共「中國經濟年鑑」第「八二〇六頁」透露：「一九七八年下半年以來，共派留學生五千六百零九人，派到四十六個國家。」「這年在國外留學生人數達到四千六百五十四人。」

一九八二年四月四日「人民日報」指出：「目前我國在美、日、法、西德、加拿大等國留學人員約有一萬多人。其中包括訪問學者、進修人員、研究生和大學生。」

一九八三年十二月九日中共「新華社」北平電稱：自一九七八年以來，中共「已向全世界五大洲的五十四個國家先後派出了一萬八千五百名公費留學人員。已經學成陸續回國的達七千人；目前仍在國外學習的有一萬一千五百人，他們中有大學本科生，有攻讀碩士、博士學位的研究生，更多的則是訪問學者和進修人員。」又稱：「今年共派遣出國人員三千餘人。」此外，「現在我國在國外學習的自費留學生已有七千人。主要集中在美國、日本等國家。」

一九八四年十一月三十日中共「光明日報」報導：「自一九七八年以來，我國共有三萬三千多人出國留學。其中公派留學人員二萬六千多人，自費留學生七千多人。到目前爲止，已學成回國的有一萬四千多人。」「這些留學人員，分散在世界六十多個國家和地區。」

茲就中共一九七八年以來歷年派遣留學生人數列表如次：

年份	當年派出人數	累計人數	資料依據
一九七八	四八〇人	四八〇人	一九七九年一月三日中共「新華社」
一九七九	一、七六二人（六百多人）	二、一〇〇多人（二、七〇〇多人）	中共「中國百科年鑑」一九八〇年，第五三六頁
一九八〇	二、一二四人	五、一〇〇多人	一九八一年四月二九日中共「新華社」及僞「國家統計局」公報
一九八一		五、六〇九人	一九八一年中共「中國經濟年鑑」
一九八二		一二、〇〇〇多人	一九八二年十月三日中共「人民日報」
一九八三	三、〇〇〇多人	一八、五〇〇人	一九八三年十二月九日中共「新華社」
一九八四		三三、〇〇〇多人	一九八四年十一月三十日中共「光明日報」

進一步分析，在中共外派留學人員中；最近幾年有二項事實值得吾人注意：一是大學生的比例降低，研究生的比例升高；一是學理工的減少，學人文社會學科的增加。茲將一九八〇年與一九八四年兩年派出留學人員的構成與所學科系作一比較，列表如次：

類別	人數		百分比	
	一九八〇年	一九八四年	一九八〇年	一九八四年
訪問學者	三、九〇〇餘人	二〇、二八〇餘人	七六・二%	七八%

研究生	五六〇餘人	四、六八〇餘人	一〇・九%	一八%
大學生	六六〇餘人	一、〇四〇餘人	一二・九%	四%
總計	五、一〇〇餘人	※二六、〇〇〇餘人	一〇〇%	一〇〇%

＊僅指公費留學人員，當年另有自費生七千餘人。

從上表可知，自一九七八年以來，迄一九八四年止，據統計，一九八四年中國大陸共有三萬三千多人出國留學，其中公派留學人員二萬六千多人，自費留學生七千多人，已學成回「國」的有一萬四千多人，這些留學人員分散在世界六十多個國家和地區。在公派出國的留學人員中，進修人員佔百分之七十八，研究生佔百分之十八，大學生佔百分之四，研究生人數比例較一九八〇年增高，而大學生人數比例則降低。

此外，以進修科系而言，一九八四年公派留學人員中，學習工科的爲百分之三十九點七，理科的爲百分之二十八點五，醫藥科的爲百分之十一點一，農林科的爲百分之七點七，社會科學的爲百分之六點六，語言學的爲百分之六點四，這種主修科系之分佈，與一九八〇年相較，顯然的是學理工的減少，學人文社會學科的增加。茲列表比較如次：⑮

⑮ 劉勝驥，〈中共留學政策與留學人員之評析〉，《問題與研究》，第二十四卷，第二期。

所學科系	人數		百分比	
	一九八〇年	一九八四年	一九八〇年	一九八四年
理工	四、六〇〇餘人	二三、六二〇餘人	九〇・四%	八七%
語言	三八〇餘人	一、七一六人	七・四%	六・六%
人文社會	一一〇餘人	一、六六四人	二・二%	六・四%
總計	五、一〇〇餘人	二六、〇〇〇餘人	一〇〇%	一〇〇%

附註：理工包括：醫藥科、農林科等。
人文社會包括：濟經管理、法科等。

㈢中共留學生的選派與留學生活

中共在「文革」結束後，隨着「四化」建設的需要，開始派遣大量留學生出國進修，這是共產政權竊據大陸後的一個大轉變，於是中國大陸青年紛紛以讀書做官、出洋鍍金爲最高理想。大家各顯神通，從公費及自費兩個渠道中設法，務求達到飄洋過海，負笈海外的目的。有門路的幹部子弟，以公費生資格被選派出去，有海外關係者，更設法投親靠友，自費留學。

公費生選拔的規定是：「自願報名，組織推薦，政治清楚，業務考核。」顯而易見，錄取與否，大權掌握在黨委手裏。一些很有才華的中年知識分子，雖然自願報名，考核成績也名列前茅，卻未必得到推薦；一些慣於吹吹拍拍，不學無術的領導紅人，有門路的幹部子弟，卻往往被優先派出。一九八〇年

八、九月間，中共召開五屆「人大」三次會議，與會代表即對上述的歪風邪氣及其弊端，提出公開的抨擊。⑯

有的說：「近一、二年來出現了走『洋後門』之風，值得注意。國家派留學生出國學習是必要的，但不能利用職權把自己的子女派到國外。特別是高幹子女，外國都知道他的父母是誰，政治上帶有很大的危險性。」

有的說「歷來出國留學都是經過考試的，現在採取推薦的辦法，被推薦者在本單位是佼佼者，從全國來看就不一定了，有相當一批領導私心太重，明明不夠條件，也要硬塞。我認爲公民都有權出國留學。國民黨能這樣做，爲什麼共產黨不能呢？」

據說，因爲選拔大權掌握在各單位黨委手中，有些候選者與領導即心照不宣的獲得默契，將來歸國後，洋貨對分。因此，這些公費生赴海外後，大部分時間花在買便宜東西上，人們稱之爲「買東西留學生」，戲謔曰：「商品經濟學家」。公費生一、二年後返回大陸時，八大件（彩色電視機、洗衣機、冰箱、照相機、錄音機、手錶、自行車、縫紉機）件件齊全，外加大小箱子少則三、四十個，多則六、七十個，小山一座，讓外國人看了不免大吃一驚。

至於留學生的學習情況，中共的資料曾經透露：「有一些留學生對所在國的語言不通，不能交流專業學術觀點，甚至連聽課也聽不懂，留學生苦悶，導師搖頭，學習效率很低。」

中共留學生的學習與生活情況，可以留美人員爲例，據粗略估計，全美約有一萬多名大陸留學生，

⑯ 同⑭。

而且還有日漸增多的趨勢。在外表上，中共留學生很容易分辨，他們大部分穿着式樣古板而顏色較深的衣服，頭髮很短，不大有笑容。在生活方面，他們非常節儉，幾乎像虐待自己。唸起書來，倒非常努力，有懸梁刺股的拼命精神。

在美國的大陸留學生，根據他們赴美的不同身分，約可分爲三大類。⑰

第一類是到美國作進修研究的。這些人本身在大陸是從事教學或研究的科技人員，他們利用美國的設備從事研究，也隨學生上課，以便吸收新知，並了解學術行情。這些人的年齡都相當大，在大陸都有妻子，他們痛恨四人幫，咒罵毛澤東，對鄧小平較好。由於他們年紀較大，對淪陷前的大陸有印象，對臺灣的進步情形也相當明白，這是一批身在大陸而心不在大陸的學人。如果勸他們留在美國，或投奔自由，他們往往以妻子爲重，甘願回到大陸。

第二類是所謂「公費留學生」。大陸自己派出去的公費學生並不多，他們把獲得外國贈予獎學金的學生，也叫做公費生。公費留學生要讀指定的學系，而且幾個人一個小組，有一個「領導同志」在領導他們，監視他們的言行，彙爲記錄，向上反映，「領導」本身不研究，也不上課，面無表情，極易辨認。大陸的公費留學生除了由「領導」控制外，而且定期向僞領事館報到。他們互相監視，唯恐有人開溜。公費留學生大部分研究基礎科學；涉及應用的不多。他們似乎要從數學、物理、化學等基礎科學做起，然後再擴及其他科技。

第三類是所謂「自費留學生」。這是一個最容易產生混淆的名詞。以大陸的經濟狀況，如何能供應

⑰〈大陸留美學生的適應問題〉，《匪情月報》，第二十七卷第九期。

子女在美國自費留學？這實在是一個很大的疑問。然而在美國又有很多大陸來的自費留學生，這究竟是怎麼一會事？有進一步解釋的必要。

大陸的所謂「自費留學生」，並不是眞正的自費留學，而是在美國找一個親友，簽字保證負責此一學生來美後的學費與生活費，經美方調查此一保證人屬實，並有能力做此保證，便可簽證赴美。實際上保證人並不負責此「自費學生」的一切費用，而是要他們以「打工」的方式，自行解決。好在美國打工的機會很多，不怕沒地方出賣廉價勞力，生活問題也就解決了。

大陸的自費留學生分子相當複雜，思想也相當自由。在選擇系科方面，多半選實用的，而且以在美國容易找到工作的系科爲目標，不作囘大陸的準備。這些自費留學生在程度方面相差甚大，唸博士、碩士、學士的固然不少，但也有一些在大陸從未唸過英文，到美國後在大學附設的英語中心，從最基本的英文唸起，唸個三、兩年，再準備進大學。

在海外，遇到大陸上的人士，根本是稀鬆平常的事。在美國的留學生，則更有機會與大陸來的留學生交往，畢竟同是炎黃子孫，使用同一母語，因爲同住一個宿舍，或同租房子的關係，甚至同在一系唸書，很自然的就會互相來往。一般來說，我們的留學生和大陸留學生雖然互相往來，但總有些隔閡，不是短時間可以消除的。

從臺灣去的留學生，大部分年輕，學科基礎很好，都從研究所唸起，英文程度也比大陸留學生好。更重要的一點，臺灣的所謂「自費留學生」，是眞正的自費留學生，打工的情形較少，尤其不在第一年打工。從臺灣去的留學生，學應用科學的佔絕大多數，這幾年尤其集中於電腦這個熱門科系。可是唸文學、藝術的也不少，充分表現出自由社會的自由選擇。由於經濟發展的結果，這十年從臺灣到美國留學的學生，在經濟上比二十多年前的留學生，經濟寬裕的太多。臺灣去的留學生，大部分有汽車。在美國，除了幾個大城市以外，沒有汽車簡直寸步難行。大陸去的留學生，很少買汽車，他們有時會幾人合買一部二手車，買脚踏車的倒很常見。

此外，臺灣去的留學生有不少是信仰虔誠的教徒，禮拜天總是作禮拜或望彌撒。大陸去的留學生，很少有宗教信仰的。如果我們發現大陸留學生開始作禮拜，經常參加宗教活動，那就表示已和大陸政權斷絕關係。

大陸的自費留學生，有不少是高中畢業生，年齡都是二十幾歲以上。這些人在唸中、小學時代，正遭到「文革」，基礎很差，等於沒唸什麼書，更不知道中國歷史文化爲何物。但有一點值得我們警惕，就是一般說來，大陸留學生的國語相當好，美國許多大學的「國語教學」，將由大陸留學生控制，而且他們習用羅馬字拼音，更是一大方便。⑱

由於新聞自由，報導公開，最近幾年自由中國的知識分子和大專青年，對大陸情形愈來愈了解。相反的，大陸上由於新聞管制，對於臺灣的了解不深，就是在美國留學的大陸青年，也僅知道臺灣比他們民主而且富庶。可見在與大陸留學生交往上，必須更加掌握他們的心態，縮短彼此距離，爭取他們共同爲反共復國而努力。

---

⑱〈海峽兩岸留美學生的校園關係新變化〉，中國時報，一九八四年四月。

肆、復興基地對留學生的服務與輔導

復興基地自民國三十九年起有大量留學生出國留學，這些留學生無論在海外或返國服務，都是國家重要的人力資源，因此加强海外學人聯繫與服務；引導其將所學貢獻給國家，爲政府既定政策。行政院於民國四十四年成立「輔導留學生回國服務委員會」，辦理輔導海外學人留學生回國服務的工作。民國六十年七月，政府爲加强此項工作之推展，撤銷原「留服會」組織，其業務改由行政院青年輔導委員會辦理，青輔會乃成立了「海外學人暨留學生服務中心」，復將留學生參與國家建設的層面，擴大到留學國的聯繫與服務。⑲

㈠返國服務的留學生人數與就業狀況

三十五年內共有出國留學生人數共八五、四四九人，而返國服務人數爲一六、三三二人，佔百分之十三點二六。返國服務人數有逐年增加之趨勢，尤以最近五年增加較多。

行政院青輔會自民國六十年七月起至民國七十四年五月底止，協助回國服務之留學生有一〇、四九七人。茲將歷年輔導成果統計分述如次：

---

⑲ 行政院青年輔導委員會編印，〈輔導國外人才回國就業〉背景資料，民國七十三年六月。

民國39—73年出國留學生人數與返國服務人數統計表

年別＼人數	留學生數	返國服務人數	返國服務人數佔留學生數之比例(%)
民國39年	216	6	2.78
40	340	17	5.00
41	377	16	4.24
42	126	16	12.69
43	399	21	5.26
44	760	34	4.47
45	619	67	12.90
46	479	62	12.94
47	674	91	13.50
48	625	70	11.20
49	643	47	7.31
50	978	52	5.31
51	1,833	63	3.44
52	2,125	95	4.47
53	2,514	96	3.31
54	2,339	120	5.13
55	2,189	136	6.21
56	2,472	153	6.19
57	2,711	184	6.79
58	3,444	226	6.56
59	2,056	407	19.80
60	2,558	362	14.15
61	2,149	355	16.52
62	1,966	445	22.63
63	2,285	486	21.27
64	2,301	569	24.73
65	3,641	722	19.83
66	3,852	624	16.20
67	4,756	580	12.19
68	5,801	478	8.24
69	5,933	640	10.79
70	5,363	937	17.47
71	5,925	1,106	18.67
72	5,690	1,257	22.09
73	5,410	1,329	24.56
合計	**85,449**	**11,332**	**13.26**

資料來源：行政院青年輔導委員會

1. **專修科目**：

各類科之回國人數及所佔比率，依序爲工科二、六一六人，佔二四・九二％；商科二、三六九人，佔二二・五七％；理科一、八三〇人，佔一七・四三％；文科一、六七六人，佔一五・九七％；法科八〇八人，佔七・六九％；教育五一六人，佔四・九二％；農科及醫科均爲三四一人，各佔三・二五％。（詳如表一）

2. **任職機構**：

除有二、一二〇人（佔二〇・二〇％）係自行就業或創業者外，其餘任職各機構之人數及比率，依序爲大專院校三、六二六人，佔三四・五四％；民營企業一、七〇六人，佔一六・二五％；政府機關一、一六八人，佔一一・〇八％；公營企業一、〇九一人，佔一〇・三九％；研究機構七九一人，佔七・五四％。（詳如表二）

3. **學歷狀況**：

以具有碩士學位者最多，計有七、四六六人，佔七一・一三％；其次爲具博士學位者，有二、〇一〇人，佔一九・一五％；其餘爲研究而未獲學位者，有一、〇二一人，佔九・七二％。（詳如表二）

4. **留學國別**：

以留學美國者佔絕大多數，計有七、七四三人，佔七三・七六％；其次爲留日者，有一、三四七人，佔一二・八三％，其餘一三・四一％；係包括留學法國、泰國、西德、英國……等十餘國家。（詳如表三）

表一、回國留學生專修科目統計表

年度 / 人數 / 類別	60 (7~12)	61	62	63	64	65	66	67	68	69	70	71	72	73	74 (1~5)	合計	%
文	30	90	51	114	113	130	111	144	62	113	143	160	164	185	66	1,676	15.97
理	91	165	84	125	110	129	129	99	88	112	183	204	152	117	42	1,830	17.43
法	52	42	36	48	46	59	41	49	44	54	107	74	70	66	20	808	7.69
商	41	45	34	41	80	116	117	120	84	170	201	289	409	454	168	2,369	22.57
工	47	183	203	119	174	193	150	133	105	133	201	237	303	323	112	2,616	24.92
農	12	20	25	25	22	40	46	23	19	12	18	14	19	34	12	341	3.25
醫	7	3	3	4	15	31	30	12	19	20	36	44	44	58	15	341	3.25
教育	11	16	9	10	9	24	0	0	57	26	48	84	96	92	34	516	4.92
合計	**291**	**564**	**445**	**486**	**569**	**722**	**624**	**580**	**478**	**640**	**937**	**1,106**	**1,257**	**1,329**	**469**	**10,497**	**100**

資料來源：行政院青年輔導委員會

表二、回國留學生任職機構及學歷狀況統計表

年度／人數／類別	60 (7～12)	61	62	63	64	65	66	67	68	69	70	71	72	73	74 (1～5)	合計	%
政府機關	29	56	53	65	82	81	42	48	57	71	132	131	161	124	31	1,163	11.08
大專院校	152	303	204	219	288	303	289	198	154	162	229	266	361	441	57	3,626	34.54
公營企業	31	67	80	69	55	77	29	70	29	48	92	182	100	136	26	1,091	10.39
民營企業	16	26	33	30	32	46	67	102	48	234	254	196	287	297	38	1,706	16.25
研究機構	19	35	31	40	38	34	43	41	32	35	82	100	130	108	23	791	7.54
自行就業或創業	44	77	44	63	74	181	154	121	158	90	148	231	218	223	294	2,120	20.2
總計	291	564	445	486	569	722	624	580	478	640	937	1,106	1,257	1,329	469	10,497	100
博士	48	103	96	110	176	215	219	130	105	82	131	150	211	179	55	2,010	19.15
碩士	206	380	271	306	318	405	303	385	309	452	732	881	1,012	1,110	396	7,466	71.13
研究	37	81	78	70	75	102	102	65	64	106	74	75	34	40	18	1,021	9.72

資料來源：行政院青年輔導委員會

表三　同國留學生留學國別統計表

年度／人數／國別	60 (7～12)	61	62	63	64	65	66	67	68	69	70	71	72	73	74 (1～5)	合計	%
美國	197	367	276	339	376	431	355	331	359	455	736	928	1,066	1,149	378	7,743	73.76
日本	43	64	59	69	78	149	163	158	51	94	98	82	94	89	56	1,347	12.83
泰國	14	31	27	22	19	12	10	11	5	11	15	8	10	9	5	209	1.99
西德	2	19	15	7	9	9	8	7	10	10	14	15	24	12	10	171	1.63
法國	4	8	14	6	24	27	12	10	8	5	10	8	7	17	5	165	1.57
英國	5	12	9	7	14	25	25	21	11	17	20	21	14	12	3	216	2.06
加拿大	6	19	16	11	15	18	5	6	4	15	16	4	13	9	0	157	1.49
韓國	6	11	9	4	4	5	6	8	4	5	7	1	6	14	3	93	0.89
西班牙	1	7	9	6	5	8	8	6	10	13	6	9	1	1	1	91	0.87
比利時	3	8	4	5	4	13	8	6	4	3	3	2	3	2	2	70	0.67
土耳其	5	1	0	2	4	0	2	0	2	2	1	0	1	0	0	20	0.19
澳洲	2	3	1	1	4	8	4	3	0	0	1	1	1	3	0	32	0.30
瑞士	0	2	3	0	2	0	1	0	2	2	1	2	2	2	1	20	0.19
奧地利	1	3	1	0	4	3	4	2	1	2	2	12	6	5	1	47	0.45
菲律賓	0	0	1	2	1	2	4	3	2	1	3	3	0	0	1	23	0.22
新加坡	0	2	0	1	1	4	2	0	3	0	0	0	0	0	0	13	0.12
約旦	0	1	1	0	0	0	2	0	0	1	1	0	2	2	1	11	0.12
荷蘭	0	1	0	1	2	3	2	1	1	1	0	0	0	0	0	12	0.11
義大利	2	1	0	1	0	1	2	2	0	1	0	1	4	3	0	18	0.17
其他	0	4	0	2	3	4	1	5	1	2	3	9	3	0	2	39	0.37
合計	**291**	**564**	**445**	**486**	**569**	**722**	**624**	**580**	**478**	**640**	**937**	**1,106**	**1,257**	**1,329**	**469**	**10,497**	**100**

資料來源：行政院青年輔導委員會。

據政府有關單位，對歷年回國服務留學生調查顯示⑳，回國學人及留學生對目前所擔任之工作，大致感到滿意，而國內各公私立機構之單位主管亦認爲彼等服務狀況，甚爲良好。此一現象說明了回國學人及留學生在國內各階層確能發揮其服務的功能，有益於國家之建設與進步。因而如何繼續加强輔導旅外學人及留學生歸國就業，擴大延攬旅外學人返國服務，使其貢獻所學，報效國家，實爲今後政府與民間應共同努力的目標。

㈡加强海外留學生與學人的聯繫

政府爲服務學人，增進其對祖國的了解，以擴大其參與國家建設管道，歷年來採取了許多有效的措施，其犖犖大者如：㉑

1.建立旅外人才專長檔案：政府於民國六十四年開始有系統建立旅外人才專長檔案。至民國七十三年三月底止，共建立了五千人份檔案。所有列檔專家學者，都自動成爲政府服務與資料寄贈對象。海外學者專家如欲回國服務、創業、短期講學、參加科技性會議、需要國內有關資料者，均合洽請代爲協助辦理。

2.舉辦國家建設研究會：國家建設研究會是加强海內外溝通，與擴大海外學者參與國家總體建設的最有效途徑之一。自民國六十一年暑期開始辦理，至七十四年暑期，共舉辦十三屆十四次（第八屆即民

⑳ 這些調查如：回國學人及留學生服務狀況之研究分析（行政院青輔會，民國七十三年），我國政府延攬旅外學人回國擔任教學與研究之調查研究（楊瑩，民國六十七年），我國人才外流問題（魏鏞，民國五十八年）。

㉑ 同⑲。

國六十八年舉辦二次），參加人數達二千五百多人，計國外一千六百多人，國內九百多人。

3.協助海外學術聯誼團體對海外學人提供服務：歷屆國建會海外出席人與學人，為加强彼此間的聯繫以促進海外學人的團結與合作，至民國七十三年三月底共成立了十九個學術聯誼團體，美國十二個，加拿大與日本各一個，歐洲地區五個。海外學人尙建立許多一般性文化經濟社團、校友會與同學會、中文學校與研習班、夏令營等，加强彼此間之聯繫與服務。

4.協助回國參加科技研討會。

5.發行海外中心簡訊與兒童讀物。

6.一般諮詢與服務事項：海外學人及留學生回國探親或渡假，政府也可代為安排參觀訪問的行程，其為教學、研究或從事國民外交與舉辦聯誼活動，政府也常提供資料、文物、圖片、幻燈片、國旗、徽章及歌曲等，供其應用。

伍、中共留學生的去留問題與投奔自由

美匪建交後，大陸突然放了為數頗多的留學生到美國深造，是想借美國的教育環境，為中共培養「四個現代化」的人才。至於效果如何，因為時間還短，還看不出。關閉了三十年的大陸，最近七年來的留學潮流，不過是個開端。如果中共的政策不變，大陸赴美留學生勢必增加。由於美國物質條件的富裕，民主自由的生活方式，大陸留學生到了美國後，極少願意再回中國大陸的。據知，公費留學生均持JI簽證，不能改變為FI或HI身份的，不想回大陸，唯一的留美途徑是申請政治庇護，不過政治庇

護須提出返國後將受迫害的證據，美國核准中共學者政治庇護的案件甚少。

從大陸以自費留學方式到美國的青年，現在都尚在就讀，有一些一時還不能入學，而且補習英文，再過三、五年，將有相當多的大陸青年學業結束，留在美國就業，時間越久，在美國的大陸青年越多，他們不是移民去的，而是留學生定居下來的，教育程度良好，是社會的中產階級，必然的會產生一些科技人才。所以，未來的五年到十年之間，大陸留學生在美國會形成相當勢力。對我們而言，不是大利，就是大害，我們要趁早注意這個事實的發展。

至於那些留美而又回到大陸的青年，把自由世界的訊息帶進鐵幕，引起更多人對大陸的不滿。在美國住過的留學生，再也無法適應共產政權的生活模式，自然造成怨恨、衝突，不甘心爲共產黨工作，怠工事件將層出不窮。中共的留學政策，必然是未蒙其利，先受其害。

根據最新資料觀察，過去六年半，中共派赴外國留學生共有三萬六千多人，已學成返國的有一萬四千多人，占派出人數的百分之四十二。但以中共目前科教、經濟等各部門的機構體制及科研設備而言，實不足以妥善安排返回大陸之自費留學人員。中共亦不諱言，返回大陸的留學人員並沒有發揮應有的作用。㉒

據一九八四年十一月二十五日中共「光明日報」記者通訊稱，僞中國科協研究室對四千多名科技人員調查，結果表明不少科技人員返回大陸後，潛力未能發揮。其原因主要有三：㉓

㉒ 中共文教，一年來的中國大陸情勢總觀察。

㉓ 一九八五年，「一〇一七」每週情報。

第一、有的領導幹部對科技人員的作用缺乏認識，不少單位對科技人員還不能知人善任。據一名工程師反映，其赴海外前原在工廠從事技術工作，而返回後却被安排到公司任行政職務，業務專長未能發揮。也有些單位論資排輩，不能放手讓學成歸來的中、青年科技人員挑重擔。

第二、現行的科技管理體制不合理，束縛了赴外國進修歸來的科技人員，使他們難以發揮潛力。許多科技人員對現行的工作制度、人事制度、經濟分配制度等多表異議，認爲由於缺少自主權而影響發揮作用。

第三、缺少必要的實驗條件，及後勤服務差。有一名大學副敎授，一九八二年從國外進修回去後，爲了申請儀器經費，奔走一年半。最後尙須要自己親自購買、加工製造，至今仍無法開展研究工作，造成人才的浪費。

此外，資料顯示，大陸上的留學人員及知識分子，經常冒着生命危險，以投奔自由的行動來表示對中共的絕望和不滿。三十多年來，大陸人民（包括中共幹部在內）利用各種機會，從空中、從海上或從陸地投奔自由的人數不計其數，其中以知識分子爲最多，他們之中包括科技人員、專業技術人員、科學家和留學生。舉其要者有：㉔

智守信　一九七九年五月，中共以煤炭工程師身份派往奧地利擔任研究開採煤礦的代表團團員，在奧地利投奔自由。

姜友陸　一九八〇年春天，他以中共物理工程師的身份，從北平到巴黎「國際標準局」實習。在法

㉔劉勝驥，〈大陸知識份子海外投奔自由——大陸人民在海外尋求政治庇護〉，《東亞季刊》。

國尋求政治庇護。

詹連發　湖北「武漢大學」無線電系畢業，是中共高級電腦工程師，一九八一年一月，與其他九名中共工程師，合組一個「電腦訪問團」到美國，在檀香山王安電腦公司實習。在美國投奔自由。

閔華英　一九七四年五月，留學英國，在英國首先投奔自由。

莊虹琪　一九七九年十月，在比利時尋求政治庇護。

馮浩然　一九七九年二月，中共以公費保送他去法國攻讀科學，於一九八〇年三月，從中共駐法「大使館」厠所窗口逃出，尋求政治庇護。

秦　安　一九七九年四月，中共以公費派赴日本留學。於一九八一年三月，在日本尋求政治庇護。

李存信　一九七九年十一月赴美國休士頓芭蕾舞學校深造。於一九八一年在休士頓投奔自由。

楊慶鏘　畢業於「上海第二醫學院」，曾任「上海第一人民醫院」泌尿科主治醫師兼代副主任。一九七九年，他受法國教授克斯的幫助，以赴法國學習爲名，於同年十一月中離開中國大陸到達香港，隨後並投靠他僑居美國的祖母，並用盡辦法在一九八〇年八月底，將他妻、女接到美國。同年十月，楊慶鏘和他妻、女，經日本返回中華民國。

楊思永　畢業於「南京藥學院」。曾任「南京藥品檢驗所」藥劑師。一九八〇年一月，以自費留學生赴美。進入紐約哥倫比亞大學進修。妻張理。在同年十二月與妻兒返回中華民國。

丁昇茂　畢業於「中國科技工業學院」，爲中共物理學家。於一九八〇年十月在歐洲投奔自由。一九八二年一月，回到中華民國。

李根道　「上海復旦大學」數學系畢業。原任「中國科學院數學研究所」副研究員。一九八○年十月申請洪堡獎學金赴德進修。妻劉曼玲，「北京大學」化學系畢業，曾任「北京化工學院」有機化學講師。一九八二年一月他倆自西德回到中華民國。

來　欣　「北京清華大學」電機系一年級肄業。一九七九年赴比利時魯汶大學攻讀物理。一九八一年十一月獲比利時當局發給難民身份和居留權，一九八二年八月回歸中華民國。

李天慧　「瀋陽音樂學院」畢業。專長大提琴，任教天津「音樂學院」。一九八一年三月赴美國明尼蘇達大學，就讀音樂研究所。一九八一年十二月自美國回到中華民國。

徐家鸞　曾任「中國（共）科學技術大學」核物理系教授。一九八○年以公費訪問學者身份赴美國馬里蘭大學、哥倫比亞大學應用物理與核工程系訪問進修。爲中共物理學家。一九八二年五月，自美國回歸中華民國。

陸懋宏　上海「復旦大學」畢業。一九八○年三月獲准以交換研究生身份赴美國進修。一九八二年八月，趁過境桃園中正機場時表達投奔自由意願，回歸中華民國。

王聲遠　「北京大學醫學院」畢業。曾任「北京腫瘤研究所免疫學與血液研究室」副主任。一九八一年九月，獲中共公費派赴美國留學，專研「造血調控」。於一九八三年三月，回歸中華民國。

潘公一　上海「同濟大學」建築結構系畢業。一九八三年三月，利用到香港工作的機會投奔自由。回到中華民國。

周令飛　魯迅之孫。是中共「官派自費」留日學生。一九八○年進入「國際學友中心」。一九八二年九月與中華民國留日同學張純華，從東京飛香港在臺北過境，投奔自由。

胡　娜　爲中共首席女網選手。曾在一九八〇年贏得墨西哥網球女子賽冠軍。一九八二年七月，在美國聯邦盃國際網球賽中擊敗日本選手後，離開中共網球隊，向美國尋求庇護。

王炳章、汪岷等六位大陸留學生在美、加等地創辦了一份「中國之春」；紐約的大陸青年復刊了「探索」；洛杉磯的大陸青年創辦了「追尋」；俄勒岡波特蘭的大陸留學生和臺港生合辦了「民主中國」；這些人也跟着中共走上對着幹的道路上了。

以上所列舉的只是各方面的代表人物。他們絕大多數都是青年知識分子。都是學有專長，對中共具有「貢獻」的專業人才，可是他們毅然的唾棄共黨暴政，投奔自由，走向他們要走的道路。

還有許多知識分子想投奔自由未達目的而犧牲性命。如中共留學生李兆華（美國布朗大學研究所應用數學研究生），於一九八二年八月在美國跳樓自殺；中共「研修生」闞文魁於一九〇八年九月在日本謀求政治庇護，於同年十月却被日本當局交給中共「大使館」押解回大陸。中共「石油工程師」張政高，趁到美國的機會，爲尋求政治庇護，曾從中共駐紐約「總領事館」八樓爬出，摔傷左脚足踝，據傳被中共押回大陸。雖然那些投奔自由的知識分子有幸與不幸，可是他們有一個信念，那就是在共黨制度下的中國大陸實在不能再待下去了。投奔自由成功的公算縱然不大，拼死也要一試，所謂「不自由毋寧死」；乃是他們共同的心理。

陸、海峽兩岸留學政策的走向與我們應採的對策——代結語

美匪建交後，雖說美國並不滿意中共的作風，尤其是許多無理的要求，但這種外交關係，也不可能輕易廢止。相對的，以「臺灣關係法」爲基礎的中美實質外交關係，在雷根政府時代，有日趨加强的趨勢。

我們要屹立不搖，除了加强國防建設以外，還要以美國爲戰場，與中共進行長期而艱鉅的政治作戰。美國是個自由國家，只要我們的方法正確，必定能獲得美國政府與民衆的支持，獲得最後的勝利。面對中共最近七年半以來的開放留學政策，與數以萬計的大陸留學生，爲了在世界各地贏得一場又一場「留學戰」的勝利，個人以爲我們應採取下列一些積極的作爲與對策。

㈠爭取大陸留學生的向心力

近年來中共鑑於大陸留學人員唾棄共產暴政，投奔自由者日益增多，不得已乃派出「中央留學生工作組」分赴美、加、日等國進行安撫工作，並飭令具有黨員身份的公費生，應確實掌握其他留學生的思想言行，並對思想不穩定的留學生加强控制。尤其是僞「大使館」的領導幹部和共黨的小組長，應不斷宣傳黨的政策，嚴密監視留學人員的一舉一動。

中共日益加强對留學生的控制，引起中共留學生的怨憤與惶恐，在日本創刊的「心聲」民刊，一九八三年第一期有篇署名周倩的文章「夜思」，慨然指出僞「大使館」的話對公費生而言，就是「聖旨」。周倩認爲僞「大使館」要留學生「絕對聽從黨的安排」，只會使「我們根本沒有掌握自己命運的權力，更不要講對前途的抉擇」，「我們不禁捫心自問，我是一個自由公民還是一個任人擺佈的工具?」㉕面

㉕ 楊京之，〈派員赴美加安撫留學生〉，四九期週刊。

對中共留學生這種普遍不滿的心態，我們應採的對策必須：

1. 對於大陸的留學生，要主動聯絡，給予他們生活上親切的照顧與服務，幫助他們學業上的困擾，提供他們必要的資料和書籍，改變他們的觀念，必要時，擇優輔導回國服務。最重要的是他們留在美國，要在思想上與行動上成為我們的支持者。

2. 對於中共留學人員，要積極加強聯繫，「不是敵人，就是同志」，拉攏中間人士，改變左傾分子，積極支持同志，化少數為多數，結合多數人的向心，造成全面反共的聲勢。

3. 對於已經在美國就業的中共科技人才，最好透過同行關係，請他們研討與提供科技經驗與新知，經常聯絡，相互訪問，連繫感情。

4. 對於華裔美人，我們要時常對他們表示關切，提供華文教育，協助他們改善生活，讓他們認同保存傳統文化的中華民國。

總之，我們在最近的將來，與中共政權在「留學戰場」上所要爭取的是：留學人員的向心力，華裔學人的認同及美國政府的支持，我們一定要贏得這場勝利。

㈡掌握中共留學人員返回大陸的有利態勢

中共留學人員原對共產主義失去信心，茲因身受西方自由民主思潮的薰陶，返回大陸後，勢必將給中共帶來嚴重的問題。因此，我們應掌握這些中共留學人員返回大陸的有利勢態。

美國「紐約時報」曾發表一名年輕的大陸物理學家的看法，他說：「在美國，我們開拓了自己的眼界，回去以前，我們對問題更能獨立思考。」這些大陸留學生在外國生活三至五年後，基本的價值觀念必然改變，兩種不同的價值差距，必然發生衝突，這將是可能炸毀共產制度的「定時炸彈」。

進而言之，這些返回大陸的留學人員，在外國所學幾無用武之地，對中共之不滿乃益形深切，因之，常會在有意無意之間，將自由世界繁榮進步實況及自由民主精神轉告親友，從而輾轉傳至大陸各個角落。如此勢必引發大陸民眾對自由民主社會之熱烈嚮往，對中共之暴力統治將形成極端不利之影響。㉖

㈢加强我留學生服務與積極聯繫海外學人

我國旅外留學生、學者專家人數衆多，他們分佈在最先進的國家中，分別爲傑出學生、科學家、工程師、教授、研究員、醫生及尖端行業經營者，他們是一股很珍貴的高級人力資源，世界上幾乎沒有其他任何國家有此同一數目的寶貴人才儲備。

我們所知，中共近來很積極拉攏我海外學人，在海外我們與中共正在進行一場人心向背的長期鬪爭，因此，加强留學生的服務工作，積極聯繫海外學人，並擴大延攬海外學人回國服務，都是我們國家建設一項最重大的課題。

事實上，我們也知道，政府及有關單位多年來已在此方面積極奮鬪，且績效卓著，但我們願再提幾項看法，作爲今後改進與加强的重點：

1.積極發展國內的高等教育，尤其是研究所教育。另一方面，利用美國的學術環境，爲我們培養人才，不失爲一可行方式。對於留學生出國前，應加强其講習、溝通工作；在留學生出國後，應加强聯繫，使其保持與國內密切之關係。

㉖ 龍飛，《大陸知識份子面臨的困境》，一九八四年九月五日。

2.協助海外學術及工程團體健全其組織，作為加强辦理海外學人聯繫之重點工作。促使海外學人在各地區建立人才資料，以配合國家需要，加强聯繫。

3.在此國家正朝向現代化國家發展途中，如何借重海外各界學人不同之專長，是一項重要方法，因此我們應配合培育與延攬高級科技人力方案，積極延攬人才回國服務。

4.教育部、經濟部、財政部、交通部、青輔會、國科會暨省市政府等，應多應用已有之管道，促發海外專家貢獻國家之實際行動與機會，例如：協助解決國內科技瓶頸問題、接受委託進行研究、引進新科技以及合作機會等，希望做到在國外耕耘，也能在國內收穫成果。

5.外交部與僑委會應廣泛運用海外學人及其團體，爭取僑社之團結與僑胞對中華民國的親和力與向心力，以及推展國民外交，增進國際友誼，以期贏得當地政府對中華民國立場之尊重及利益之維護。

6.在海外與中共作長期鬪爭，雖然我中華民國始終處於優勢，但亦不能掉以輕心。我們應進一步鼓舞海外愛國學人，尤其是有機會進入中國大陸的學人，發揮影響力，共同呼籲中共，徹底覺悟和反省，為中國的前途和後代子孫的幸福，放棄共產主義，放棄「四個堅持」，早日實現三民主義統一中國的神聖使命。

（本文原載於三民主義統一中國大同盟編，《一海之隔—復興基地與中國大陸之比較（第四輯）》，民國七十五年十月）。

十五、中共推行九年義務教育之評析

壹、前　言

中共於一九八六年四月十二日，經第六屆「全國人民代表大會」通過，公佈「義務教育法」，決定自一九八六年七月一日起施行。這是中共鑑於相當部份大陸農村地區至今尚未普及小學教育，許多適齡兒童特別是女兒童沒有受完規定年限的小學教育，致使青壯年中的文盲、半文盲仍在繼續產生；許多中小學教師缺乏應有的培訓，師資的文化業務素質達不到國家要求的現象還相當普遍；相當一部分中小學的校舍破舊失修，教學設備和基本設施嚴重缺乏。這些基礎教育種種落後的狀況，「與全國人民建設富強、文明、民主的社會主義現代化國家的宏偉目標」，形成了尖銳的矛盾，因此中共乃制訂義務教育法，想以法律爲依據，在全國有步驟地實行義務教育。由於義務教育法的頒佈和執行，將標誌着中共普及基礎教育工作進入了一個新階段，也將促使中國大陸絕大多數地區的適齡兒童和少年將受到九年的學校教育，各民族的科學文化素質將提高到一個新的水平，對於這一項關係着中國和中華民族未來具有戰略意義的重大措施，有必要加以深入研究分析。

事實上，中共於去年五月廿七日公佈「教育體制改革的決定」，已有研訂「義務教育法」，並有步驟地實行九年制義務教育的構想，該項「決定」將義務教育劃分三個地區、三個階段逐步推行：(1)約佔全國人口四分之一的城市、沿海各省中的經濟發達地區和內地少數發達地區，在一九九〇年左右完成；(2)約佔全國人口一半的中等發展程度的鎮和農村，在一九九五年完成；(3)約佔全國人口四分之一的經濟落後地區，隨着經濟的發展，採取各種形式積極進行不同程度的普及基礎教育的工作。此外，該項「決定」同時也規定「基礎教育管理權屬於地方」，「除了國家撥款以外，地方機動財力中應有適當比例用於教育，鄉財政收入應主要用於教育。地方可以徵收教育附加費。」並「要鼓勵和指導國營企業、社會團體和個人辦學，並在自願的基礎上，鼓勵單位、集體和個人投資助學。」在實行九年制義務教育的同時，還要努力發展幼兒教育，發展盲、聾、啞、殘人和弱智兒童的特殊教育。上述「決定」，是釐訂「義務教育法」的基本依據，而「義務教育法」是該項「決定」的具體延伸。

此次，中共釐訂「義務教育法」的公佈與施行，符合大陸廣大同胞的願望，也配合中共進行社會主義物質文明和精神文明建設的需要，必將對今後中國大陸的經濟、社會發展和科技進步產生深遠的影響，進而對復興基地長遠的安全，構成嚴重的威脅，然而義務教育實行的部分成功，亦將增進大陸同胞自由、獨立與民主的思想，帶給共產教條思想動搖的危機，對中共政權之本質造成根本的變革，有益於三民主義統一中國大業的早日實現。

本文基此認識，首先探討中共釐訂「義務教育法」的主要內容，據以分析中共推行義務教育之動機與現況，評述中共推行義務教育之困難問題，並提出數項中共推行義務教育可能的結果與展望，以供參考。

貳、中共釐訂「義務教育法」的主要內容

世界各國都知道，國民義務教育是立國的基礎，實施國民義務教育，可培養健全的國民，擔負建國的重任。那何謂義務教育？義務教育是指政府用法令規定，國民達到某一年齡，有接受國民基本教育的義務。兒童的父母或其監護人，有督促兒童接受國民基本教育的義務。國家對於人民，在學齡期間，有制定法律、強迫兒童接受基本教育的義務。所以義務教育，又稱強迫教育，就社會來說，社會人士，有權徵收教育捐稅，來設置公立學校和維持國民基本教育事業；有權制定法律，強迫學齡兒童入學，使這種國民基本教育，普及於全民。所以國民教育、義務教育、強迫教育、普及教育、基本教育、初等教育等名詞，都有密切的關係，只是各個名詞的着重點不同而已。國民教育注重教育目標，培育健全國民，建設現代國家；義務教育注重政府和國民所負擔的義務；強迫教育注重推行義務教育的手段；普及教育注重普及國民教育於全民；基本教育和初等教育注重教育的內容，應兼顧德智體羣四育。實際上，這六個名詞所指的是一件事，就是由政府徵集教育捐稅，設置公立學校，並制定法律，強迫學齡兒童入學，接受國家的基本教育，以培養健全的國民，建設現代的國家。

中共此次釐訂「義務教育法」，據說曾經過「國家教育委員會」的調查研究，比較廣泛地聽取了各省、區、市，教育部門和社會各方面的意見，才擬訂了「義務教育法」草案，提經人大常委會審議，才正式通過公佈。茲分析其主要內容如次：

㈠關於義務教育的性質

中共的義務教育法規定，義務教育是依照法律規定適齡兒童和少年必須接受的，國家、社會、學校、家庭必須予以保證的國民教育。實行義務教育，既是國家對人民的義務，也是家長對國家和社會的義務。國家和社會要提供條件使每個中國兒童和少年受到法律規定年限的教育，家長也要保證自己的子女接受這種教育。「該法」第四、十五條及其他條款中，分別對國家、社會、學校、家庭所應承擔的義務，作了積極性的具體的規定。這完全符合世界各國的先例與作法。

其次，義務教育應具有消極性的强制性質，因此對不履行應承擔各項義務的行爲，應規定適當的强制性措施。目前中國大陸上，有些家長出於眼前的、暫時的經濟利益，使自己的適齡子女中途退學參加生產勞動或就業，或者由於封建思想影響，使兒童和少年中途退學；有些組織或個人出於眼前的利益，招用適齡少年就業。這些行爲妨礙了兒童、少年正當接受教育的權利。因此該法第十一、十五條即要採取强制性的措施和必要的處罰措施，這是保證義務教育實施的必要手段。

㈡關於義務教育的入學年齡

中共的義務教育法第五條規定：「凡年滿六週歲的兒童，不分性別、民族、種族，應當入學接受規定年限的義務教育」。我們知道，中國大陸目前絕大多數地區，小學的入學年齡爲七週歲。義務教育法爲使中共的教育「面向四化、面向世界、面向未來」，並配合兒童智力和身體的發展，更改適齡兒童入學年齡爲六週歲，這是正確的。

可是中國大陸地區遼濶，人口衆多，要求在短期內全部實施六週歲入學，在師資、校舍、設備和經費等條件，都不具備，要一個學年同時容納兩個學齡兒童進入學校，事實上的困難，恐非一時所能解決。因此該法第五條還規定：「條件不具備的地區，可以推遲到七週歲入學」。

㈢關於義務教育的學制

目前中國大陸的小學和初中的學制年限有「六、三」制、「五、四」制、「五、三」制和九年一貫制等多種形式。「義務教育法」第二條僅規定「國家實行九年制義務教育。省、自治區、直轄市根據本地區的經濟、文化發展狀況，確定推行義務教育的步驟」。這是其現實上許多困難的自然反映。

中國大陸的農村，小學和初中的學制年限多爲「五、三」制，中共十分瞭解，要勉强在短期內實施「五、四」制，在師資、校舍、設備和經費上，都存在極大的困難，因此名義上，雖强調要實施九年制義務教育，但它會允許「五、三」制作爲過渡性學制，在一定時期內存在。因此，在義務教育法中，也就沒有對小學和初中的基本學制，明確加以規定，祇在第七條劃分爲初等教育和初級中學教育兩個階段，將來恐怕要授權由國務院教育委員會加以制定。

㈣關於義務教育的方針

義務教育法第三條規定：「義務教育必須貫徹國家的教育方針，努力提高教育質量，使兒童、少年在品德、智力、體質等方面全面發展，爲提高全民族的素質，培養有理想、有道德、有文化、有紀律的社會主義建設人才奠定基礎。」這是中共實行九年制義務教育的一條重要指導思想。

中共的教育主管部門，最近在其中小學教育中，相當注意貫徹德、智、體、群、美全面發展的方針，並適當進行勞動教育，想使靑少年兒童受到比較全面的基礎教育。而且他們不斷提高語文、數學等科目的教學水平，注意加強音樂、美術、體育等科目的教育，培養中小學生的高尚情操和品質，爲中小學生的文化素養和身心健康的全面發展打下良好的基礎。

此外，目前中國大陸中小學生也有繁重的課業負擔問題，以及片面追求升學的偏向。教育部門也想利用這次義務教育法的研訂，採取一些具體措施以解決這方面的問題。例如：在已經普及初中的地區，他們已逐步實行小學和初中就近入學，取消小學升初中的統一考試，進一步修訂教學大綱和教學計畫，提高教育質量，減輕學生負擔，改革和加強思想品德和政治教育。

此外還有一點，就是中國大陸推廣全國通用的普通問題。中國大陸地域遼濶，存在各種地方方言。最近中共爲了便於人民思想和文化的交流，促進經濟和社會的發展，利用義務教育法規定「學校應當推廣使用全國通用的普通話」。但是又鑑於中國是一個多民族的國家，必須尊重各少數民族的語言，因此又規定：「招收少數民族學生爲主的學校，可以用少數民族通用的語言文字教學」（第六條）。

㈤關於實行九年制義務教育的步驟

中國大陸有十億人口，各地經濟、文化發展又很不平衡。實行九年制義務教育，中共祇能因地制宜，不敢脫離實際地去追求高指標。所以它把全國大致分爲三類地區：

第一類地區是經濟、文化比較發達的地區，要求在一九九〇年左右基本實現九年制義務教育。

第二類地區是經濟、文化中等發展程度的地區，要求一九九〇年左右基本普及初等義務教育，同時積極創造條件，在一九九五年左右實現九年制義務教育。

第三類地區是經濟、文化不發達的地區，要隨着經濟的發展，爭取在本世紀末大體上普及初等義務教育。以上這三類地區的劃分，是就全國範圍而言的。

事實上，中國大陸每個省、自治區內、經濟、文化的發展也是不平衡的。在經濟、文化發達的省內，也有經濟、文化不發達的地區和縣，而在經濟、文化不發達的省內，也有經濟、文化發達的地區和縣。甚至一個縣內發展也是不平衡的。因此每個市，乃至每個縣，都要實際情況出發，區分不同類型的地區，提出切合實際的奮鬪目標，有步驟地實施。所以，義務教育法在第二條中明確規定：「省、自治區、直轄市根據本地區的經濟、文化發展狀況，確定推行義務教育的步驟」。第八條也規定：「義務教育事業，在國務院領導下，實行地方負責，分級管理」。

㈥關於義務教育由地方負責和鼓勵社會力量辦學

中共把發展義務教育的責任交給地方，即在國務院領導下，實行地方負責，分級管理的原則。各地方政府都應把發展義務教育放在重要的位置上，隨着地方的經濟發展，應當提倡把更多的資金用於教育事業。

義務教育法第九條規定：「國家鼓勵企業、事業單位和其他社會力量，在當地人民政府統一管理下，按照國家規定的基本要求，舉辦本法規定的各類學校」。職工和農民在自願量力的原則下，捐資助學，應予以鼓勵。

㈦關於義務教育階段免收學費

免收學費，是實施義務教育的一項重要措施，也是世界各國，特別是經濟發達的國家，在實行義務教育所採取的一項政策。該法第十條規定：「國家對接受義務教育的學生免收學費」。這項規定，將爲適齡兒童和少年接受義務教育提供較好的條件。

(八)關於實施義務教育的經費和辦學條件

增加必要的經費和投資，逐步改善辦學條件，是中共實施義務教育能否成功重要前提。中共已體認到今後的教育經費必須採取「多渠道籌措」的方針，爲了保證實施義務教育所需要的費用，「義務教育法」第十二條規定：「國家用於義務教育的財政撥款的增長應當高於財政經常性收入的增長，並使按在校學生人數平均的教育費用逐步增長」，「地方各級人民政府按照國務院的規定，在城鄉徵收教育事業費附加，主要用於實施義務教育」。

中共在「七五經濟計畫」期間，國家財政用於教育事業費將達一千一百六十六億元，比「六五經濟計畫」期間增長百分之七十二，已高於同期間財政計畫增加的比例。但中央、地方政府的這項努力，顯然不足，教育費用若要作到按在校學生人數逐年增長，則還要靠社會各方面的資助，所以，中共國務院對各地自籌資金辦教育採取鼓勵政策，希望從政策上支持各種社會力量投入義務教育的實施。

(九)關於義務教育的師資

中共實施義務教育的成敗關鍵之所在，是否能有數量足夠、素質合格與結構合理並相對穩定的中小學師資。中共已深切體認到，加强師範教育培養各級學校的合格師資隊伍，是其教育事業的戰略問題，必須引起各方面足夠的重視，並從財力和物力上給予充分支持。「義務教育法」第十三條規定：「國家採取措施加强和發展師範教育，加速培養、培訓師資，有計畫地實現小學教師具有中等師範學校畢業以上水平，初級中等學校的教師具有高等師範專科學校畢業以上水平」。

中國大陸現有七百五十多萬小學和初中教師，爲了適應九年制義務教育的需要，一方面要發展和改革師範教育，培養和補充新師資；另一方面中共將採取「多種形式，多種渠道」，抓緊對現有師資的培訓，提高其工作精神。所謂「多種形式，多種渠道」其中一種是指通過函授和電視教育開展在職培訓，中共也利用電視衞星專門開設教育頻道，爲中小學教師培訓，提供服務。這種電視教學，經過考核合格的，就分別授予相當於中等師範學校、高等師範專科和大學的各種學歷證書。

中共計畫逐步提高中小學教師的社會地位和經濟待遇，吸引優秀人才到中小學任教，因此「義務教育法」第十四條規定：「社會應當尊重教師。國家保障教師的合法權益，採取措施提高教師的社會地位，改善教師的物質待遇，對優秀的教育工作者給予獎勵」。去年，中共慶祝了第一次教師節，也恢復祭孔，這些稍稍恢復了尊師重教的社會風氣。

此外，「義務教育法」中，還鼓勵中小學教師要不斷提高自己的思想水平和文化、業務水平，既要教書，又要育人、要廣大的教師眞正作到爲人師表，一方面不辜負國家和人民的重托，另方面對「義務教育」一起帶頭模範作用。

綜合上述，是中共新公佈「義務教育法」共十八條的主要內容，雖然這十八條「義務教育法」不可能規定得十分具體，但對實行義務教育的各項重大問題，都有了原則性的規定。這無疑是中共最近幾年來，重視教育的具體表現，對廣大中國大陸億萬同胞，尤其是下一代的兒童和少年，誠然是一大福音，但是俗云：「徒法不足以自行」，我們對中共「義務教育法」的頒佈，稱許其進步之餘，尤應進一步剖析其基礎教育的實況，及未來可能的結果。

叁、中共推行義務教育的動機與現況

㈠中共推行義務教育的動機

依據聯合國教科文組織之報告，現在世界各國所實施之義務教育年限，有長達十三年的國家，亦有僅規定五年的國家，茲列舉世界各主要國家實施義務教育年限情形如下：

1. 十三年：尼日。
2. 十二年：波多黎各、關島。
3. 十一年：利比亞、亞麥加、以色列、英國、澳洲（十一十一年）。
4. 十　年：剛果、迦納、馬利、多明尼加、法國、東德、匈牙利、荷蘭、西班牙、加拿大（八—十年）。
5. 九　年：中華民國、美國（八—十二年）、南非（七—九年）、哥斯塔黎加、巴拿馬、秘魯、日本、斯里蘭卡、奧地利、西德、丹麥、捷克、瑞士。
6. 八　年：玻利維亞、巴西、智利、伊朗、蘇俄、義大利。
7. 七　年：坦尚尼亞、阿根廷、泰國。
8. 六　年：埃及、古巴、墨西哥、香港、印尼、菲律賓、韓國、希臘。
9. 五　年：安哥拉、西奈哥爾、哥倫比亞、土耳其、尼泊爾。

中共頒佈「義務教育法」，加強推行九年制義務教育，比上不足比下有餘。然而其於此時此刻加強推行義務教育，其動機可分內外二項，先就其外在動機而言，主要是受了世界先進國家在全面從事教育改革及延長義務教育年限之影響，特別是蘇俄近年實施的學制改革可能對中共具有相當的暗示。

蘇俄共黨中央委員會於一九八四年元月發表邁向二十一世紀的教育改革案，卽所謂「普通教育學校及職業學校改革的基本方向」，然後經三個月各階層的廣泛討論後，同年四月十二日由最高蘇維埃會議作成決議，並由蘇俄共黨中央委員會及蘇俄聯邦部長會議於五月間發表共同決定，準備全面提高初等及中等教育水準，包括入學年齡由七歲改爲六歲，實施十一年的義務教育制度，中小學教育由三—五—二制改爲四—五—二制。前九年爲共同的普通教育，結業後分三個途徑升學：(1)在普通教育學校繼續念完第十及第十一學年；(2)升入中等職業技術學校修業三年；(3)進入三年或四年制的中等專科學校。

中共學制小學修業五年，亦自七歲入學，初級中學三年，實施九年義務教育，小學必然恢復爲六年，並自六歲入學。事實上，在上海市等少數教育較發達地區，小學已採行六年制。在這一點上可見到蘇俄影響的痕跡。

再就其內在動機而言，中共最近進行的教育體制改革及實行九年制義務教育，都可視爲鄧小平一幫自一九七八年以來持續調整文革時期教育政策的結果。根據美國比較教育學者哈欽斯（John N. Hawkins）長期研究中共教育政策的分析，鄧小平上臺後，中共一向以政治掛帥的教育政策，漸由實用路線的經濟導向教育政策所取代，學校教育的功能着重在配合經濟生產，強調知識教學與考試選才；文革時期將社會視爲大教室，重視非正式教育體制的陶冶功能，在學制上則趨向單軌化、大衆化，但求教育機會普及而不注意到教育素質；而近年來中共漸重視正式教育體制的效能，採人才主義、重點主義、質重於量，而在學制上則尙多軌並行，因材適學，不求形式上的一致。而在教育行政上，也漸傾向地方分權，以保留較大的彈性。

至於實行義務教育最具體的動機，則可見於義務教育法中，該法提到實行義務教育是中共爲進行社會主義物質文明和精神文明建設的迫切需要，關係到各級各類人才的培養和全民族科學文化素質的提高。所以義務教育通過立法，組織各級人民政府和動員全國各族人民，用最大的努力，積極地有步驟地實施義務教育，以達成「四化」建設的目標。可見中共實行九年義務教育，走的是實用主義路線，頗能體察現實的需要，實不宜等閒視之。

㈡中共推行基礎教育的現況

中共自一九四九年竊據大陸，由於片面「學習蘇聯」，於一九五二年十一月發出「關於小學實施五年一貫制的指示」，決定從一九五二年起普遍推行五年一貫制，但由於沒有足夠的師資，又不肯投入大量的教育經費，所以一九五三年，便停止推行，仍沿用「四、二」制。到了一九五八年又將學制縮短爲二至四年，一九六三年再恢復五年制，直到七六年才又五、六年制並存。一九八一年三月，中共僞「教育部」發出：「關於在城市試行小學六年制問題的通知」；但一九八三年又突然規定：城市小學學制一律六年，農村小學學制一律五年。此制使用迄今。

茲將中共現行學制繪一簡圖如下，以了解其各級各類學校系統概況：

據一九八四年「中國統計年鑑」統計，中國大陸三十幾年來，中小學教育已有了很大的發展。一九四九年小學在校學生數二千四百三十九萬人，到一九八三年爲一億三千五百七十八萬人，原來只有百分

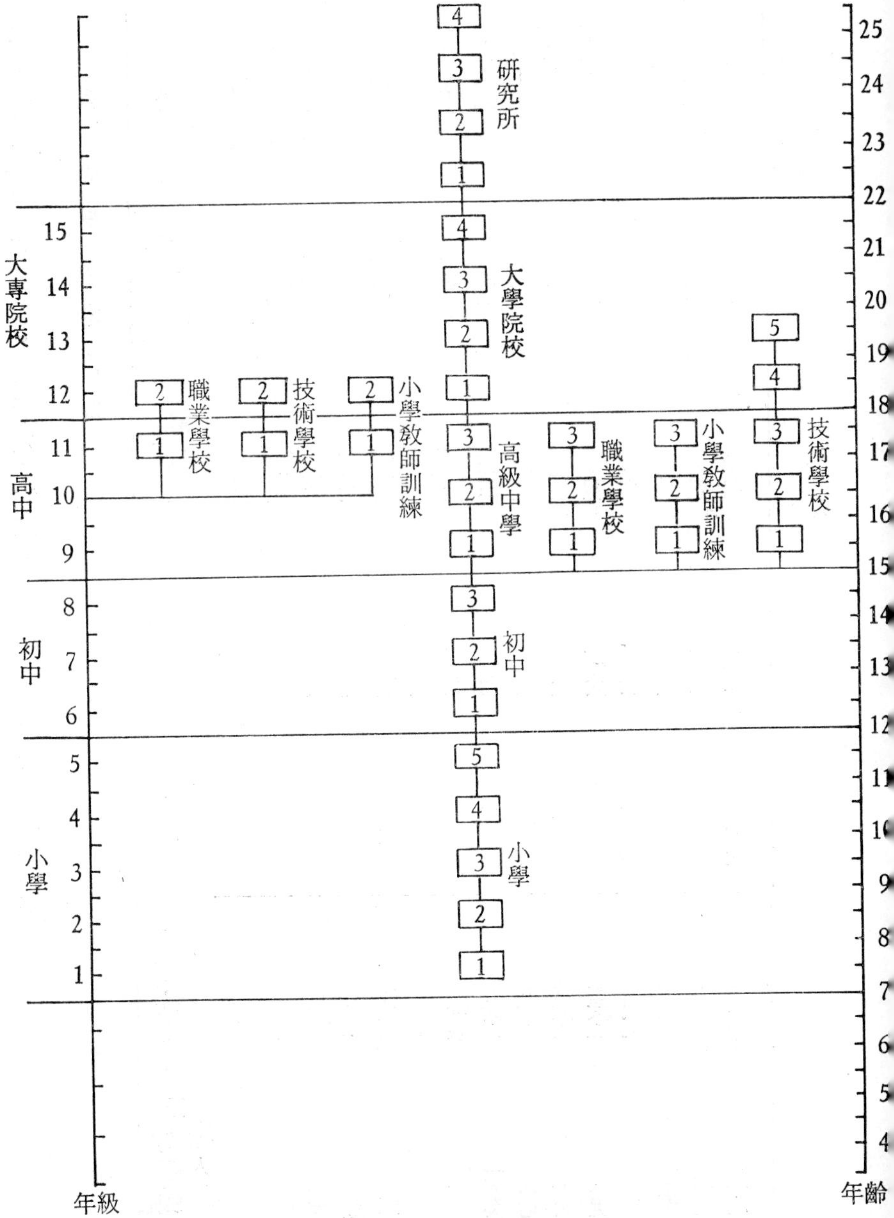

中共學制簡圖

之二十的學齡兒童能夠入學，現在百分之九十五點九的學齡兒童都能夠入學。

表一　小學基本情況

年份	學校數（萬所）	招生數（萬人）	畢業生數（萬人）	在校學生數（萬人）	專任教師數（萬人）	附：幼兒園幼兒數（萬人）
一九四九	三四·七	六八〇	六五	二,四三九	八三·六	
一九五二	五二·七	一,一四九	一四九	五,一一〇	一四三·五	四三
一九五七	五四·七	一,二四九	四九八	六,四二八	一八八·四	一〇九
一九六二	六六·八	一,五八六	五五九	六,九二四	二五一·一	一四五
一九六五	一六八·二	三,二九六	六六八	一一,六二一	三八五·七	一七一
一九七〇	九六·一	二,八三三	一,六五三	一〇,五二八	三六一·二	
一九七五	一〇九·三	三,三五二	一,九九九	一五,〇九四	五二〇·三	六二〇
一九七六	一〇四·四	三,一六一	二,四九〇	一五,〇〇六	五二八·八	一,三九六
一九七七	九八·二	三,一一二	二,五七四	一四,六一八	五二二·六	八九七
一九七八	九四·九	三,三一五	二,二八八	一四,六二四	五二二·六	七八八
一九七九	九二·四	三,一〇二	二,〇八八	一四,六六三	五三八·二	八七九
一九八〇	九一·七	二,九四二	二,〇五三	一四,六二七	五四九·九	一,一五一
一九八一	八九·四	二,七四九	二,〇七六	一四,三三三	五五八·〇	一,〇五六
一九八二	八八·一	二,六七二	二,〇六九	一三,九七二	五五〇·五	一,一一三
一九八三	八六·二	二,五四四	一,九八一	一三,五七八	五四二·五	一,一四〇

資料來源：一九八四年「中國統計年鑑」

據說，普通中學有了更大的發展，一九四九學校數由四千零四十五所，增加到一九八三年九萬六千四百七十四所，在校學生數由一百零三萬多人增加到四千三百九十七萬多人。

表二　普通中學基本情況

年份	學校數（所）	招生數（萬人）	畢業生數（萬人）	在校學生數（萬人）	專任教師數（萬人）
一九四九	四、○四五	四一·二	二八·○	一○三·九	六·七
一九五二	四、二九八	一三八·三	二三·一	二四九·○	九·四
一九五七	一一、○九六	二四九·三	一三九·九	六二八·一	二三·四
一九六二	一九、五二一	二八○·○	二○二·五	七五二·八	三九·九
一九六五	一八、一○二	三四五·七	二○九·八	九三三·八	四五·七
一九七○	一○四、九五四	一、四一五·三	六八六·五	二、六四一·九	一一七·四
一九七五	一二三、五○五	二、四四三·六	一、四九四·七	四、四六六·一	二○九·二
一九七六	一九二、一五二	三、二○五·四	一、七二三·二	五、八三六·五	二七二·九
一九七七	二○一、二六八	三、三六○·八	二、一四四·四	六、七七九·九	三一八·七
一九七八	一六二、三四五	二、六九八·九	二、三七五·三	六、五四八·三	三一八·二
一九七九	一四四、二三三	二、三四一·九	二、三八四·四	五、九○五·○	三○七·八
一九八○	一一八、三七七	一、九三四·三	一、五八一·○	五、五○八·一	三○二·○
一九八一	一○六、七一八	一、七四○·五	一、六四○·三	四、八五九·六	二八四·四
一九八二	一○一、六四九	一、六四二·四	一、三四二·七	四、五二八·五	二六八·一
一九八三	九六、四七四	一、五七六·九	一、一九五·四	四、三九七·七	二五九·七

資料來源：一九八四年「中國統計年鑑」

但是事實上，中共也承認，它的基礎教育仍很薄弱，合格的師資和必要的校舍、設備嚴重缺乏，教育質量普遍偏低，在相當多的農村，小學教育尚未普及，新的文盲仍在不斷產生。以一九八四年中國大陸小學畢業生人數二千二百五十九萬五千人，其中能升入初中者僅一千二百八十八萬一千人，其粗升學率為百分之五十七點零一，無法升學者多達九百七十一萬四千人。

又據一九八二年大陸人口普查統計發現：在全國十億零八百十七萬總人口中，有二億三千五百八十二萬人（佔百分之二十三點五）是文盲和半文盲，有三億五千五百十六萬人（佔百分之三十五點四）祇有小學程度，有一億七千八百二十八萬人（佔百分之十七點八）是初中程度，其餘高中以上程度者僅佔總人口的百分之七點二。而全國二十五歲以上人口的平均受教年限不到五年，亦即只有小學五年級程度。

為了提高中國大陸人口品質，中共希望在公元二千年時將總人口控制在十二億以內，屆時的教育經費也將隨人民生活的提高而增加到佔國民收入的百分之五以上（目前尚不到百分之三）。為此，中共首先進行學齡人口的降低。近年來，中國大陸在實施一胎化政策下，自一九七八年起，小學生在校人數逐年遞減，由一九七九年的一四、六六三萬人減至一九八三年的一三、五七八萬人（見表一）。普通中學在校人數亦有明顯下降之趨勢，由一九七八年的六、五四八・三萬人減至一九八三年的四、三九八・七萬人（見表二）。

據此中共已預估公元一九八三—二〇〇〇年中國大陸初等教育的學齡人口數，在學人數及其入學率，如表三。

表三　中國大陸初等教育之預估（公元一九八三—二〇〇〇年）

年份	七—十二歲人口（百萬）	在學人數（百萬）	入學率
一九八三	一四四	一三六	〇·九四
一九八五	一三〇	一二四	〇·九五
一九九〇	一一一	九九	〇·八九
一九九五	九一	八八	〇·九七
二〇〇〇	九四	九四	一·〇〇

由上表可見，中國大陸初等教育學齡人口（七至十二歲）將由一九八三年的一四四百萬人減低到一九九〇年的一一一百萬人、公元二〇〇〇年的九四百萬人；而初等教育在學人數也將由一九八三年的一三六百萬人減低到一九九〇年的九九百萬人、公元二〇〇〇年的九四百萬人，因此初等教育入學率由目前的百分之九十四，將達到百分之一百，也即希望於公元二千年中國大陸的兒童可以完全進入六年制小學。這種預估，根據世界銀行的推算，倘若中共能擁有足夠的合格師資、教材、設備等條件，並能預防或解決其他開發中國家面臨的人力與資金問題，則中共在公元二千年普及六年制初等教育的目標，將能實現。

其次，在初中教育階段上，世界銀行也作了類似的預估：初中學齡（十二—十四歲）人口數由一九八三年的八三百萬人將減低到公元二千年的四五百萬人，而初中在學人數將由一九八三年的三八百萬人增加到公元二千年的四二百萬人，此時入學率可由百分之四十四提高到百分之九十二，屆時初中教育較可普及，九年制義務教育目標較爲接近（見表四）。

表四　中國大陸初中教育之預估（公元一九八三—二〇〇〇年）

年份	十二—十四歲人口（百萬）	在學人數（百萬）	入學率
一九八三	八三	三八	〇·四四
一九八五	七七	四一	〇·五一
一九九〇	五九	四五	〇·七三
一九九五	五四	四三	〇·七九
二〇〇〇	四五	四二	〇·九二

肆、中共推行義務教育的困難問題

推行九年制義務教育當然會遭遇到困難，民國五十七年中華民國延長九年國民教育就遭遇到許多困難，不過只要下定決心，這些困難是可以克服的。現在爲實際的了解中共推行義務教育可能遭遇的困難問題，不妨讓我們先回顧一下經驗，據以推算中共的可能問題。

民國五十六年六月二十七日先總統　蔣公在　國父紀念月會上指示政府首長要加速推行九年國民義務教育，並決定從五十七年秋季開始實施，當時我們所遇到的困難問題及其解決辦法，大致可分以下幾項：

㈠**經費問題**：延長國民義務教育年限，初中學生人數，勢必大量增加，於是初中校舍、設備、師資等也隨之增加，這些都需要經費來支援。當年我們除核定經費三十一億四千餘萬元外，並增列預備金五億元，共計以三十六億四千餘萬元爲準。

㈡**師資問題**：師資問題是決定九年義務教育成敗的主要關鍵，師資問題又分師資供應問題與教師素質問題。我們於民國五十七—五十九年度，三年共增國中教師人數，約計二萬零四百九十五人。此外，並逐年從事教師在職訓練，提高教師素質。

㈢**設校問題**：爲實施九年國民教育，三年共增設國民中學二二四所，分部十二所；設校後之校舍建築，以民國五十七年爲例，我們增建普通教室三千一百零九間，工藝教室一百七十九間，特別教室一百七十八間，辦公室二百四十六間，廚房三十二間，厠所六百七十八間，教職員宿舍四十四間。

㈣**學區劃分問題**：延長義務教育年限之後，必須劃分初中學區，使小學畢業生可以在本學區內就讀，避免升學競爭，避免舟車勞頓之苦，但會發生遷移戶口，越區就讀的問題。迄今仍未徹底解決。

㈤**初中分組問題**：一旦延長九年義務教育，初中必須兼顧文化陶冶與職業輔導二種功能，初中分班、分組的標準頗難決定，頗易引起爭執。迄今仍是問題。

㈥**課程教材問題**：初中的教學科目、教學時數、教科書等實際問題，若設計不周，初中的教育目標就無法實現，教學的效果就會大打折扣。

㈦**初中畢業生升學就業問題**：延長九年義務教育，三年後就會面臨畢業生出路問題。我們於民國六十年國民中學首屆畢業生約有二十三萬餘人，這些畢業生百分之九十點九八志願升學，百分之九點零二志願就業，輔導這些學生的升學或就業問題，至爲重要。

㈧**私立初中問題**：延長九年義務教育之後，小學畢業生均依其學區分發至中學就讀，私立初中自行招生，不受學區限制，易破壞學區制之辦法，造成畸形競爭，這個問題也甚爲困擾。

中共爲推行九年制義務教育，已訂頒了「義務教育法」作爲實施主要依據。該法當然要對延長義務教育可能遭遇的問題有所規定，不過誠如前節分析，該法不可能規定得十分具體，祇能有原則性的規定。卽以我們前列八項問題來說，在中共的義務教育法中，祇提到經費與師資問題二項，其餘設校、學區劃分、初中分組、課程教材、畢業生出路或私立初中（中國大陸無此問題）等問題皆不涉及，這些問題關係到九年制義務教育的成敗甚鉅，必須未雨綢繆，周詳研究。

茲再逐條列舉幾項中共爲推行九年制義務教育可能遭遇的困難問題如次：

㈠**教育經費問題**：

推行九年制義務教育是要大量經費的，中共決定今年七月一日開始實施義務教育，依我們的經驗，第一年便起碼必須增加經費約新臺幣一千八百億元（以大陸與臺灣人口比例，五十比一計算）。

中共一向不重視教育，而且特別不重視中、小學教育。萬里曾指出：「輕視教育仍然是相當普遍的現象」。「有些同志至今沒有從根本上認識教育的極端重要性。……把學校場地佔用了，把教師調走了，連教育經費也挪作他用」。

再就事實而言，中共在教育投資上，無論以國民生產毛額計算，或以國家財政總支出比例而論，都比很多國家落後很多。如以一九八一年大陸教育經費爲例，僅佔當年國民生產毛額的百分之二點六，此一比例竟遠低於一九六〇年代若干先進國家教育投資數（一九六〇年日本爲五・七%，蘇俄爲六・七%，美國爲六・二%）。雖然中共自一九七八年以來的教育投資有逐年上升的趨勢，然而就未來教育需求而言，即使今後每年增長百分之十推算，亦無法應付未來十多年中學生人數增長的需要。

(二)師資問題

實施九年制義務教育亟需大批合格的教師從事教學任務，中共現有中學教師二百八十餘萬人，小學教師五百四十餘萬人（見表五），據我們的經驗，未來三年需增加初中教師人數約一百餘萬人（吳福生說：中國大陸目前缺少二百萬訓練有素的中小學教師）。中共現在每年中等師範學校畢業生約十四萬人，加上新陳代謝，這是極嚴重的問題。

中共「教育體制改革的決定」及「義務教育法」都深切指出此項問題的急切性，並且表示要調整教師的積極性，必須緊緊地依靠教師。但是當前大陸各級學校教師不僅數量不足，而且素質參差不齊，問題更大。以小學教師爲例，小學教師的平均工資居各行各業之末，特別是「民辦教師」（小學畢業教小學的教師）有三百五十六萬四千多人，佔全部小學教師的百分之六十四。易言之，三名小學教師有二名「民辦教師」，而另外三分之一的正式小學教師中，眞正受過師範教育者不足半數。由此可知大陸小學教師隊伍結構極不健全，大都素質很低。

表五　中共各級學校教師人數及負擔學生數

年份	高等學校 教師數（萬人）	高等學校 平均每個教師負擔學生數（人）	中等學校 教師數（萬人）	中等學校 平均每個教師負擔學生數（人）	小學 教師數（萬人）	小學 平均每個教師負擔學生數（人）
一九四九	一·六	七·三	八·三	一五·三	八三·六	二九·二
一九五二	二·七	七·一	一三·〇	二四·二	一四三·五	三五·六
一九五七	七·〇	六·三	二九·三	二四·二	一八八·四	三四·一
一九六五	一三·八	四·九	七〇·九	二〇·二	三八五·七	三〇·一
一九七八	二〇·六	四·二	三二八·一	二〇·二	五二二·六	二八·〇
一九七九	二三·七	四·三	三一九·一	一八·九	五三八·二	二七·二
一九八〇	二四·七	四·六	三一七·二	一七·九	五四九·九	二六·六
一九八一	二五·〇	五·一	三〇〇·九	一六·七	五五八·〇	二五·七
一九八二	二八·七	四·〇	二八七·一	一六·四	五五〇·五	二五·四
一九八三	三〇·三	四·〇	二八二·七	一六·四	五四二·五	二五·〇

此外，「現在中小學教師生活待遇比較低，教師比同等學歷的企業人員工資低一級，獎金、福利、住房條件也不如他們，使教員不安心教學。教師隊伍不穩定，一些教師想離開教育路線」。「不尊重教

師，歧視、辱罵，甚至毆打、傷害教師的事件時有發生」。難怪，義務教育法要規定：「全社會應當尊重教師」。「國家保障教師的合法權益，採取措施提高教師的社會地位，改善教師的物質待遇，對優秀的教育工作者給予獎勵」。「禁止侮辱、毆打教師，禁止體罰學生」。由此可見一斑。

(三)初中教育規劃問題

初中教育的目標，內容與分組教學等等問題，都是急切要解決的問題，此外，隨着九年義務教育的實施，每年缺乏一技之長的初中畢業生將大量進入勞動市場，這些人數的就業、升學勢必造成新的社會問題。因此，如何重新規劃初中職業教育之內容，調整現階段初、高中教育之比例與結構，將是中共卽將面臨的另一項嚴厲的考驗。

(四)地方幹部觀念問題

由於中共幹部傳統上不重視教育投資，歷年來的地方經費多用於其他經濟部門。因此在推行義務教育過程中，如何使承辦任務的地方幹部重新認識教育投資的重要性與迫切性，以免重蹈過去教育經費被任意挪用的弊端，甚至確實的辦學，以收實效，這恐怕不是一朝一夕能見效的。

(五)農村實施「生產責任制」所帶來的影響

近年來，中國大陸農村實施生產責任制的結果，加深了普及教育推行的困難，原因在於農村需要人手協助家務及勞動，因而家長寧願子女留在家中幫忙而非上學。此外，城鄉之間缺乏職業選擇與遷徙的自由，加上邊遠地區交通不便，更加深了農村普及教育的困難。因此小學教育中出現了所謂「九六三」問題，卽入學率九成，鞏固率六成，而畢業合格的却只有三成（中國大陸每年有六百萬中小學生中途退學的現象）」，將來推行九年制義務教育，初中三年，情形恐怕會更嚴重。

伍、中共推行義務教育的展望

中共已公佈「義務教育法」，並決定自一九八六年七月一日開始實施，海內外的中國人，無不樂觀其成。但是，中共推行九年制義務教育是否會順利實施，這必須從兩個角度加以觀察：一是教育制度內部條件是否齊備的問題，例如：師資數量是否缺乏，師資素質是否低劣，中、小學體制的良窳等；另一方面則是來自教育體系之外，整個共產制度的問題。誠如盧乃桂（文見《中國論壇創刊十週年專輯》，民國七十四年十月）所說：「無論中共對教育改革有何良方妙策，教育發展的最大阻力其實來自課室以外的種種制度上的限制」。茲提出對中共推行義務教育的數項展望如次：

㈠**政治領導教育的影響**：中共竊據大陸以來，他們始終認為，學校應當以馬列共產主義為主課，教育必須「為政治服務」，必須接受共產黨和幹部的「絕對領導」，以控制人民思想達到共產黨「專政」的目的。教育政策由「俄化期」，「大躍進」、「文革期」、到現在「四化期」，各期教育發展都受政治運動的左右，以致政策搖擺不定。自四人幫下臺以後，雖然鄧小平的實用主義政策至今未變，但關心大陸的學者都有共同的疑慮：如果政治方向再有變化，這次教育改革又將轉向。可見教育問題雖然較為單純，但一牽扯政治風向則簡單也變為複雜了。

㈡**教育缺乏專業地位的影響**：中共竊據下的中國大陸教育政策，始終處在政治目標與經濟目標的夾縫中，根據美國學者哈欽斯的看法，四人幫下臺後，中共的教育已由政治工具變為經濟工具，此舉短期內或有助於「四化」的推行，但畢竟缺乏前瞻性及長期的一貫目標。尤其教育自始卽缺乏專業自主的權利，教師沒有教學權威，甚至常有外行領導內行的現象，則教育學術永遠無法落實生根，教育效果可能祇是水上浮萍了。

㈢**採取「多形式、多層式」辦學方針的影響**：中共自一九七八年以來，一直以採取「多形式、多層次」的模式，促進教育數量的發展。在中等教育方面，除普通中學外，有中等技術學校、中等師範學校、農業中學、技工中學等，值得重視的是，這種方式可適應客觀條件限制的難題，因應不同階層迫切的需求，而所需經費也較低，但其缺點也顯而易見，那便是素質必然參差不齊，實質效果很難做一致的要求。

㈣**辦學責任下放至地方的影響**：這次義務教育的推行，强調由地方負責和鼓勵社會力量辦學的原則，這個策略的優點是減輕中央政府的財力負擔，同時較能適應地方的個別情況，然而將來學校可能爲適應地方財力而淪爲生產場所，同時各地學校與各級政府間的教育政策也必然缺乏連貫性。

㈤**採取彈性步驟的影響**：中國大陸幅員廣大，人口衆多，各地經濟、文化發展很不平衡，此次實行九年制義務教育爲了實事求是、因地制宜，乃採取三地區三階段進行的步驟。問題是這些規定並無實質內容，也無時間限制，尤其實行九年制義務教育，片面將責任推給地方，所謂「基礎教育管理權屬於地方」，由於中共政權屬於中央集權，地方並無充裕的財政來源，只靠一點「機動財力」，如何應付龐大的九年制義務教育的開支？何況中共教育發展向來是重城市輕鄉村，重高等教育輕基礎教育，重「重點學校」輕普通學校，這種彈性措施，既牽涉到教育的公平問題，也影響社會經濟的整體發展，容易造成基礎不穩，社會結構失調的不良現象。

陸、結語

中共竊據大陸三十幾年來，政策多變，教育體制自不會例外。鄧小平掌權後，「對內搞活，對外開放」，先有「經濟體制」、「科技體制」之改革，繼之而有「教育體制」之改革。今年四月十二日更通過「義務教育法」，決定自本年七月一日起，在中國大陸分成三個地區逐步推行九年制義務教育。

中國大陸要推行九年制義務教育，相信海內外的中國人都會寄予十分的關切，並且樂觀其成。本文探討中共頒佈義務教育法的主要內容，並分析其加强推行義務教育的動機、現況、問題及其展望。我們相信，中共推行義務教育不單純是教育內在的問題，而且與其共產主義的政治與經濟領導，息息相關。因此此次中共推行義務教育在當前實用主義政策導引下，必可獲致相當的效果。而且只要中共的義務教育效果一旦顯現，即可對其內部的政治、經濟、社會與科技帶來深遠的影響，同時必可增進大陸同胞更加對自由、民主與均富社會的嚮往，進而促成三民主義統一中國大業的早日成功。

本文主要參考資料：

一、中共「義務教育法」。
二、李鵬、何東昌作《「關於義務教育法（草案）」之說明》。
三、人民日報，〈如何普及九年制義務教育？〉
四、張承先，〈對加强基礎教育的幾點意見〉。

五、人民教育，＜探索農村初中教育改革道路＞。

六、人民教育，＜實行九年義務教育是兩個文明建設的需要＞。

七、上海師大教育科學研究所，＜中小學教育體系整體改革實驗的初步總結＞。

八、《一九八四年中國統計年鑑》。

九、汪學文，＜當前中共教育體制改革之剖析＞。

十、郭爲藩等，＜最近中共教育體制改革評析＞。

十一、孫邦正，＜國民教育論叢與九年國民教育的展望＞。

十二、國家建設研究委員會，＜最近中共教育體制改革及光復大陸後教育重建工作之研究＞。

附錄

中共的「義務教育法」（一九八六年四月十二日第六屆全國人民代表大會會議通過）

第一條　爲了發展基礎教育，促進社會主義物質文明和精神文明建設，根據憲法和我國實際情況，制定本法。

第二條　國家實行九年制義務教育。省、自治區、直轄市根據本地區的經濟、文化發展狀況，確定推行義務教育的步驟。

第三條　義務教育必須貫徹國家的教育方針，努力提高教育質量，使兒童、少年在品德、智力、體質方面全面發展，爲提高全民族的素質，培養有理想、有道德、有文化、有紀律的社會主義建設人才奠定基礎。

第四條　國家、社會、學校和家庭依法保障適齡兒童、少年接受義務教育的權利。

第五條　凡年滿六週歲的兒童，不分性別、民族、種族，應當入學接受規定年限的義務教育。條件不具備的地區，可以推遲到七週歲入學。

第六條　學校應當推廣使用全國通用的普通話。招收少數民族學生爲主的學校，可以用少數民族通用的語言文字教學。

第七條　義務教育可以分爲初等教育和初級中等教育兩個階段。在普及初等教育的基礎上普及初級中等教育。初等教育和初級中等教育的學制，由國務院教育主管部門制定。

第八條　義務教育事業，在國務院領導下，實行地方負責，分級管理。國務院教育主管部門應當根據社會主義現代化建設的需要和兒童、少年身心發展的狀況，確定義務教育的教學制度、教學內容、課程設置，審訂教科書。

第九條　地方各級人民政府應當合理設置小學、初級中等學校，使兒童、少年就近入學。地方各級人民政府爲盲、聾啞和弱智的兒童、少年舉辦特殊教育學校（班）。國家鼓勵企業、事業單位和其他社會力量，在當地人民政府統一管理下，按照國家規定的基本要求，舉辦本法規定的各類學校。城市和農村建設發展規劃必須包括相應的義務教育設施。

第十條　國家對接受義務教育的學生免收學費。國家設立助學金，幫助貧困學生就學。

第十一條　父母或者其他監護人必須使適齡的子女或者被監護人按時入學，接受規定年限的義務教育。適齡兒童、少年因疾病或者特殊情況，需要延緩入學或者免予入學的，由兒童、少年的父母或者其他監護人提出申請，經當地人民政府批准。禁止任何組織或者個人招用應該接受義務教育的適齡兒童、少年就業。

第十二條　實施義務教育所需事業費和基本建設投資，由國務院和地方各級人民政府負責籌措，予以保證。國家用於義務教育的財政撥款的增長比例，應當高於財政經常性收入的增長比例，並使按在校學生人數平均的教育費用逐步增長。地方各級人民政府按照國務院的規定，在城鄉徵收教育事業費附加，主要用於實施義務教育。國家對經濟困難地區實施義務教育的經費，予以補助。國家鼓勵各種社會力量以及個人自願捐資助學。國家在師資、財政等方面，幫助少數民族地區實施義務教育。

第十三條　國家採取措施加强和發展師範教育，加速培養、培訓師資，有計畫地實現小學教師具有中等師範學校畢業以上水平，初級中等學校的教師具有高等師範專科學校畢業以上水平。國家建立教師資格考核制度，對合格教師頒發資格證書。師範院校畢業生必須按照規定從事教育工作。國家鼓勵教師長期從事教育事業。

第十四條　全社會應當尊重教師。國家保障教師的合法權益，採取措施提高教師的社會地位，改善教師的物質待遇，對優秀的教育工作者給予獎勵。教師應當熱愛社會主義教育事業，努力提高自己的思想、文化、業務水平，愛護學生，忠於職責。

第十五條　地方各級人民政府必須創造條件，使適齡兒童、少年入學接受義務教育。除因疾病或者特殊情況，經當地人民政府批准的以外，適齡兒童、少年不入學接受義務教育的，由當地人民政府對他的父母或者其他監護人批評教育，並採取有效措施責令送子女或者被監護人入學。對招用適齡兒童、少年就業的組織或者個人，由當地人民政府給予批評教育，責令停止招用；情節嚴重的，可以並處罰款、責令停止營業或者吊銷營業執照。

第十六條　任何組織或者個人不得侵佔、克扣、挪用義務教育經費，不得擾亂教學秩序，不得侵佔、破壞學校的場地、房屋和設備。禁止侮辱、毆打教師，禁止體罰學生。不得利用宗教進行妨礙義務教育實施的活動。對違反第一款、第二款規定的，根據不同情況，分別給予行政處分，行政處罰；造成損失的，責令賠償損失；情節嚴重構成犯罪的，依法追究刑事責任。

第十七條　國務院教育主管部門根據本法制定實施細則，報國務院批准後施行。省、自治區、直轄市人民代表大會常務委員會可以根據本法，結合本地區的實際，制定具體實施辦法。

第十八條　本法自一九八六年七月一日起施行。

十六、中共教育體制改革及光復大陸後教育重建工作

壹、前　言

民國七十四年五月十五日至二十日，中共在北平召開「全國教育工作會議」，研討「教育體制改革的決定」，並於二十七日公布該「決定」。這項「決定」乃是中共繼「經濟體制改革」和「科技體制改革」之後，第三個有關體制改革的綱領性文件，顯示中共鑒於過去教育工作的徹底失敗，正試圖謀求解決教育方面的一些嚴重問題。

這份文件指出中共教育工作現存的尖銳問題主要的有三項：一、在教育事業管理權限的劃分上，政府有關部門對高等學校統得過死，使學校缺乏應有的活力，而政府應該加以管理的事情，又沒有好好地管起。二、在教育結構上，基礎教育薄弱，學校數量不足，質量不高，合格的師資和必要的設備嚴重缺乏，經濟建設大量急需的職業和技術教育沒有得到應有的發展，高等教育內部的科系、層次比例失調。三、在教育思想、教育內容、教育方法上，從小培養學生獨立生活和思考能力不夠，不少課程內容陳舊，教學方法死板，實踐環節不被重視，專業設置過於狹窄，不同程度地脫離了經濟和社會發展的需要，落

後於當代科學文化的發展。

這份文件對於中共三十幾年來，教育的徹底失敗，已有了明白的交待，因此，中共這項「教育體制改革的決定」，首先指出教育體制改革的根本目的是提高民族素質、多出人才、出好人才。這項「決定」的主要內容也有三項：一是明確規定把發展基礎教育的責任交給地方，有步驟地實行九年制義務教育；二是調整中等教育結構，大力發展職業技術教育；三是改革高等學校招生計畫和畢業生分配制度，擴大高等學校辦學自主權。

同時，中共中央爲表示要加强教育的領導，於六月十八日中共第六屆「人大常委會」第十一次會議決定設立「國家教育委員會」，撤銷「教育部」。「國家教育委員會」由李鵬（現任「國務院」副總理）兼掌主任，其職掌是負責掌握教育工作的方針、政策，統一部署教育體制改革，安排教育事業發展規劃。中共將「國家教育委員會」提升爲類似超部會的組織，主要是爲了打破過去各自爲政的局面，冀能使大陸教育體制納入正軌。

就吾人所知，中共竊據大陸三十幾年來，由於長期根據毛匪澤東的偏頗教育主張作爲指導思想，且深受權力鬪爭的影響，既沒有按教育規律辦學校，又未能形成一貫的教育路線，終至陷於「教育上不去，人才出不來」的困境。以教育政策而言，也歷經多次改變，擺動很大，「文革」前完全學習蘇俄，「文革」時由於「反資防修」，搞「教育革命」作了過「左」的偏向，鄧派當權後，又想從最「左」拉向最「右」，才有這次「教育體制改革」的企圖。正如僞教育部副部長張承先所說：「有些人認爲，新中國的教育，從理論到實踐，都不足取。社會主義學校沒有培養什麼人才，尤其沒有培養出高級人才。中國的教育必須推倒重來，另找出路。」

相反的，三十幾年來，中華民國政府與民衆在復興基地教育的發展，是以三民主義爲其最高指導原則，也就是以三民主義教育思想作爲「目標導向」，針對國家建設的需要，配合社會發展的目標，已奠定我國邁向現代化建設的基礎。目前我們正致力於三民主義統一中國的大業，我們對當前中國大陸的教育政策、教育制度、教學設施、青年心態與教育效果等都必須加强研究與瞭解，以爲光復大陸後進行教育重建工作預爲規劃，期能徹底淸除共黨思想餘毒，奠定國家民族千秋萬世不拔的基業。

本文基於此種認識，首先論述最近中共教育體制改革的背景、目的、內容與可能的結果，對於三十幾年來，中共教育工作做一個總檢討，繼之探討光復大陸後教育重建工作的方向與內涵，並提出具體之建議，以供參考。

貳、最近中共教育體制改革的背景

中共竊據大陸以來，他們始終認爲「學校應當以馬列共產主義爲主課」，教育必須「爲政治服務」，必須接受共產黨和幹部的「絕對領導」，以控制人民思想，達到共產黨「專政」的目的。過去毛澤東時代、「文化大革命」時期如此，目前中共也承認「對毛澤東教育思想要採科學的態度，既要堅持，又要發揚。」一九八二年九月六日中共「十二大」所通過的新黨章，其總綱指出「中國共產黨以馬克思列寧主義、毛澤東思想作爲自己的行動指南。」可見，毛澤東、鄧小平均是一丘之貉。目前中共雖然已從「文革」破壞性的「教育革命」中受到教訓，「誤了一代人」，回到比較正常狀態，鄧小平也投出「智力投資」、「知識化」的口號，但仍死抱「教育爲政治服務」的教條，各級匪幹輕視知識，輕視教育，仍無重大改變。最近中共教育體制要改革，但教育思想與政策則不改變，事實極爲明白。

在這種教育思想與政策領導下的中國大陸教育，已顯得極爲落後，目前中國大陸各級學校畢業學生之升學、就學均甚困難，茲以一九八四年統計的實況，說明如次：

1. 一九八四年中國大陸小學畢業生人數爲二千二百五十九萬五千人，其中能升入初中者僅一千二百八十八萬一千人，其粗升學率爲百分之五十七點零一，（同年中華民國國小畢業生升學率爲百分之九十八點六〇），無法升學者多達九百七十一萬四千人。

2. 同年中國大陸初中畢業生人數爲一千二百八十八萬一千人，其中能考取高中（職）者僅四百一十萬八千人，其粗升學率爲百分之三十一點九（中華民國國中粗升學率爲百分之七十點一九）失學者多達八百七十七萬三千人。

3. 同年大陸高中畢業生人數爲三百三十二萬一千六百人，其中能考取大專院校者僅四十七萬五千人。其粗升學率爲百分之十四點三（中華民國高中畢業生粗升學率爲百分之八十二點三三），其餘二百八十四萬六千六百人未能繼續升學。

長期以來，由於中共各級領導幹部多輕視教育，不願在教育上多作投資，導致教育經費不足，無法建立足夠的學校，以容納數量龐大的青少年就業，每年失學青少年逾二千萬名。中共最近詡稱將於一九九五年以前（中華民國於一九六八年即已延長九年國民教育，相差約三十年），逐步實現九年義務教育，惟其現有學校數量不足，估計至少得再增建五萬八千餘所初中，否則根本無法容納全部小學畢業學生。

就中共經費拮据，用在教育上投資更少的情況來看，十年內能否增建相當數量之學校，普及九年義務教育，實大有疑問。

最近中共中央決定要改革教育體制，這在中共竊據大陸以來，並非鮮事，事實上，三十幾年來，中共一直在「教育改革」上作文章，而且學制越改越亂。（相反的，中華民國學制系統大體上完成於民國二十一年，此後卽未大幅度改變，二年前雖曾研討學制改革方案，且已定案，但未實施。）茲以小學學制為例，一九四九年中共竊據大陸，沿襲中華民國的小學六年制，後由於片面「學習蘇聯」，中共教育部一九五二年十一月發出「關於小學實施五年一貫制的指示」，決定從一九五二年一年級新生起普遍推行五年一貫制。但由於沒有足夠的師資，又不肯投入大量的教育經費，所以一九五三年十一月二十六日，中共政務院在「關於整頓和改進小學教育的指示」中規定「關於小學五年一貫制，不宜繼續推行，因此從本學年起一律暫行停止推行。小學學制仍沿用四、二制，分初高兩級」。

一九五八年，由於強調縮短學制，各地紛紛試驗，有的短到四年、三年、二年，也有連中學在內實行「十年一貫制」（如北平景山學校）。一九六三年七月二十七日，中共教育部發出「關於堅持進行中小學校改革試驗的通知」，又提倡恢復「五年制」。「文革」期間，學制更為混亂，沒有統一規定。但各小學紛紛縮短學制為五年（但非蘇式五年一貫制）。

一九七六年後，五年制、六年制併存。一九八一年三月，中共教育部發出「關於在城市試行小學六年制問題的通知」。一九八三年，又突然規定：城市小學學制一律六年，農村小學學制一律五年，又產生新的混亂。可見，中共學制多變，並沒有固定體制，此次僅憑一紙命令，大談教育體制改革，其成敗命運未待耆龜，可爲預卜。

其次，三十多年來，中共主管教育的部門，也是時有變革，起伏不定，「教育委員會」的名目，其實早曾出現。一九四九年十月中共成立「教育部」，一九五二年十月分爲「教育部」和「高等教育部」。一九五三年初增設「政務院文化教育委員會」，兩年後又撤銷，一九五八年二月，又撤銷「高等教育部」。一九六〇年「國務院」增設「教育委員會」，一九六四年六月恢復「高等教育部」，一九六六年八月兩部又合併。「文化大革命」期間，一九六七年「教育部」被砸爛，一九六九年成立「國務院科教組」，主管原「教育部」及「國家科學委員會」的工作。一九七五年恢復「教育部」，一九八五年成立「國家教育委員會」，再度撤銷「教育部」爲期恰巧十年。上次「文化教育委員會」僅維持兩年，這次「國家教育委員會」能維持幾年，以及改革效果如何，尚難預料。

上述這些資料，都爲這次中共教育體制改革的決定，提供了具體的背景資料，有助於我們對於這次改革的瞭解與分析。

叁、最近中共教育體制改革的目的

據稱，關於教育體制改革的決定，是中共中央經過七個月的調查研究，國內外一萬人次參加討論制定的，制定這個「決定」的動機與目的，於一九八五年五月二十九日「光明日報」刊載「中共中央關於教育體制改革的決定」文中第一段（詳見附件四），及五月三十一日「光明日報」刊載中共副總理萬里「在全國教育工作會議上講話」文中第一段，都曾淸楚地加以說明，茲歸納上述兩文，及其他有關論簡要指出這次中共教育體制改革，具有下列三項目的：

一、要把教育事業同經濟建設直接掛起鈎來

「決定」中指出：「教育必須爲社會主義建設服務，社會主義建設必須依靠教育。社會主義現代化建設的宏偉任務，要求我們不但必須放手使用和努力提高現有人才，而且必須極大地提高全黨對教育工作的認識，面向現代化、面向世界、面向未來，爲九十年代以至下世紀初葉我國經濟和社會的發展，大規模地準備新的能夠堅持社會主義方向的各級各類合格人才。」那麼中共以爲它最缺乏何種人才？最需要培養何種人才呢？「決定」中指出：

1. 要造就數以億計的工業、農業、商業等各行各業有文化、懂技術、業務熟練的勞動者。

2. 要造就數以千萬計的具有現代科學技術和經營管理知識，具有開拓能力的廠長、經理、工程師、農藝師、經濟師、會計師、統計師和其他經濟、技術工作人員。

3. 還要造就數以千萬計的能夠適應現代科學文化發展和新技術革命要求的教育工作者、科學工作者、醫務工作者、理論工作者、文化工作者、新聞和編輯出版工作者、法律工作者、外事工作者、軍事工作者和各方面黨政工作者。

中共要搞「四個現代化」建設，缺乏這麼多的人才，其問題何其嚴重？中共要搞經濟建設需要這麼多的人才，其口氣這麼大，簡直是畫餅充饑！據一九八二年中共第三次人口普查統計：在十二歲以上人口中，文盲和半文盲高達二億三千五百八十二萬人，佔人口總數的百分之二十三點五（詳見附件一）中華民國文盲率約爲百分之九點八）。而大學文化程度的，包括學者，僅有六百零二萬；高中六千六百

多萬；初中一億七千多萬；小學三億五千多萬。文盲充斥，人才缺乏，當然難以「多出人才，出好人才。」

因此，萬里的講話指出：「單靠現有的人才，你挖我，我挖你，甚至挖到各級學校的教師隊伍，這等於殺鷄取卵，不但不能解決問題，還爲解決問題製造了困難。你眞重視人才，眞想實現知識化，就要抓教育。人才的極端重要性決定了教育在四化建設中的戰略地位。」

二、要把教育事業同世界教育發展的趨勢相適應

中共發現它三十幾年來在教育上採取封鎖政策，已與世界各國教育發展趨勢脫節與落後很多，其中最明顯的是：

1.世界各國都把加強中小學基礎教育置於特殊重要的地位，並把提高教育質量作爲教育改革的重要目標，而中共的中小學基礎教育是整個教育體系中最薄弱的環節，尤其是質量都有嚴重的問題。

2.在世界各國的教育事業中，職業教育受到高度的重視，並成爲教育體系的重要組成部分，而中共的職業教育即使到了一九八四年在高級中等教育階段的比重也祇佔百分之三十四點三（中華民國職業教育與普通教育的比例是七點二比二點八），它「遠遠落後於城鄉蓬勃發展的經濟形勢」，因此必須有一個較大的發展。

3.世界高等教育發展迅猛，高等學校的結構類型日趨多樣化，而中共高等教育的情況，無論規模和結構都還和四化建設需要不相適應，因此高等教育必須解決「包得太多、統得過死、吃大鍋飯等弊端，堅持兩條腿走路的方針，採取多層次、多形式、多規格、多渠道的方法來發展。」

因此，「決定」强調要從根本上改變這種狀況，必須從教育體制入手，有系統地進行改革。

三、要把教育事業由主要靠國家辦教育、改變爲由國家和社會共同辦教育

中共過去辦教育是國家包得過多的現象，而且「各級都有一些領導幹部，寧肯把錢花在並非必要的方面，對於各種嚴重的浪費也不感到痛心，唯獨不肯爲發展教育而花一點錢，這種狀況必須改變。」所以，「決定」指出這次改革在增加教育投資方面，要有二項作法：

1.今後教育撥款的增長要高於財政經常性收入的增長，並使按在校學生人數平均的教育費用逐步增長；而當前辦學經費困難和教師待遇較低的狀況只能逐步改善。

2.同時，辦教育也要依靠羣衆，不能什麼事都靠國家拿錢。富有富的辦法，窮有窮的辦法，只要領導重視，善於把羣衆辦學的積極性組織起來，發揮出來，就不會完全沒有辦法。

基於上述動機與目的，於是中共正式發佈「教育體制改革的決定」，並且認爲「教育體制改革是一項艱巨的工程，問題比較複雜，困難也比較多」，但爲了「實現四化的宏偉目標，我們一定要把教育體制改革堅持下去，直到完全達到目的。」

肆、最近中共教育體制改革的主要內容

中共教育體制改革的主要內容，就各級各類學校教育而言，包括：發展基礎教育、調整中等教育、改革高等教育。其構想與方式大約如次：

㈠發展基礎教育

中共為發展基礎教育，在「教育體制改革的決定」中，其標題為：「把發展基礎教育的責任交給地方，有步驟地實行九年制義務教育」。中共為求普及小學教育，提出「實行基礎教育由地方負責，分級管理的原則。」規定義務教育分三個地區、三個階段逐步進行，即：

1. 是約占全國人口四分之一的城市、沿海各省中的經濟發達地區和內地少數發達地區。在一九九〇年左右完成——五年計畫。

2. 是約占全國人口一半的中等發展程度的鎮和農村，在一九九五年完成——十年計畫。

3. 是約占全國人口四分之一的經濟落後地區，隨着經濟的發展，採取各種形式積極進行不同程度的普及基礎教育的工作——不定期計畫。

同時，也規定「基礎教育管理權屬於地方」，「除了國家撥款以外，地方機動財力中應有適當比例用於教育，鄉財政收入應主要用於教育。地方可以徵收教育附加費。」並「要鼓勵和指導國營企業、社會團體和個人辦學，並在自願的基礎上，鼓勵單位、集體和個人捐資助學。」

在實行九年制義務教育的同時，還要努力發展幼兒教育，發展盲、聾、啞、殘人和弱智兒童的特殊教育。

(二)調整中等教育

中共為調整中等教育，在「教育體制改革的決定」中，其標題為：「調整中等教育結構，大力發展職業技術教育」。其主要內容則規定：

1. 要樹立行行出狀元的觀念，實行「先培訓、後就業」的原則，今後各單位招工，必須首先從各種職業技術學校畢業生中擇優錄取。

2.青少年教育應從中學階段開始分流，一部份接受普通高中及大學教育，一部份接受職業教育。「力爭在五年左右，使大多數地區的各類高中階段的職業技術學校招生數相當於普通高中的招生數」。（即五年計畫，希望普通教育與職業教育達成五與五之比）。

3.逐步建立起一個從初級到高級行業配套結構合理，又能與普通教育相互溝通的職業技術教育體系。

4.在城市要適應提高企業的技術、管理水平和發展第三產業的需要，在農村要適應調整產業結構和農民勞動致富的需要。

5.師資嚴重不足，是當前發展中等職業技術教育的突出矛盾，各單位和部門辦的學校，要首先依靠自身力量解決專業技術師資的問題。

6.中等職業技術教育主要由地方負責，中央各部門辦的這類學校，地方也要予以協調和配合。

㈢改革高等教育

中共爲改革高等教育，在「教育體制改革的決定」中，其標題爲：「改革高等學校的招生計畫和畢業生分配制度，擴大高等學校辦學自主權。」其改革要點，大約如次：

1.當前高等教育體制改革的關鍵，就是改變高等學校統得過多的管理體制，擴大高等學校的辦學自主權。

2.改革大學招生的計畫制度和畢業生分配制。實行三種辦法：

一是「國家計畫招生」，切實改進招生計畫工作，配合「國家遠期和近期需要」。這部份學生的畢業分配，實行「在國家計畫指導下，由本人選拔志願，學校推薦，用人單位擇優錄用」的制度。邊遠地區實行定向招生、畢業生待遇從優；並爲共軍培養一定數量的畢業生。（卽計畫招生）。

二是「用人單位委托招生」，委托單位要按議定的合同向學校交納一定數量的「培養費」，畢業生應按合同規定到委托單位工作。（卽建教合作）。

三是「在國家計畫外招收少數自費生」，學生應交納一定數量的「培養費」，畢業後可以由學校推薦就業，也可以自謀職業。（卽自費生）。

以上三類學生，都必須經過「國家考試」合格，由學校錄取。

3.改革助學金制度，實行獎學金制度。師範和畢業後工作環境特別艱苦的專業的學生，得免交學雜費；對確有經濟困難的學生給以必要的補助。

4.擴大高等學校的辦學自主權，包括：制訂教學計畫和教學大綱、編寫和運用教材，接受委托或與外單位合作，進行科學研究和技術開發，建立教學、科研、生產聯合體，提名任免副校長和其他各級幹部，具體安排「國家撥發的基建投資和經費」，利用自籌資金，開展國際的教育和學術交流等。

5.調動辦學的積極性，實行中央、省、中心城市三級辦學的體制。

6.加快財經、政法、管理等類薄弱系科和專業的發展，加快高等專科教育的發展。大學本科主要通過改革、擴建和各種形式的聯合，充分發揮潛力，近期內一般不建新校。

7.重點大學科比較集中的學校，將自然形成既是「教育中心」，又是「科學研究中心」。

8.改革教學內容、教學方法、教學制度，提高教學的質與量。針對現存的弊端，積極進行教學改革的各種試驗，例如：改變專業過於狹窄的狀況，減少必修課，增加選修課，實行「學分制」和「雙學位制」。有條件的學校，教學任務較重的副教授以上的教師，今後每五年中應有一年時間供他們進修，從事科學研究和進行學校交流。

除上述三部份學校教育體制改革的構想外，中共「教育體制改革的決定」，第五部份爲「加强領導，調動各方面積極因素，保證教育體制改革的順利進行」。這是屬於一些配合措施，其主要內容爲：

1.在教育體制改革中，必須尊重教育工作的規律和特點，大政方針必須集中統一，具體辦法應該靈活多樣，決不可一哄而起，强制推行。

2.成立「國家教育委員會」，負責掌握教育的大政方針，統籌整個教育事業的發展，協調各部門有關教育的工作，統一部署和指導教育體制的改革。並且要加强教育立法。

3.調動教師的積極性。在教育體制改革中，必須依靠教師，聽取他們的意見。各級政府和有關部門今後每年都要爲教師切實地解決一些問題。要樹立尊師的風氣。同時還要調動學校政治、行政、後勤工作人員的積極性。

4.學校逐步實行校長負責制。有條件的學校要設立由校長主持的校務委員會，作爲審議機構。要建立和健全以教師爲主體的教職工代表大會制度。學校黨組織要把工作集中，加强思想教育，支持校長和保證監督黨的政策的落實上來。

最後，「教育體制改革的決定」說明該文件只着重解決學校教育體制改革的問題，有關幹部、職工、農民的成人教育和廣電教育，要由「國家教育委員會」作出專門的決定，而軍事系統學校的改革，則由「中央軍委」決定。

伍、最近中共教育體制改革的可能結果

仔細研究最近中共「教育體制改革的決定」，第一個直覺的反應是，中共繼「經濟學臺灣」、「政治學臺北」之後，現在開始「教育學中華民國」。證據在那裏？茲將重要證據條列如左：

㈠**改革的宗旨方面**：其名目是「提高民族素質、多出人才、出好人才」，事實上，這次改革主要目的是要教育充分配合經濟與社會之發展，促進國家的現代化。這種教育目的，中華民國自從民國四十二年第一期四年經濟建設計畫開始，即強調教育與經濟之結合，並配合社會之需要，因此創造了高度的經濟發展。中共因實施「四化建設」，需要人才，所以也開始重視教育與經濟、社會發展之結合，這正是「教育學中華民國」的最佳例證。

㈡**實施九年制義務教育方面**：中共的基礎教育非常落後，學制也很分歧，但這次改革的第一個重點即要實行九年制義務教育。中華民國於民國五十七年在先總統　蔣公明確指示下，延長九年國民教育，迄今十七個年頭了，對於國民素質的提高，國家勞動生產力的貢獻，居功厥偉。中共雖明知其基礎教育薄弱，學制紛亂，教育經費有限，但仍標榜要實施九年制義務教育，十分明顯的是要「教育學中華民國」。

㈢**發展職業技術教育方面**：中共原以馬列主義起家，一向標榜重視勞動生產教育，強調教育與勞動

生產相結合，可是三十幾年下來，職業教育在中共教育體制上，成爲最薄弱的環節，在高級中等教育結構上，職業教育與普通教育之比重爲三與七之比，中共在「決定」中，要求五年後，上述比重要改爲五與五之比。中華民國在十年前，職業教育與普通教育學生人數之比例，即爲三比七，但經教育當局確定政策與努力扭轉之後，目前職業教育與普通教育之比例，正好顛倒過來成爲七與三之比。中共要「教育學中華民國」這又是一個明證。

㈣**改革高等教育方面**：中共在高等教育方面的改革，最主要的是改進招生計畫，要透過「國家」考試，由學校錄取。雖然我們不了解其國家考試的詳細內容，但很明顯的可以知道，這是中華民國實施二十幾年來很有績效，也是爭議很多的「大學聯合招生考試」辦法。

㈤**其他方面**：中共這次「教育體制改革的決定」文中，前前後後尙有很多可能是學習中華民國的教育名詞或辦法的，例如：發展幼兒教育、特殊教育，提倡尊師風氣，提高教師待遇，加强中小學教師進修，劃分中央、省與地方三級教育行政管理權，提倡「行行出狀元」的觀念，加强生產者在職進修，職業證照制度，學生獎助學金辦法，大學評鑑制度，大學實行「學分制」、「雙學位制」，教授休假進修辦法等。

中共現在開始「教育學中華民國」在時間上已落後十年、二十年或三十年，雖然「亡羊補牢」，永遠不嫌遲緩，但仔細分析，仍有「東施效顰」之弊。明顯的證據是，「決定」中始終强調：⑴教育必須爲社會主義建設服務；⑵培養人才的目的在爲社會主義祖國和社會主義事業而獻身；⑶祇在國家指導下擴大辦學自主權；⑷實施大學畢業生分配制度；⑸在辯證唯物主義和歷史唯物主義的思想指導下，改革教學內容、教學方法、教學制度；(6)注意調動學校中黨工人員；(7)以及改革的最終目的，在建立「具有中國特色的社會主義教育事業」等。這一切都可證明中共教育體制改革，基本上仍然違反：民族獨立、民權普遍、民生發展的三民主義教育的最高指導原則，「中共非中國」又是一個明證。

其次，就最近中共「教育體制改革的決定」的實質內容，來分析其可能的發展與結果，茲條列如次：

(一)「國家教育委員會」領導問題

中共爲了加强中央對教育工作的領導，成立「國家教育委員會」，負責掌握教育的大政方針，統籌整個教育事業的發展，協調各部門有關教育的工作，統一部署和指導教育體制的改革。

當中共中央於五月二十七日公佈「決定」，宣佈成立「國家教育委員會」後，「國務院」總理趙紫陽於六月十三日向「六屆人大常委員十一次會議」提出「設立國家教育委員會和撤銷教育部的議案」，該會議於六月十八日通過，並決定任命李鵬兼任該會主任。「國務院」更於翌日任命八人爲該會副主任。這九人的姓名與簡歷如次：

1.李鵬：曾任「電力工業部」部長，現任「國務院」副總理。

2.何東昌：原任「教育部」部長。

3.楊海波：原任「安徽省政協」主席。

4.朱開軒：原任中共「北京航空學院」黨委書記。

5.柳斌：原任江西省副省長。

6.彭珮雲：原任「教育部」副部長。

7.鄒時炎：原任「湖北省教育廳」廳長。

8.王明達：原任「吉林省教育廳」副廳長。

9.劉忠德：原任中共「南京工學院」黨委書記。

此外，該會已聘請「國家計委」、「國家經委」、「國家科委」、「財政部」和「勞動人事部」等五個部門的三名副主任和兩名副部長擔任兼職委員，參加領導工作。並已於六月二十五日擧行第一次全體會議，決定重點抓好幾項工作，諸如：抓好對中小學教師的培養和培訓工作，抓緊進行高等學校的簡政放權工作，起草關於成人教育的改革文件等。

中共中央主管教育的部門，常在「教育委員會」、「教育部」與「高等教育部」間更改，前已述及，這次又撤銷「教育部」，設置「國家教育委員會」，名義爲提升中央教育部門的地位，統一部署教育體制改革，但「委員會」本身能維持多久，實屬問題。此外，仍有幾項問題要看以後的發展而定：(1)「國務院」副總理李鵬兼任該會主任，據資料顯示李鵬出身發電廠廠長，後任中共「水利電力部」副部長，於一九八二年當選中共中央委員，一九八三年擢升「國務院」副總理，一九八四年兼任「國務院核電領導小組」、「農村能源領導小組」、「環境保護委員會」、「電子振興領導小組」等組長，可見他對「教育」既無專業素養，也是初次參與教育領導工作，「國家教育委員會」在他領導下，如何定位，尚待考驗。(2)發展教育事業和改革教育體制，涉及面頗廣，關係到中央許多部門，也牽涉到全國各地方的帶動問題，經緯萬端，「國家教育委員會」能起多大作用，有待時間證實。

(二)實行九年制義務教育問題

中共決定要實行九年制義務教育，照一般教育觀點來看，即在預期時間內，使全國六——十五歲的兒童，皆可進入小學與初中，接受國家給予的九年的免費教育。這項辦法，在中國大陸有此可能嗎？

1. 據一九八二年大陸人口普查，共有文盲、半文盲二億三千萬人。適齡兒童入學率雖達百分之九十五，但是一九八三年鞏固率（在學）只有百分之六十，合格率僅得百分之三十。（即是匪黨中央宣傳部長鄧力群所說：目前整個大陸小學教育仍停留在「三、六、九」階段）。而「學校危房面積，小學佔百分之十二點五，各地尚缺課桌椅五千五百萬套，實驗儀器、設備嚴重不足或一無所有的學校、小學佔百分之九十以上。」因此，萬里在報告中說：「有些同志認爲，我國現在還有二億三千多萬文盲、半文盲，初等教育還沒有完全普及，不少地方鞏固率、合格率都比較低，加上經費、師資等問題很多，因而擔心實現不了，不如暫不提這個目標。」

2. 中共爲實行九年制義務教育，提出因地制宜，劃分全大陸爲三種不同地區，用不同步驟，不同的要求來實行，即：「一是佔人口四分之一的城市，沿海各省中經濟發達地區和內地少數發達地區……在一九九〇年左右完成。二是人口一半的中等發展程度的鎭和農村……在一九九五年左右普及。三是佔人口四分之一的經濟落後地區……採取各種形式積極進行不同程度的普及基礎教育工作。」這些規定並無實質內容，也無時間限制，尤其實行所謂九年制義務教育，片面將責任推給地方，「基礎教育管理權屬於地方」，由於中共政權屬於中央集權，地方並無充裕的財政來源，只靠一點「機動財力」，如何應付龐大的「九年制義務教育」開支？

從這些規定與實況看，中共所謂的「九年制義務教育」的構想，必然變質與落空。至少四分之一的地區已放棄進行九年制的義務教育，另二分之一的地區實行的也並非眞正的九年制義務教育。

㈢高等教育改革問題

自一九七八年以來，大陸高等教育已打破「文革」時期浩刼十年，「人才中空」的慘劇，在量的方面，發展頗爲迅速，據統計（詳見附件二），一九八四年大陸已有研究所六九五單位，研究生五萬七千五百人；普通高等學校數九百〇二校，在校學生數一百三十九萬六千人。但此數量仍很不足，鄧小平於一九八〇年一月在「目前的形勢和任務」的講話中曾說：「如果我們有二百萬到三百萬在校大學生，我們培養的專門人才就會比較多。」

在高等教育質的方面，却難以提高，問題頗多。據「中國高等教育學會」理事吳福生說：「據初步預測，到本世紀末，我國大學生數要比現在增長幾倍，研究生的增長倍數更大一些。但就目前我國高等教育的情況看，無論規模和結構都還和四化建設需要不相適應。」「高等教育必須解決包得太多、統得過死、吃大鍋飯等弊端，堅持兩條腿走路的方針，採取多層次、多形式、多規格、多渠道的方法來發展。」「高等教育結構不合理的問題也要解決，改變兩頭小中間大的狀況，即專科和本科比例失調，需要大力發展專科，研究生不能滿足需要，需要擴大招生。從學科比例來看，政法、財經、管理等專業缺額很大，需要加以調整。還要大力加强人才預測工作，並制定我國高等學校發展之總體規劃，以便根據我國四化建設對人才的實際需求，有計畫按比例地發展我國的高等教育事業。」顯然，大陸高等教育的改革，確有相當的問題和阻力，並不容易落實。

㈣**各級學校教師質量問題**

中共教育體制改革的決定也指出，要調整教師的積極性，必須緊緊地依靠教師。萬里在這次「全國教育工作會議」上講話也指出：發展教育還有個大困難，就是缺少師資。現在一些地方的農村有了錢了，蓋了學校了，就是缺好的教師。解決這個問題，除千方百計積極加强師範教育外，還必須從調出去的教師調回一部份，從其他部門適合當教師的人中擠出一部份來當教師，才能適應當前緊迫的需要。

當前大陸各級學校教師的質量問題很大，據中共教育專家于維棟統計：大陸「目前有知識分子二千五百萬人，佔總人口的百分之二點五；其中教師佔三分之一强，大學教師二十五萬人；中專教師十萬人；中學教師三百一十萬人；小學教師五百二十萬人」。且「小學教師的平均工資居各行各業之末，特別是民辦教師（小學畢業教小學的教師）有三百五十六萬四千多人，佔百分之六十四。換句話說，三名小學教師卽有二名「民辦教師」，而另外三分之一的正式小學教師中，眞正受過師範教育者不足半數」。由此可知大陸小學教師隊伍結構極不健全，大都質量很低。

此外，「現在中小學教師生活待遇比較低，教師比同等學歷的企業人員工資低一級，獎金、福利、住房條件也不如他們，使教員不安心教學。教師隊伍不穩定，一些教師想離開教育路線。」「不尊重教師，歧視、辱罵，甚至毆打、傷害教師的事件時有發生。」

由上可見，當前中共教育體制改革，要靠這樣的教師隊伍培養出大批出類拔萃的人才是很困難的。

㈤**教育經費投資問題**

「財政爲庶政之母」，辦教育是要大量經費的。中共當權派不重視教育，而且特別不重視小學教育。萬里的講話指出：「輕視教育仍然是相當普遍的現象。」「有些同志至今沒有從根本上認識教育的極端重要性。……把學校場地佔用了，把教師調走了，連教育經費也挪作他用。」

據中共的統計資料，三十五年來，中共財政總支出二九、九六六・九五億元（人民幣），其中用於教育的一、五一五・七二億元，佔總支出百分之六點九。近四年雖有增加，也不過佔總支出的百分之十左右。而用於軍事的支出却高達三、八二一・八六億元，佔總支出百分之一七點四，教育支出僅及軍事支出的百分之三九點六六。而且中共迄無法律規定教育預算的最低比例。

根據另一項中共資料顯示，「一九八四年中共國家預算，文教科學衛生事業費的增長幅度比上年低，由去年的百分之十三點五下降到百分之五點一，也比整個國家預算平均增長率百分之六點三為低。事實上，扣除物價上升的因素，根本沒有增長。」

據中共「光明日報」一九八〇年六月十五日透露，按每人平均的教育經費計，一九七五年美國為四百七十一點四美元，日本為二百四十七點七美元，埃及為十八美元，印度為三點九美元，而大陸只有二點七美元。另據同年十月九日香港大公報報導，目前大陸有一半學校除了教師工資外，連一毛錢經費也沒有。很多學校，除了教師、學生和幾册課本外，一無所有。中共教育經費特別低，由此可見一斑。中共教育體制改革，若無教育經費的大量投資來支持，無異望梅止渴，無補實際。

綜合上述，可見中共決定從事教育體制的改革，但是許多實質問題困難重重，且無解決方案或可能，因此最近中共教育體制的改革，其前途是極不樂觀的。

陸、光復大陸後教育重建工作

民國七十二年一月，中國教育學會成立五十週年紀念會，三民主義統一中國大同盟推行委員會主任委員何應欽先生，曾應邀於中國大陸光復後教育重建問題研討會致詞，他說：「從最近中國大陸風起雲湧的民主化運動，反共義士紛紛衝破鐵幕，投奔自由的現象看來，我們相信大陸同胞在中共暴政壓迫下生活，已到了忍無可忍，即將揭竿而起的時候，中共政權的崩潰，已是必然的歸趨。我們除了枕戈待旦，在軍事上積極準備光復大陸外，更重要的工作，是配合收復地區的社會建設與教育重建工作，復國與建國兩項任務，必須配合進行，才能加速完成三民主義統一中國的目標。」

他進一步指出：「我們深覺今日學術界對中國大陸問題的研究與瞭解有待加强，以教育學術而言，倘若我們對當前中國大陸的學校制度、教學設施、青年心態與教育專業人才的情形沒有深入的認識，並對光復大陸後如何進行教育重建預為規劃，則其他建設工作亦必然受到影響。……如何有效進行光復大陸後教育重建工作，我們今日必須深入研究。」誠哉斯言。

本文前幾節即在分析最近中共教育體制改革的決定，一方面藉以徹底了解過去三十幾年來，中共教育徹底失敗的眞象，證實三民主義教育的優越性，肯定三民主義統一中國的必然性；另一方面吾人可以針對當前中共改革教育體制的動向，深入剖析其利弊得失，特別釐清其致命的弱點，暴露其缺失，以利大陸之光復及教育重建之工作。

光復大陸後教育重建工作，既欲破舊，又欲立新，千頭萬緒，經緯多端，但其基本原則當在以思想對付思想，以主義對付主義，使全體大陸同胞清除共產主義餘毒，認同三民主義，玆條列數項基本政策如左：

1. 依據三民主義教育宗旨及中華民國憲法第一五八條之規定：「教育文化，應發展國民之民族精神、自治精神、國民道德、健全體格、科學及生活智能。」

2. 建立各級學校教育制度：

(1)幼兒教育由政府依法輔導之。

(2)普遍推行九年國民教育及中、小學特殊教育。

(3)擴大設置高級中學及職業學校。

(4)建立職業技術教育完整體系。

(5)依據師範教育法設置師範院校。

(6)設置大學及獨立學院並延伸研究所教育。

(7)華僑教育應予擴大推展，鼓勵僑生回國升學。

(8)國家應奬勵私人興學。

(9)鼓勵留學生回國服務，協助國家之重建。

(10)推廣社會教育，以提高一般國民之教育文化水準。

3. 利用大衆傳播媒體，積極展開三民主義的社會教育，重建倫理秩序，强調互助互愛，宣揚民主法治精神，淸除各種殘酷鬪爭思想，建立正確輿論，端正社會風氣。

4.光復大陸後教育重建工作應分：近程、中程與遠程等目標，淸除共產主義餘毒，建立正規教育制度，擴大推行社會教育，宏揚倫理、民主與科學思想，務期民族獨立、民權普遍、民生發展，以促進世界大同。

最後，爲期大陸光復後教育重建工作之順利進行，建議教育部成立「大陸教育重建工作小組」，結合教育行政工作者、匪情專家、教育專家學者、中、小學教師代表及文化工作者等共同組成，經常對於中共教育與文化動態加以硏究與剖析，並對於光復大陸後教育重建工作預爲規劃、協調與推動，建立光復大陸後教育重建工作具體的藍圖，以促進三民主義統一中國大業的加速完成。

柒、結語

中共竊據大陸三十幾年來，政策多變，教育體制自不會例外。鄧小平掌權後，「對內搞活，對外開放」，先有「經濟體制」、「科技體制」之改革，繼之，本年五月間召開「全國教育工作會議」，公布「教育體制改革的決定」，試圖透過教育體制改革，提高民族素質，多出人才，出好人才，以配合其「四化建設」，使中國大陸「消滅貧窮走向富强，消滅落後走向現代化，建設有中國特色的社會主義。」

本文曾明確地指出，這項中共教育體制改革的決定，無論在形式上或實質上，都是中共繼「經濟學臺灣」、「政治學臺北」後，又一項「教育學中華民國」的作法，因爲這個「決定」的三項主要內容：⑴發展基礎教育，實行九年制義務教育；⑵調整中等教育，發展職業技術教育；⑶改革高等教育，擴大高等學校自主權等措施，中華民國都會在過去的三十年徹底實施，中共今日東施效顰，實遠遜於中華民國，而步武於後。

中共教育體制改革的決定，目前才開始實施數個月，成效若何雖然有待時間與事實考驗，輕易蓋棺論定，似有失公允。但證之過去三十多年中共教育觀念的落伍，教育系統的紊亂，學校教學效果的低微，教育人才的淪落，前途實在不可樂觀，尤其在：⑴國家教育委員會領導問題，⑵實行九年制義務教育問題，⑶高等教育改革問題，⑷各級學校教師質量問題與⑸教育經費投資問題等方面，若不能獲致具體的解決途徑，則其終歸流於「一紙命令」而已，自可預卜。

最後，吾人以爲三民主義復興基地的教育建設，已奠定中華民國邁向現代化建設的基礎，在光復大陸後，我國一切教育建設，自應以三民主義爲中心思想，使全國國民普受三民主義的敎化，以激發民族獨立自由的新文化，推展民權法治平等的新政治，建立民生博愛的新社會，將三民主義精神與學術，完全融貫於全部教育建設之中，以徹底清除共產思想餘毒，而奠定國家民族千秋萬世的基業。

主要參考資料

一、＜中共中央關於教育體制改革的決定＞，光明日報，一九八五年五月二十九日。
二、萬里，在全國教育工作會議上的講話，光明日報，一九八五年五月三十一日。
三、中央日報，＜大陸透視＞，民國七十四年六月十八日。
四、中央日報海外版，＜中共的「教育改革」＞，民國七十四年八月十一—十八日。
五、世盟中華民國分會，≪當前中國大陸情勢之剖析≫，民國七十四年八月。
六、世盟中華民國分會，＜當前中國大陸情勢表解＞，民國七十四年六月。

七、汪學文撰，〈當前中共教育體制改革的剖析〉，《中國大陸研究》，第二十八卷第一期，民國七十四年七月。
八、吳彩光著，《匪情分析》，蘇俄問題研究社，民國七十三年八月。
九、中國教育學會，《中國大陸光復後教育重建問題研討會手册》，民國七十二年一月二十八日。
十、教育部，〈中華民國教育統計〉，民國七十三年。

附錄一

中共三次人口普查重要數字

單位：萬人

項目	第一次（1953年7月1日）	第二次（1964年7月1日）	第三次（1982年7月1日）	人口構成%	
				1964年	1982年
一、全大陸總人口	58,060	69,458	100,817		
二、按性別分的人口	58,060	69,458	100,817	100.0	100.0
男　性	30,082	35,652	51,943	51.3	51.5
女　性	27,978	33,806	48,874	48.7	48.5
三、按年齡分的人口	57,421	69,458			
18歲及18歲以上的	33,834	37,459			
其中：80歲～99歲的	185	181			
100歲及100歲以上的	3,384人	4,900人			
四、按民族分的人口	58,060	69,458	100,394	100.0	100.0
漢　族	54,528	65,457	93,670	94.2	93.3
各少數民族	3,532	4,000	6,636	5.8	6.6
民族不詳		1	88	—	0.1
五、按城鄉分的人口		69,458	100,817	100.0	100.0
市鎮總人口		13,046	21,083	18.8	20.9
鄉村總人口		56,412	79,734	81.2	79.1
六、按文化程度分的人口		69,122	100,394	100.0	100.0
其中：大學和相當於大學		288	602	0.4	0.6
高　中		912	6,648	1.3	6.6
初　中		3,235	17,828	4.7	17.8
小　學		19,582	35,516	28.3	35.4
文盲和半文盲（12周歲以上）		26,340	23,582	38.1	23.5

註：1.第六項不包括中共的現役軍人
2.第三次普查的第四項不包括中共現役軍人
3.第一次普查的第三項分組人口不包括西藏等省區間接調查人口

資料來源：1983年中共《中國統計年鑑》（海外中文版）

一九七八年以來中共教育發展情況部分統計數字

年	培養研究生單位數	在校學生數（萬人）	普通高等學校數	在校學生數（萬人）
一九七八	三七〇	一・〇九	五九八	八五・六
一九八四	六九五	五・七五	九〇二	一三九・六

年	中等專業學校數	在校學生數（萬人）	普通中學數	在校學生數（萬人）
一九七八	二、七六〇	八八・九	一六二、三四五	六、五四八・三
一九八四	三、三〇一	一三二・二	九三、七一四	四、五五四・二

年	農業、職業中學數	在校學生數（萬人）
一九八〇	三、三一四	四五・四
一九八四	七、〇〇二	一七四・五

年	普通高等學校專業數	其中：工科	理科	文科	財經	政法
一九七九	八九五	四五三	一四九	五五	四四	六
一九八三	八五五	三八九	一四六	五九	四三	一〇

年	普通高等學校專業布點數	其中：工科	理科	文科	財經	政法
一九七九	六、六〇三	二、一三八	八五四	四七八	一七〇	一三
一九八三	八、一九八	二、六九〇	七五八	五九一	六二六	九一

年	普通高等學校招生人數（人）	其中：工科	理科	文科	財經	政法
一九七九	二七五、〇九九	九一、八六九	一八、〇五三	一四、九八四	八、一四三	二、〇四一
一九八四	四七五、一七一	一五八、九二五	二五、六六一	三四、七一五	三九、七〇二	九、五〇九

資料來源：一九八五年四月十五日《瞭望》周刊第十五期第四十二頁。

附錄三

中共「教育改革」問題

改革背景

中共學校教育目前存在的問題

- 在教育事業管理權限的劃分上，政府有關部門對學校主要是對高等學校統得過死，使學校缺乏應有的自主權。
- 在教育結構上，基礎教育薄弱，學校數量不足、質量不高，合格的師資和必要的設備嚴重缺乏，經濟建設大量急需的職業技術教育沒有得到應有的發展，高等教育內部的科系、層次比例失調。
- 不少教材內容陳舊，教學方法死板，實踐環節不被重視，以致學生缺乏獨立思考的能力，缺乏爲國獻身的精神。高校專業設置過於狹窄，不同程度地脫離了經濟和社會的需要，落後於當代科學文化的發展。
- 教育經費不足，阻滯了教育的發展。有一些領導幹部對教育的重要性認識不足，把教育經費挪作他用。

改革依據

「關於教育體制改革的決定」

一九八五年五月廿七日中共中央公布

內容要點

- 指出教育體制改革的目的是提高民族素質，多出人才，出好人才。
- 決定把發展基礎教育的責任交給地方，有步驟地實行九年制義務教育。並要求建立一支足夠數量的、合格而穩定的教師隊伍。
- 決定調整中等教育結構，大力發展職業技術教育，力爭在五年左右，使大多數地區的各類高中階段的職業技術學校招生數，相當於普通高中的招生數。
- 決定改革高等學校的招生計畫和畢業生分配制度，擴大高等學校的辦學自主權。
- 決定成立「國家教育委員會」，負責掌握教育的大政方針，統籌整個教育事業的發展，協調各部門有關教育的工作，統一部署和指導教育體制的改革。此外，還要加強教育立法。

改革的主要困難

- 經費問題：大陸的教育經費預算奇低，在世界上倒數第三。教育經費花在人頭費上居多，眞正用於教育者極少。因此全面實施九年義務教育，在短期內殆無可能。
- 觀念問題：共黨幹部不願讓知識分子「坐天下」，一向輕視教育，仇視人才。僞副總理萬里坦承：「輕視教育仍然是相當普遍的現象。」扭轉這種觀念顯然不是朝夕所能做到。
- 師資問題：由於大陸教師的工資待遇偏低、住房擁擠、經常遭受歧視及毆辱，致使在職教師紛紛設法改行，中學生也不願報考師範院校，嚴重影響教師素質。

未來預估

過去七年來中共經常高喊教育要改革，鄧小平亦會允諾做教育界的「後勤部長」。但是教育弊害積重難返如故。今後若是經費、觀念、師資三個方面的問題不能解決，則教育體制的改革仍將流於空談。

資料來源：〈當前中國大陸情勢表解〉，世盟分會印，民國七十四年六月，第十四頁。

十六、中共教育體制改革及光復大陸後教育重建工作

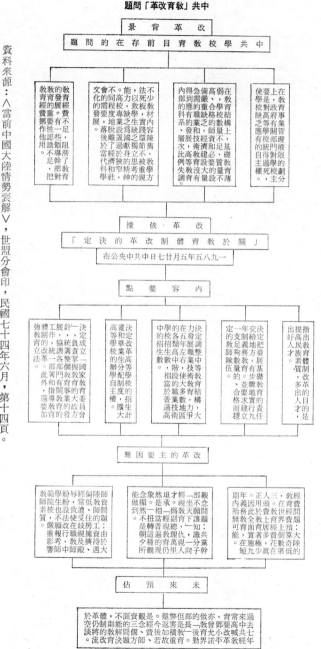

第肆篇　教育與理倫

十七、民生主義的生活教育

民生主義在創造全民自由、民主與均富的生活，這些理想已在復興基地獲得具體的實踐，個人的自由有憲法的保障，政治的民主由全民所參與，民生的富足更是大家所共享，所以先總統　蔣公於民生主義育樂兩篇補述中，自由安全社會的藍圖，由小康而大同的社會理想，已在我們的努力中踏着這一階梯向前邁進。

壹、生活富足，富而好禮

復興基地經過三十幾年的生聚教訓，經濟發展，家家生活富足，人人豐衣足食，已創造了一個民生樂利的社會。但鑑於：孔子看到衞國人口衆多，曰：「庶矣哉！」曰：「富之」，曰：「敎之」的教訓，因此，復興基地如何在經濟繁榮之同時，致力於建立「富而好禮」的社會，是我們的當務之急。

今日的社會，經濟富裕的事實，人人都可舉出一大堆例子與故事。最近聽說：國人盛行赴國外旅遊，目標已從東北亞、東南亞或美國，指向歐洲，因爲國人大量到歐洲觀光，所以巴黎的「麗都」、「紅磨坊」等表演場所，每場都演奏「梅花」以討好臺灣觀光客，又瑞士等國的商店，也以懸掛青天白日滿地紅國旗，以招攬臺灣遊客，這些實例說明，藏富於民的事實。但是一個人或一個家庭致富的原因何在？

是不是因為社會因素與政府正確領導的結果，這些道理一般「有錢人」並不深知，甚至富有之後，是否應該「取諸社會，還諸社會」，這種觀念在社會上也相當淡薄，這無疑是建立富而好禮社會的瓶頸。

目前社會上，雖然強調財富共享，民生均富，但是由於財富競逐手段不當，因而時常出現經濟犯罪、金錢詐欺、人頭支票、民間倒會、搶刼銀行郵局等不法情事，這與富而好禮社會無異南轅北轍，乖離法治社會尤遠，顯然是富裕社會生活中一大敗筆。因此今日談民生主義的生活教育實應及時從改正此項「富而無教」的弊病開始。

貳、生活規範，及早學習

目前在美國的幼兒教育界有所謂「及早開始學習計畫」(Headstart Program)，强調教育機會均等，特別是那些社會上中低收入家庭的子女。吾人以為，民生主義社會對於國民的生活規範學習，也應及早開始教育。

環顧今日的家庭，教育功能逐漸解體，親子關係越來越疏離，兒童在家庭中不是過份縱容、溺愛，就是過份放任、嚴管，過與不及皆非善策，尤其在升學與考試影響下，兒童已提早喪失「黃金的童年」，徒然製造許多「稚齡的小老頭」，這些惡現象，恐非社會之福。先總統　蔣公早有指示，民生主義的新家庭，應重視幾項家庭規範：

1. 家庭在社會國家中的地位和職責，「家為國本」的倫理觀念。
2. 家庭的組織及其與一般親屬的關係，必須使其認識孝友睦婣任恤六行的重要。

3.家庭中灑掃進退等日常工作及食衣住行等實際生活。

4.子女的看護和指導，以及家務的管理與職責——家庭衞生及醫藥常識，家庭經濟的節約，以及禮義廉恥四維的訓勉。

上述這些具體的生活規範，在每個家庭中應自一個幼兒出生伊始，父母親卽應隨時隨地注意循循善誘，潛移默化，務使成爲兒童的日常行爲習慣，及入學校受教之後，全體教師應以家庭生活教育爲基礎，賦予知識與理論架構，使道德意識、規範深入腦海，建立强固的根基。有了這些作法，國民生活規範，日起有功，民生主義的新社會，指日可期。

叁、親子關係，人間至情

人的生命，自母親懷胎、生育開始，親子關係自此發皇，延續一生。現代社會中，親子關係愈趨淡薄，親子關係問題却日益重要，這是一個生物學問題，社會問題，教育問題，也就是民生問題。問題的起始來自父母角色的扮演，所謂「父不父，子不子」的現象，於今爲烈。父母親的角色並非天賦，必須依賴角色準備的學習，這種角色學習（Role learning）無論稱爲性教育、親職教育或家政教育都行，問題祇有一個，那就是要教導現代青年，在結婚前，對於異性應有充分的了解與溝通，在結婚後，應善於組織家庭，安排適當的婚姻生活，而在子女生育後，更要共同分擔家庭責任，履行父母應盡的天職。因此「天下無不是的父母」這句老話，在現代社會，雖非眞理，但如何實現這個眞理，却是最爲重要。

其次，和諧的親子關係，尤應建立於子女的體諒與孝敬之上，無論如何，孝順父母是我國優良的美德，子女對父母的奉養衣食、頤養天年，都應奉爲自身無可推諉的責任，尤其在社會福利制度尙未健全時期，祇有家家負起養老的責任，才能建立醇厚敦樸的社會風氣。

肆、職業生涯，終身教育

先總統　蔣公說：「對個人，要教他自覺其『做到老，學到老』；對社會，要使其成爲一個大學校，讓每一份子都能充實自己，發展自己。這才是民生主義社會建設的成功。」的確是如此，現代社會生活，一個人離開學校，進入職業生涯，正是接受社會教育的開始，「生也有涯，知也無涯」眞是至理名言。

現代教育上有所謂「生計（涯）教育」（Career education）之觀念，强調一個人對於職業觀念、職業知能、職業道德，是終生學習，永不休止的，從職前準備教育，到在職進修教育，甚至再教育，每一個人隨時隨地都應注意充實自己，發展自己，進而貢獻社會與國家。

職業生涯教育尤應强調文化、休閒、娛樂的重要，一個人的物質與精神生活應同時兼重，工餘之暇，注意文化陶冶，調適身心健康是做爲一個現代人的必備條件，因此增進休閒娛樂的知識與技能，是現代成人教育的重要內涵，而終身教育的理想於焉實現。

總之，民生主義的生活教育包括生育、養育和教育三大問題，涵蓋人的一生，涉及社會的全面，願我們努力實踐，早日邁向自由安全幸福的民生主義社會。

（中華日報，七十三年一月一日）

十八、空大不空、大學更大

執政黨黨政協調會在日前決議，刪除空中大學條例草案中授與空大畢業生大學學位的規定。對於此項決議，筆者以爲値得商榷。

個人支持空中大學應授予學位，理由列述如後：

壹、空中大學的法源爲補習教育法第五條及大學法第七條，據此空中大學的法律基礎極爲明確、詳實，空中大學已是成人進修教育與高等教育的結合，具有雙重目的與價値。就成人進修教育而言，當今世界各國已將繼續教育（Continuing education）、終身教育列爲教育的主流，我國各級學校教育固已相當普及，爲增進成人普遍接受繼續教育，實現成人終身教育的理想，在實施空中大學時，將學位授予視爲適當的誘因，誰曰不宜。就高等教育而言，空中大學依據大學法而設置，自是高等教育機構之一，它完全符合學位授予法之規定，空大學生於畢業之日，取得適當之學位，乃於法有據。

貳、當今世界各國已有許多空中大學之設置，英國的空中大學爲其中之翹楚，此外，澳洲、韓國、泰國等也都設有空中大學多年，未聞有過應否授予大學學位之爭議。英國空中大學自一九六七年設立以來，不僅頒授學士、碩士學位，並且其所頒授的學位且可與倫敦大學等著名學府相互認可，保守如英國者尚且如此，我國豈可落於他人之後。

叁、就實際的教育需求而言，我國每年高中、高職及專科學校畢業生共計約十八萬餘人，而每年大學畢業取得學士學位者約三萬二千餘人，二者之比約爲五比一。換句話說，每年約有五分之四的高中、高職或專科畢業生被排斥於大學門牆外，沒有取得學位的機會，這對他們個人而言，可能是終身無可彌補的缺憾，對社會國家而言，也有失愛護青年之至意。所以，空中大學若可授予學位，對一大羣多年來夢想取得一紙大學文憑的青年，眞是一大福音；而對社會國家的長遠影響，也絕非「秀才人情，薄紙一張」之價値而已！

肆、或謂當前空中教學科目，電視教學效果欠佳，面授教學敷衍塞責，教學品質難以保證，若徒然製造許多大學畢業生，難免浮濫，一旦大量頒授學位，可能有損國家名器。這種說法，確爲多數人所支持，且振振有辭。其實這種顧慮可能是多餘的，空中大學學生將分全修生、選修生與自修生三種，其中祇有全修生才可取得學位，這種學生祇佔空大學生的一小部分，而且教育行政當局可以行政命令限制或規定之，無濫發學位之虞。其次，空中大學修業年限，規定至少五年，至多十年，這個期間長短合適，取得學位並非容易，已很明顯。再說，空中大學「入學從寬，畢業從嚴」，平時經各種測驗與作業，才能取得學分；畢業前尚有嚴格的資格考驗，及格率不致太高，對於頒授學位又多了一層嚴密的保障。在上述層層關卡下，能取得學位是種榮譽，絕無沽名釣譽之疵；授予學位是種嚴肅的過程，誰可輕忽其神聖的職責。

伍、或有爲空中大學另增設一種學位之議，吾人以爲此議尤不可行。新增一種學位事涉有關法令之修正，拖延時日，且程序甚爲煩瑣；而且這種特殊學位，無疑將使空中大學有異於一般大學，令人徒生「二流」或「次等」大學之念，有失創辦空中大學之原旨。

一九六六年英國提出籌劃空中大學白皮書上有一句話：「空中大學決不是提供學生一項比其他大學素質較差的權宜之計。」換句話說，英國空中大學一開始卽有信心絕不辦成一間「二流」大學，十幾年來，事實證明一切。我國空中大學組織條例正在研議中，這個條例的良窳，將會決定未來空中大學的成敗。我們相信，空中大學若不願辦成「二流」大學，一開始卽應賦予合法的地位，授予學士學位是合法地位的關鍵因素；我們更相信，祇有「二流」大學的架構，不可能創造一流大學的實效，祇有「二流」大學的地位，奢求一流大學的成績，也不啻緣木求魚。總之，若要「空大不空」，應該使空中大學合法地可授予學士學位；唯有給予空中大學授予學位之權力，才可使空中大學躋於一流大學之林，實現「大學更大」的教育理想。

（聯合報，民國七十三年十二月二日）

十九、欣聞空中大學卽將籌備成立

據七十五年八月二十八日中央日報頭條新聞報導，國立空中大學籌備處將於近期成立，並可望在明年春天正式招生。「國立空中大學籌備處組織規程」業經行政院核定，對於空中大學籌備處所負任務、分組、編制及員額，皆有明確規定，教育部將於近日正式公布，並積極展開有關作業。這是一件令萬千學子咸感振奮的消息，由於籌備處組織規程的核定及籌備處的成立，爲國立空中大學的正式招生與開學邁進一大步，對於教育部的此項作爲，吾人謹致由衷的敬意。

敬佩之餘，吾人願申述幾項管見，就教高明。首先，吾人以爲國立空中大學的招生時間，應可確定於春季招生而非秋季招生，其主要理由是：(1)空中大學制度本身具有開創性，故應兼具我國教育制度上實驗與研究的職責，目前我國一般學校皆於秋季始業，空中大學有異於一般學校，何不藉機使我國學制上春季與秋季始業制，同時並存，互較其優劣？(2)臺灣地處亞熱帶，夏季氣候酷熱，每年數十萬「烤」生，同赴考場，已是無可奈何之事，何苦再使未來空中大學的學生再遭同一命運！(3)據近數年來，我國空中教學之經驗發現，空中教學採春季開學，對於廣播與電視教學節目之安排，也至爲便利，此點證明爲事實之所需。(4)英國空中大學十幾年來，都採春季一月開學，績效顯著，所以筆者自始卽鼓吹國立空中大學應研究採春季招生之可行性。現在教育部也有此意，吾人確認此案應屬可行，且爲明智之擧。

空中大學籌備處或總校區應獨立設置，此點至爲重要。新聞報導稱，空中大學校址決定設在蘆洲原僑大先修班舊址，地點是否合適，這是行政上的權衡，但未來的空中大學一定有其獨立校址應可肯定，令人喝采。一所空中大學在目標與性質上固稍異於一般大學，但爲貫徹其設校宗旨，便於行政與教學之運作，加强師生間之活動，事實上不能沒有獨立的校園，而且這所校園應盡其可能的使其開濶、寬廣、幽美與舒適，以達成培育人才，陶冶人格之理想。

空中大學總校區的配置，在理想上應包括三大部分，第一部分是行政區，擧凡教務、輔導、總務、人事與會計等行政單位皆佈置於此區域內，並有電腦中心，充分利用電算機處理行政事務。第二部分是廣播與電視教學區，擧凡廣播與電視教學所需的硬體與軟體設備、教材與活動，都配備於此區域內，就英國空中大學而言，前十年這部分由英國廣播與電視公司充分支援，數年前已獨立設置於總校區內，我國空中大學似應有此長程計畫。第三部分是教學與研究區，擧凡教室、演講廳、出版中心、圖書館、學生活動中心、餐廳或學生旅舍等，皆可衡量財力而設置，尤其重要的是應設置一些研究中心，諸如：成人教育實驗研究中心、廣播與電視教材教法研究中心等，都是空中大學特色之所在，也是事實之所需。

空中大學應於各地區設置「學習指導中心」，這事人人皆知，爲了配合面授教學，各地區學習指導中心應充分利用當地的大專院校現有的校園、設備及師資，因此空中大學必先取得各大專院校之充分合作，始克有成，這是極重要的先決條件。此外，各縣市的文化中心已先後完成啓用，縣市文化中心有相當寬敞的活動空間，圖書閱覽設備大多也相當充實，空中大學也應與各縣市文化中心建立正式的契約關係，以文化中心的財力、人力與物力等來加强成人進修教育活動。

古人云：「凡事有豫，則立；不豫，則廢。」國立空中大學籌備在卽，百事待興，其任務至爲艱巨，但在教育當局賢明卓越的領導下，若加上執其事者能有遠大的理想，寬容的胸襟，愼密的籌劃，堅忍以圖成，移山塡海之難尙有成功之日，而空中大學之籌備與開展勢如反掌折枝之易，期其有成，指日可卜。

（本文曾載於《社教雙月刊》）

二十、論師道與校園倫理

學校是實施教育的重要機關，學校也是一種社會組織。柯溫（R. C. Corwin）在其「教育社會學」一書中，曾分析學校的社會組織，他說：「學校是一種複雜的組織系統，它是具有互動、關係、地位、規範、角色等社會關係的一種組織體系。」具體地說，學校這種組織是由少數的成年人、行政者與教師，和多數的青年或兒童所組成，以從事教學工作的社會組織體系。學校倫理由此滋生，學校倫理的重要性也於此可見。

談到學校倫理，自然地就會想到至聖先師孔子，孔子與其七十二大弟子及三千多學生，他們在二千五百年前，師生相處的情景，至今令人欽仰低廻不已！孔子的學問、道德與文章，自然是「德配天地，道貫古今」，建立萬世師表的典範，而他的學生，所謂「仰之彌高，鑽之彌堅，瞻之在前，忽焉在後。」那種對老師的尊崇與仰慕，也是今日做學生的好榜樣。曾子說：「孔子乃聖之時者也。」那就是說孔子不但是在當時是一位偉大的聖人，而且孔子的思想永遠能配合時代潮流。在教育思想上，我們最常想到孔子重視「有教無類」，這與當前教育思想重視「教育機會均等」，不謀而合；孔子重視「因材施教」，這與當前教育方法重視「個別差異」，也無不同。

孔子的教育思想固然萬古常新，孔子的師道精神尤其值得學習。孔子自己曾說：「吾十有五而志於學」，又云：「吾嘗終日不食，終夜不寢，以思，無益，不如學也！」又云：「十室之邑，必有忠信如丘者，不如丘之好學也。」孔子對於學生一律接納，樂於施教，故云：「自行束脩以上，吾未嘗無誨焉。」孔子對於所有的學生，都能循循善誘，使之「成德達材」。孔子這種「學而不厭」和「誨人不倦」的師道精神，永遠都是我們教育工作的典範。今天，我們全體教育工作者要切實弘揚孔子所樹立的這種師道精神，正風勵俗，以收見賢思齊之效。

本文之作，一在闡述孔子的師道精神，弘揚尊師重道的美德；一在針砭時弊，希藉重整校園倫理，端正教育風氣，而期以加强教師的自我進修，擴大教師的社會責任，達成良師興國的教育使命。

壹、重振師道精神

本年七月間，召開國建會，筆者忝為教育文化組代表之一，會中多位海外學人，熱衷討論「學生可否評鑑教師」的主題，他們認為學生評鑑教師在美國各級學校，司空見慣視為常事，且是增進教師改進教學的有效方法。筆者對於教師評鑑制度並不陌生，在國外進修期間曾評鑑教授，早在十年前，也曾發表「學生評鑑教師平議」一文，發表於「教育與文化」雜誌。此次國建會老話重提，了無新義，筆者仍持否定的態度，理由無他；簡單的說就是這種作法，違反中國傳統文化，不合尊師重道的精神。

「師道」精神，應作何種解釋？恩師劉白如(眞)先生於「弘揚師道與實踐儒行」一文(收於拙編，教育家的畫像，百科文化公司出版)，曾作精闢的解釋。他說：我們由字義來看，中國古來所謂的「師道」，可以說便是做教師的道理。朱熹解釋中庸，「率性之謂道」的「道」字說：「道，猶路也。」又說：「道者，日用事物當行之理。」因此，所謂師道，亦即教師應走的道路，或教師當行的道理。如果換用現今教育上的術語，師道也可被解釋爲「教師應具備的專業道德。」這正和一般醫師之必須具備專業道德一樣，教師與醫師所從事的係一種良心的工作，「師道」之於教師與「醫德」之於醫師，實在是同等的重要。這段話不僅對「師道」作簡明扼要的解釋；同時強調「師道」有如「醫德」，都是不可忽視的專業道德。

我國社會自古以來就有尊師重道的傳統，教師受到尊崇，不僅因爲他在傳道，而且因爲他有崇高的人格修養，足爲學生的表率。韓愈說：「師者，所以傳道、授業、解惑也。」禮記上說：「記問之學；不足以爲人師」，「師也者，敎之以事而喩諸德也」。所以在傳統的觀念中，爲人師表者，不僅要有深厚的學養，其爲人治事，也應表率羣倫，爲學生青年的楷模。這是自古以來，所以有「天、地、君、親、師」傳統師道觀念的根本理由。今日要重振師道精神，首在喚起全體教師的此種認知與實踐。

自然我們也了解，就現今的教育制度與社會環境而言，我們欲弘揚中國傳統的師道，似應考慮各種客觀的條件，不宜作陳義過高的苛求，因此我們願就今日教師最基本的「爲師之道」，提示幾項最起碼的要求：

1. 經濟方面：教師應體認教育乃是「清高」的工作，從「量入爲出」着眼，永遠做個經濟上「有剩餘」的人。

2. 權力方面：教師應善用教育的專業權威，愛心辦教育，享受「精神報酬」，追求「萬世名」。

3.知識方面：教師應切實了解這是一個「知識爆增」的時代，作個知識的辛勤耕耘者，實踐「終身教育」的理念。

4.道德方面：教師應遵行道德規範的表率者，躬行實踐，在道德式微中，永遠「松柏後凋，鷄鳴不已！」

5.藝術方面：教師應重視自身之美，包括內在與外在之美；改善環境之美，包括美化家庭與校園；創造人生之美，達成自然、和諧與寧靜的目標。

6.宗教方面：教師應從事世俗的「改過勸善」的工作，學習宗教家犧牲、奉獻與服務的情操。

今天我們全體教育工作者應切實體認孔子一生所懷抱的教育理想和所樹立的師道風範，並作為個人精神修養的準則，以促進中國師道精神的薪火相傳，發揚光大。

貳、重整校園倫理

在傳統社會中，教師與學生的關係，基於「敬」與「愛」的基本原則，大都有極和諧的關係。孔子對於學生的影響是：「高山仰止，景行行止。」「仰之彌高，鑽之彌堅，瞻之在前，忽焉在後。」因此，孔子歿後，子貢廬墓六年，有逾人子守制盡孝之禮，這足以證明孔子師生關係之深厚。又如宋元學案曾言：「胡瑗視諸生如其子弟，諸生亦信愛如其父兄。」眞正是「一日爲師，終生爲父。」又如朱熹之於周敦頤則曰：「風月無邊，庭草交翠。」郭林宗之於黃叔度則曰：「汪汪若千頃波。」朱光庭之於程顥則曰：「在春風中坐了一個月。」從古人這些頌揚的語句，可見師生之間，其樂陶陶，輕鬆愉快。

現代社會的師生關係則已完全制度化，校園倫理隨着社會變遷，已亮起紅燈，令人殷憂。當然要探討校園倫理式微的原因，極其複雜，例如：⑴班級教學，學生人數衆多，師生感情不易深入；⑵師生關係透過制度的安排——入學制度、分班測驗、選課……等，完全標準化；⑶知識來源多元化，諸如：書報、雜誌、廣播與電視等分散師承的重要性；⑷教師人數龐雜，難免品質良莠不齊；⑸社會價值分歧化，教師社經地位日益低落等，直接、間接扭曲了校園倫理的本質，改變了傳統和諧的師生關係。

我們了解今日社會上人際關係之複雜，並非祇師生倫理關係而已，舉凡父母與子女，長官與部屬，也都可能存在着「代差」的現象，但是所謂教師也者，必須具備圓熟的人格，能以身作則，弘揚師道，循循善誘，誨人不倦，因此每位教師必須爲校園倫理的重整，負起全部的重責，爲師生的和諧關係，搭起充分可以溝通的「代鈎」或「代橋」。易言之，教師在重整校園倫理的工作上，必須負起比學生、家長與社區人士更多的責任。茲試舉幾項與重整校園倫理有關的信念，供各級學校教師之參考：

1.教育的對象是「人」，人的教育一方面有其個性、需要、興趣與能力的限制，另方面應注意整個人格的發展，特別注重指導學生做人的道理。

2.教育的方法是「輔導」，孔子曾說：「以言教者訟，以身教者從。」今日教育學生尤應注重身教，講求輔導的方法，使學生心悅誠服，樂於受教。

3.教育的原則是「尊重」，教師要相信每一學生皆有值得尊重的人格，爲人師者，不宜濫予批評，更不應加以挫傷，鼓勵重於苛責，誘導勝於嚇阻，隨時隨地培養學生的獨立性與自重感。

4.教育的態度是「民主化」，教師應鼓勵學生質疑問題，多做批判性的思考。在生活輔導上，教師應處處爲學生設想，考慮學生的觀點與心理需要，尤其能以富於人情味的關懷與協助代替大道理的說教與責難。

5.教育的目標是「久遠的」，教師應了解教育的時代使命，積極培育學生成爲經濟發展所需的人力資源，教育青年成爲社會安定與進步的中堅分子。

傳統的師生關係是可愛的，今日的校園倫理是可貴的，因此我們必須珍惜和諧的師生關係，重整校園倫理，以充分發揮教育愛的功效。

叁、加強教師的自我進修

孔子曰：「學而時習之，不亦悅乎？」因此孔子一生具有「學而不厭」的精神。當茲「知識爆增」的時代，爲教師者必須不斷吸收新的知識，始能滿足學生求知的欲望，所謂「教學相長」，教師要自己繼續不斷在專業知識上長進，才能做好教學工作，同時一般教師如果都具有「學而不厭」的精神，自然社會上會對所有的教師「刮目相看」，對重振師道，具有莫大的助益。

我們知道，我國教師進修風氣已逐漸蔚成，教師進修的管道也逐漸制度化，較之一般專業人員，教師進修的機會有過之而無不及。目前中小學教師，可參加教師研習中心的短期專業研習，可到師範院校參加大學進修班或研究所進修班，甚至可獲致學位，班別有平時夜間班、週末班、暑期班、巡廻班等，這些班次研習結業後，對於教師的薪資待遇或昇遷也具有實質的鼓勵，因此教師們趨之若鶩，僧多粥少，進修機會尚有望門與歎之憾。

最近教育當局已研擬公佈加强教師進修辦法，欲使教師的進修依法制度化，這是進步的作法。今後為加强教師的自我進修發揮實質效果，尙須加强幾項共識與作法：

1. 教師進修的目的，一在為己，一在為人，俗話說：「一人吃，兩人補。」教師參加專業進修可以自我充實，滿足自己的成就感，但最重要的還在「教學相長」，以所得的專業新知新技，可以對學生有積極的幫助，改進教材教法，提升教學水準。

2. 教師進修的管道很多，參加正式的進修班，獲取學位固然重要，參加短期的專業研習班、教學觀摩會、實驗研究會或考察旅遊等也可獲致實質的進修效果。

3. 教師進修的目標應以改進教學為重，因此教師應隨時留意教育制度、教學目標、教材教法、教育評鑑等改進問題，深入研析，提出改善辦法，撰寫研究報告，並擴大影響。

4. 教師進修是永無止境的，沒有次數的限制，依據需要逐次遞升，溫故知新，日新又新，對於教師工作士氣有重大激勵作用，對於學生更是受益無窮。

肆、擴大教師的社會責任

一般而言，教育的社會功能有三：一是傳遞、保存與創造社會文化；二是塑造個人選擇與社會化的角色；三是統整國家社會的機能組織。教師是教育工作的實施者，自然也應積極地扮演這些角色。而正視、賦予與擴大這些教師的社會責任，正是重振師道精神，提高教師社會地位的有效途徑。

我們知道，教師是知識份子，是傳統中國社會裏所謂當先天下之憂而憂，後天下之樂而樂的「士」，教師常擔任先知先覺的角色，其社會責任也較一般人爲重。作爲一個教師，肩負着傳道、授業、解惑的使命，一位教師工作的成敗，小者是誤人子弟，影響學生個人的前途與發展；大者，影響到學生的思想觀念，逐漸形成未來社會的理想、制度和規範，有時可大到影響整個社會的進步與發展。易言之，教育是精神國防，爲人表率的教師，其社會責任是非常重大的。

可是從社會實際角度來看，在這樣一個實利、功利主義取向的社會裏，教師的收入並不高於其他行業，聲望也不如許多行業，無怪乎教師的社會地位自然不易受到重視，甚至於有些人以教師職業是一種等而下之的選擇。不過一個作爲教師的人，必須自重自信，以教育家自我期許，從自重自信出發，以贏得他人的敬重，這樣才會有助於教師社會地位的提高。因此，我們深深覺得現代教師的社會責任與角色，應包括下列數點：

1. 在班級的社會體系中，教師要同時負起三種任務：第一是照顧者角色，注意學生身心的安全與健康；第二是選擇者角色，審愼、公平與客觀地評量學生學業，指導學生升學與就業；第三是社會化角色，培養學生正確的社會與國家民族意識。

2. 在學校的社會組織中，應積極地參與學校的組織決策並協調學校與家庭、社區的關係。

3. 在教育專業團體中，應重視研究與發展，革新教育，並統合社會價值。

4. 在社區中，教師是社區關係的協調者，教師應成爲社區的中堅分子，領導社區的發展。

5. 在整體文化發展中，教師應關心政治、經濟、社會與文化的發展，並促進教育對於整體文化發展的積極貢獻。

總之，全體教育工作者與社會大衆，應重振師道精神，重整校園倫理，並加强教師的自我進修，擴大教師的社會責任，若能如此，必可使我國教育逐漸邁向康莊大道。

（本文曾發表於七十四年九月二十八日中央日報教師節特刊）

廿一、如何加強新聞的社教功能

人們常說，新聞（報紙）與其他大衆傳播媒介的功能是無孔不入，無遠弗屆，就以新聞而言，臺灣地區目前有報社三十一家，每天總銷量逾三百七十餘萬份，平均每四點八人（包括無閱讀能力之兒童在內），即有一份報紙，而這些報紙不僅在都會區銷售，更航寄至偏遠及離島地區，以滿足全民求知的熱望。社會學者雷斯曼早已指出，報紙等傳播媒介是現代人的「重要他人」(Significant others)，它深入每個家庭，對每個人都具有不可忽視的影響力，誠非虛言。

新聞社教功能影響全民視聽

從教育的觀點而言，一般人都相信新聞是有效的教育媒介，新聞的教育功能應獲得肯定。教育大體可分爲：學校教育與社會教育二種，學校教育以兒童、青少年與青年爲主要對象，他（她）們大多身心較未成熟，所受他人與外界環境影響較深，新聞對其心智可能的衝擊也較大，很多傳播學者的實證研究，多已指出新聞傳播媒介對於學校兒童的認知（如：常識、語言）與社會學習（如：友善、勤儉等行爲特質），皆有相當正面的影響。相反的，也有許多專家學者肯定的指出，由於新聞強調犯罪、色情或暴力的渲染，對於心智未成熟的兒童與青少年的習性，更有淸楚的負面影響，吾人不得不視爲警惕，並有所糾正之。

我國的社會教育是以實施全民教育與終生教育爲宗旨。所謂全民教育是以全體國民爲施教對象，沒有年齡、學歷、性別等限制，其施教範圍較之學校教育爲廣泛；所謂終生教育是沒有入學年齡和修業年限的限制，從兒童以至老年，都可以接受教育。這種以全民爲對象，以終生爲範圍的社會教育，若從新聞、傳播媒介着手，則其功能最易發揮，所以我國社會教育法第十二條規定，社會教育之實施應運用大衆傳播媒體施行之，而該法第十三條也規定，廣播電視及其他大衆傳播媒體應加强配合社會教育之推行。可見新聞等大衆傳播媒介的社教功能，於法有據，應予正視。

社會問題叢生大衆深惡痛絶

臺灣地區三十餘年來，由於政府與民衆的奮發圖强，齊心合力，促進經濟的充分發展，國民生活水準已普遍提高；加以教育的普及發達，國民教育知識水準也獲得全面的提高，國家已逐步邁向現代化的境界。但是無可諱言的，由於社會與經濟的偏頗發展，文化失調的弊病叢生，許多社會問題已爲社會大衆所深惡痛絕，其中犖犖大者，如：社會風氣的敗壞、經濟紀律的廢弛、倫理道德的淪喪、犯罪問題的猖獗與生態景觀的破壞等尤爲十目所視，十手所指，最爲大家所詬病。因此當前社會教育的主要任務，即在針對這些社會問題，痛下針砭，而其最爲亟切的課題即要：①推行文化建設及心理建設；②輔導家庭教育及親職教育；③推廣法令知識，培養守法習慣；④輔助社團活動，改善社會風氣，及⑤改善人際關係，促進社會和諧。上述這些社會教育的目標，爲求其切實有效推行，若不透過新聞傳播媒介之配合，或不發揮新聞傳播媒介積極的社教功能，實在無法達成，這是人人都可肯定的事實。

傳播學者常提到，大衆傳播媒介都具有報導的功能、解釋的功能、忠告的功能、娛樂的功能及廣告的功能，這些功能直接間接皆有教育的作用。以忠告的功能而言，卽屬於一種明顯而直接方式之忠告，也卽是教育、指導或導引；以娛樂與廣告功能而言，也可藉其善良之目的，優美之設計，發揮「寓教於樂」的作用，所以傳播研究先驅者拉斯威爾（Harold Lasswell）說，大衆傳播媒介是環境的瞭望者，政策的塑造者，知識的傳授者，也是精神的調劑者。我國傳播學者徐佳士教授也曾透過實證研究發現，報紙在滿足民衆的需要或動機，其高低順序依次是：①瞭解地方事情，②知道國家和世界大事，③間接與社會接觸，④增加新知見聞，⑤尋求購物的參考資料，⑥了解別人對各種事物的看法，⑦尋求解決困難的方法，⑧增加與人談話資料，⑨滿足個人好奇心，⑩打發時間，⑪尋找快樂，⑫和家人朋友共享閱讀或欣賞的樂趣等。這些發現皆可證實新聞傳播媒介的功能，也可證實新聞傳播媒介與社會教育的積極關係。

功能扭曲變質值得深加警惕

不過上述這些新聞傳播媒介的積極功能，並不是絕對的，尤其在當前過度的「新聞自由」與「新聞競爭」的衝激下，新聞傳播媒介的社教功能已受到相當的扭曲變質，值得新聞從業人員深加警惕。關於這方面的觀察或意見，當以新聞傳播工作者自已體認得最爲深刻，檢討也較爲中肯，譬如：我國新聞傳播界元老學者馬星野先生就曾坦率地指出，當前我國大衆傳播媒介可能有四項汚染：①强調暴力與色情，使暴力性節目侵入每個家庭，影響了兒童的習性，造成了社會不良的風氣；②製造新聞，塑造假像，魚目混珠，妨害了觀衆的智慧與心理；③把激情低級娛樂儘量加多，重利不重質；④只爲有錢的少數人說話，保護少數者利益，不透露大衆心聲。這些分析，無論就新聞報紙或其他傳播媒介而言，可能多是事實，並能代表社會大衆的共同感受。凡我新聞從業人員對此實在不能不自我警覺，相互約束，振衰起弊，並發揮激濁揚清的作用。

求真求善求美提供七項建議

關於今後新聞傳播媒介奮鬪的目標，馬星野先生也曾提示求眞、求善與求美三項原則，他說：①新聞要求眞，要做人民之眞正耳目，不造謠生事，亦不隱瞞眞相；②言論要求公正向善，確能做人民之喉舌，講公是公非，符合公共利益，而不偏私不圖利；③凡是消遣性的、娛樂性的新聞或節目，都不違美善的原則，不失教育的作用。依循這三個原則，新聞傳播媒介的社教功能自可獲得肯定。同時，進一步爲了今後我國新聞傳播媒介更能發揮社教功能，筆者也願提出幾項具體之建議，以供採擇：

1. 重視新聞自由，但不違反新聞道德；維持新聞競爭，也要强調社會責任。
2. 應實行報業自律，也應接受新聞評議會客觀地監督。
3. 應淨化新聞版面與內容，儘量少登誨淫、誨盜或犯罪的消息，相對的應多加强新聞性、教育性與服務性的內容。

4.積極開闢版面多報導好人、好事等事蹟，以表彰十步芳草，發揮風上草偃之效。

5.多尊重讀者意見，開闢讀者發表意見的園地。

6.協助各級學校師生及社教機構，接受參觀訪問，報導其重要活動，共同為提昇全民教育文化水準而努力。

7.報社宜運用現有組織人力與設備多舉辦公共服務或社會服務活動，如：舉辦座談會、演講、旅遊及運動競賽等，直接間接引導社會風氣之改善。

不斷革新結合造福國家社會

總之，新聞傳播媒介對於現代國民德、智、體、羣、美五育的適性發展，都可適時提供新觀念、新知識、新方法與新技術，同時對於塑造現代國民的成就動機，發揮國民的參與感及創造力等方面也可有很大的助益，因此，吾人應一方面不斷促進新聞傳播媒介的革新，另方面加強新聞傳播媒介與社會教育的充分結合，以增進全國國民人格的健全發展，並促進國家全面的現代化。

（中央日報，民國七十五年二月一日）

廿二、職業教育應回歸主流

職業教育是一種教育，是百年樹人的工作，在此科技進展日新月異的時代，職業教育應隨時隨地加以革新，配合科技發展，滙成教育的主流。

二十世紀八十年代，號稱技術革新的時代，這些技術革命對人類社會與教育的影響，至少有下列四項：①任何技術發明，祇有在堅實的科學理論基礎之上，才有可能；②技術專精與科際整合同等重要，因此每個人必須有一技之長但又必須能適應社會變遷；③在生產機械自動化下，勞心、知識與管理甚爲重要；④由於勞動方式的改變，休閒時間的增加，消費型態的改變，經濟、社會、教育與文化生活逐漸提高其重要性。爲因應上述這些技術革新，職業教育必須有所變革，以爲適應。

因此，美國政府於一九六三年公布職業教育法案，並於一九六八年、一九七六年二度加以修正；西德政府於一九六九年通過職業教育法，並研訂行業狀況法、青年工作保護法等相關法案；日本於一九五一年通過產業教育振興法，一九七八年公布技術職業教育新課程，於一九八二年開始實施。可見隨著技術革新，各國職業教育都在不斷的改革，茲綜合世界各主要國家，近些年來，職業教育的發展，略述其主要趨勢如下：

職業教育目標——多元化

傳統上，職業教育强調二項主要目標，一是就社會而言，職業教育應配合工商業的升級，促進經濟發展；一是就個人而言，職業教育在訓練個人一技之長，順利就業。這二項目標固然重要，唯盱衡今日世界各國職業教育目標已逐漸擴大，尤其强調下述二項目標：

1.重視職業輔導（試探），以發展個人潛能：現代教育觀念確認每個人都有某種職業性向，職業教育是一個人整個生命過程的一個階段，因此職業試探與職業輔導的功能，漸加重視，以促進個人潛能的充分發揮。

2.重視職業倫理、職業道德，以培養健全公民：現代職業道德與職業倫理的受重視，一方面是因爲現代科技產品，着重大量生產，難免粗製濫造，水準不一，若勞動工人能有嚴謹的工作態度，自然能提高產品品質，注重品質管制。另一方面，一個人在工作場所，需要與長官、同事、部屬相處，以促進人際關係和諧，甚至能有敬業樂羣的態度與精神終身奉獻某種事業。這些都是職業教育目標重視職業倫理、職業道德的理由。這一切目標都必須於職業教育過程中，或以正式課程教材來實施，或靠教師的言教、身教而收效於潛移默化之中。

職業教育體系——一貫化

從西洋教育史來看，職業教育有一段相當長的歷史，是一種「終結教育」（terminal education），大部分接受職業教育者，即不再升學。近些年來，科技發展、生產自動化、機械化的結果，就業市場所需要的人力，不再是精於操作技術的人力，而是有較廣泛及較艱深知識、技能的人力，加以國民教育的普及、民衆求知慾望的提升，高等教育也成爲全民教育，因此職業教育若要維持既往的終結教育，既無必要也無此可能。

所以，世界各國在中等職業教育階段以上，紛紛發展各種職業技術教育新體制，例如：美國的專科學院(Junior college)、社區學院(Community college)，西德的職業專門學校，英國的技術專科學校、技術學院以及日本的技術專門學校和技術科學大學等，大多是二次大戰後新興的學制。

我國隨著世界潮流、職業技術教育體制的一貫化，也大致完備。

職業教育教學——人文化

誠如德國大教育家李特（T. Litt）所說：「職業教育要透過專業的訓練，來完成人文主義的教育理想。」近來，各國職業教育課程已逐漸放棄狹隘的技藝訓練，重視嚴格的基礎訓練；放棄專門的技藝教育，重視理論知識的充實，強調人文的價值和文化的精神。譬如，英國的技術專門學校提供多面性的課程，培育學生的職業興趣，而美、日等國的職業學校特別加重學生的閱讀能力、計算能力及其他方面的知識，都是這種趨勢的明證。因此職業教育加強基礎訓練，充實理論知識，促進職業教育教學的人文化，已成爲當今世界各國實施職業教育的重點工作。

職業教育課程——通才化

過去有一段時期，職業教育課程偏重單位行業訓練，培養學生從事某一特定職業的技能。現在由於產業自動化、機械化與電腦化的結果，就業市場所需的技術人力已不再是那種祇具備一種行業知識技能的工人，相反的，是需要有較廣泛知識的技術工人，因此職業教育課程應運而生。

職業羣集式課程是一九六五—六九年由美國馬利蘭大學工業教育系主任梅烈博士（Dr. Donald maley）所創。它卽是一種「先廣後專」的職業教育課程排列方式，有如金字塔結構模式。其重點是：

第一年在職業羣內，從事職業試探教育工作。

第二年選擇二、三種行業，供學生學習，從事職業性向發展工作。

第三年則選擇一種行業做專精學習，以從事職業準備工作。

我國大安高工、海山高工等已試辦職業羣集式課程，效果相當良好。

職業教育績效——客觀化

一九六〇年代美國教育界興起「績效責任」（accountability）之風。什麼是績效責任呢？簡單地說，是指：①教育行政單位要證明有效地利用教育經費，達成預期的教育目標。②學校也要證明他們的學生都已達到了某些預定的標準。因此，在職業教育方面也掀起了各種績效責任的作法，促進職業教育的客觀化，試舉數例說明之：

1.契約性訓練：職業學校與私人機構訂立契約，訓練學生，並依教學成果付給經費。

2.點券計畫：職業學校的學生或家長持有點券，職業學校向他們收取點券，憑此向教育當局領取經費。

3.獎勵薪水制：職業學校於開學前，由學校教師共同決定學生應有的學業或技能水準，俟學期結束時，若學生超出水準，則學校發給額外獎金。

4.企劃預算制度。

5.全國評鑑工作。

此外，在這種教育績效力求客觀化中，職業教育「能力本位教學」(Competency-Based Instruction)的實施，也是必然的趨勢。

職業教育推廣——社區化

世界各國的職業教育逐漸加强社區成人推廣教育，其具體的作法是：

1.職業學校依其地方特性，發展其特色。

2.職業學校充分利用其社區資源。

3.職業學校儘量採取門戶開放政策，讓社區中失業者、失學者有機會接受其教育。

4.職業學校除一般青少年課程外，大量擴充成人教育課程，給予工人在職訓練的機會。

綜合上述世界各主要國家職業教育的六種趨勢，若要歸納職業教育的新主流，用一句話來說，那就是「職業教育的普通教育化」，亦即職業教育與普通教育的界限愈來愈難劃分，或說職業教育與普通教育有融合的趨勢。單就職業教育方面而言，職業教育以培養健全公民爲主要目標，縱的體系是延緩分化，各級職業學校成爲一種過程；橫的關係是減少分科，儘量綜合，由求廣博開始，後求專精。

面對世界各工業先進國家職業教育的新主流，我國在工業升級，技術提昇聲中，職業教育應作何種變革，以適應當前工商業社會之需要，茲試提幾項原則性之建議，以供參考：

第一，我國職業教育在過去三十年間，量之擴展迅速，僅以高職（包括五專）與高中入學人數比例而言，七十學年度時，已達七一·四五比二八·五五，超過原計畫要求之七與三之比。今後我國職業教育之發展，是否需配合工業技術之升級作適當之調整，有待及早進行研究。

第二，我國職業教育教學目標應重新調整，國中、高職職業試探、職業輔導功能應加重視，並在各級職業——技術體系中，將職業倫理、職業道德列爲主要教學目標。

第三，我國職業教育體系稍加統整，「延長以職業教育及職業補習教育爲主的國民教育」應列入今後職業技術教育推展的一個重點方向。此外，五專、二專及三專等職業技術教育體系應合理規劃，提高教學素質，除工業技術學院外，並於適當時機，擴大辦理農業技術學院、商業技術學院和商船水產技術學院。

第四，我國職業教育爲因應科技創新、工業升級的需要，今後職業學校之基礎理論知識如：數學、物理及化學等，有需作較廣泛的介紹及加强的必要，並使職校畢業生可作高一層次進修之準備。

第五，我國職業學校自民國四十二年實施單位行業訓練以來，已屆滿三十年了。今後職業教育應以能力本位教學來增進學生學習成效，促進教學評量的客觀化；並實施職業羣集式課程，做廣博性的行業知識及技能學習，由職業試探達成適應社會變遷的需要。

第六，我國職業教育應與職業訓練充分結合，發揮建教合作的功能，各級各類職業學校應儘量採取門戶開放政策，實施成人在職進修、轉業訓練，以解決社會快速變遷所帶來的問題。

（中國時報，民國七十三年九月廿八日）

廿三、加速鄉鎭圖書館建設的脚步

臺灣地區圖書館界，在最近幾年有許多盛事，令人歡欣鼓舞，國立中央圖書館新穎巍峨館舍即將正式啓用，臺北、高雄兩市圖書館的總館與各區分館相繼落成，都表示圖書館建設普遍受到重視。而臺灣省的圖書館也有長足的進展，首先是十九個縣市文化中心以圖書館爲主，已經在各縣市展開藝文與書香活動，引起民衆廣泛讀書的風氣，繼之，臺灣省政府更期以文化建設在基層鄉鎭普遍紮根、落實，而要求臺灣省每一鄉鎭設置一所以上的圖書館，經調查結果，發現臺灣省尙有一百九十九個鄉鎭缺乏圖書館，因此以三年爲期，編列預算，希望三年內完成每一鄉鎭一所圖書館的目標，這也是圖書館界的盛事，値得大書特書，並誌其賀忱與期許如次：

㈠**鄉鎭是基層民衆的家鄉**：臺灣地區的行政區域分爲中央、省市、縣市與鄉鎭四種階層，除鄉鎭以外，大多幅員遼濶，推展文化建設祇能期其建築大型館舍，重點實施，與廣大民衆距離較遠，效果不易普及，然而鄉鎭則爲全體民衆生長與生活的地方，民衆日常來往與進出十分方便，文化設施落點到鄉鎭，最易普及，這便是圖書館的設置，由中央、省市、縣市走向鄉鎭，由點而面實施的最佳途徑。

㈡**圖書館是人類知識的寶庫**：人類文化由蠻荒到文明，由文明到科技發達的現代，不知已累積多少的智慧、經驗與思想，發而爲知識，成爲人類文化的結晶，這些知識的儲存，整理與展佈，圖書館居功厥偉，因此我們都說圖書館是人類知識的寶庫，今天我們的社會要重視知識，推廣知識，培育民衆的知識，捨圖書館無以爲功，因此大量建設圖書館是十分正確的做法。

㈢**建築圖書館，培育讀書的風尙**：臺灣地區三十幾年來經濟高度發展，社會風尙日趨奢侈，淫逸與浪費，乖離優良傳統文化日遠，有識之士引以爲憂。爲今之計，祇有從事文化建設，均衡社會發展，提昇民衆生活水準，改善民衆生活品質爲最切要之方，因此在各鄉鎭普遍建築圖書館是培育民衆讀書風尙的最好方法，進而可充實民衆生活內涵，蔚爲優良的社會風氣。

㈣**以書香飄到百姓家，建立安和樂利的社會**：我們的社會，在未來每一鄉鎭皆有一所以上的圖書館之後，可以圖書館爲中心，將讀書活動普及到每一個民衆的家裏，易酒櫃爲書櫃，「人人肯讀書，處處有書讀，時時可讀書」，到處書香四溢，個個鄉鎭都成爲「書鄉」，那時臺灣地區便是桃源仙境，人間樂土。

欣聞臺灣省以三年爲期，普及每一鄉鎭的圖書館，願它加速步伐，順利推動，早日完成鄉鄉鎭鎭皆有圖書館的理想，實現文化大國的終極目標。

（本文曾載於《社教雙月刊》）

廿四、展望教育的新紀元

時序交替，值此臘盡冬殘，多去春來，也是一元復始，萬象更新的時刻，茲以「展望教育的新紀元」爲題，略抒所感，並誌新年新希望。

教育是一切問題的根源

回憶過去的一年，國人皆有某種程度的感慨，就社會問題而言，有所謂：十信案、國信案、劉宜良事件……等等，隨個人認定而有所不同，這些問題有的偏於政治性，有的偏於經濟性，而大都與社會大衆有或多或少的關係，所以都稱爲社會問題也無不可。這些社會問題的根源無他，都是社會大衆價值觀念的偏歧誤導的結果。

我們的社會經過三十餘年的奮鬪與發展，創造了空前未有的經濟繁榮，人民都可豐衣足食，生活素質普遍提昇，但是社會學家也肯定的告訴我們，這三十餘年的努力換來的經濟果實，相隨的是嚴重的文化失調，尤其在經濟發展與社會建設有了病態的缺失，人心浮動、社會風氣敗壞、犯罪問題層出不窮、經濟紀律的淪喪等，這一切祇不過是社會問題的冰山露出一些痕跡而已，也像一個健康的人，偶患了感冒發燒，身體健康亮起了紅燈，不延醫診治，對症下藥，是我們面對一連串社會問題，必須採取的對策，與當務之急。

人心或人的價值觀念雖然是虛無縹緲，看似來無影，去無踪，但是意隨心動，主觀意識經常主宰一切行爲，誠於中，形於外，這種力量却是不可輕忽的。教育的功能雖非萬能，教育可以培養兒童、青年甚至成年人，具有正確而適當的價值觀念，採行合理的行動，創造社會的意志與成果，這是大家都肯定的，易言之，教育，包括學校教育、家庭教育與社會教育，所能發揮的力量，消極的可使社會問題減至最少，積極的可產生衆志成城，意志集中，力量集中的效果，促進社會健全的發展與進步，這是我們首要確認的信念與重要課題。

採行「以人為本」的教育思想

中國傳統的文化，尤其是儒家一脈相承的道統，那即是以人爲本位的教育思想，我們所談的教育，一切以人爲本位，教育的對象是人（學生），實施教育者是人（老師），教育過程便是人與人間（師生之間）適切的互動，所產生的涵育成果。因此，今日的教育，首重恢復民族傳統倫理，就是主「人倫」；次爲發揚人類固有德性，就是明「人性」；再次爲尊重個人尊嚴，就是重「人格」，而整個教育的基本思想，就是要提倡「人本」。

教育部長李煥先生於七十四年教育學術團體聯合年會上致詞，懇切的呼籲全體教育工作者，展望未來的教育必以人文主義教育思想爲導向，教育工作者必須以實現人文主義精神爲職志，眞是語重心長，言簡意賅，深値欽佩。今日面對國內社會的很多問題，祇有促進一切教育工作的人性化，引導一切教育政策的人格化，改革一切教育內容於人倫化，才是人文主義教育思想的具體實現。

人文主義教育思想必須落實於當前教育行政措施與作爲中，二者如何相互結合，實是當前教育革新之要務，筆者誠懇的建議：⑴教育行政工作應重視「以人爲本位」的作法，重視教師是一切教育工作的主體，提高教師專業精神，鼓勵教學熱忱，一切教育責任與權利落實於各組學校教師之身上；⑵教育行政工作應逐步實現「均權制」之理想，因地制宜，平衡省市間差異，發揮學校特色；⑶教育行政工作應強調「行政卽服務」之觀念，行政與學術結合，大家不分彼此，都以教育工作的成功爲榮。筆者尤其要強調的是，教育革新的原動力是教育研究與教育計畫，我們不可忽視實際教育問題的實證研究，我們要規劃各級各類教育的短程、中程與遠程計畫，以逐步促進教育改革。

促進各級學校教育的革新

近幾年，各先進國家爲迎接二十一世紀的新社會，從事各種教育改革，已蔚爲風尙，例如：美國教育部在兩年前發表「國家在危機中」的報告，法國密特朗政府與西德柯爾政府於去年初分別發表高等教育改革法案，蘇俄於去年進行學制改革，日本中曾根首相於去年成立臨時教育審議會，研議教育改革方案等，這些教育趨勢，對我們新年的教育有何啓示，我們應有何種省思與展望？

民國七十二年，教育部曾公開徵求社會人士的廣泛意見，滙集許多教育專家學者的智慧，完成一份「學制改革草案」，對我國現行學制，曾經全盤加以檢討，賦予若干改革方案。以幼兒教育而言，世界上主要國家，爲維護幼兒教育機會均等原則，有所謂「教育優先地區」，「及早開始就學計畫」及「補償教育」等措施，今日我國只有約四分之一幼兒進公私立幼兒教育機構，如何擴大幼兒教育機會，改善幼兒教育機構的設備、師資、教材及教學方法等，已是刻不容緩的課題。

國民中、小學教育是我國各級各類學校教育的主體，也是目前問題較嚴重的教育階段，當前最急切的工作是要促進教學正常化，開拓生動活潑的教學方式，辦理美、勞、體、音及資賦優異等教學活動，奠定國民教育良好之基礎。其次便是要：嚴格執行學區制度，力求各校均衡發展；加強學業、生活與職業輔導工作；改進高中（職）與五專入學考試與命題辦法，導引國中教育正常化，並均衡高中教育之健全發展。

職業技術教育的基本學制已建立，目前我國職技教育改進的重點當在：(1)對於公私立職校課程、設備、師資與教材等以實質獎勵，促進改革，力謀教學水準的提高；(2)加強建教合作，積極辦理學生就業輔導工作；(3)敞開職校畢業生進入技術學院或空中大學就學之機會。

大學聯招已「先考試，後塡志願，再統一分發」，今後大學教育內容應重視通識教育課程切實有效的實施，有關師資素質之提高，圖書設備之充實，學生生活輔導及就業問題也應逐步改善。

建立人人終身學習的美好社會

隨著科技的發展，知識的暴增，專業知識快速的過時，推動成人繼續教育，以達到全民教育，終身教育的新境界，已成爲先進國家教育發展的新趨勢。進一步言，成人繼續教育之實施，對國家經濟發展，社會進步更有直接效益，故先進國家莫不視爲極有利的教育投資而積極辦理。

在我國這種教育實施屬於社會教育之範圍，展望新年的社會教育應以下列諸事爲當務之急：(1)普遍設立國民小學補習學校，以提高失學民衆教育文化水準，厚植國家建設之基礎；(2)利用空中教學、函授教育及大學推廣教育，以增進民衆專業新知，加强實用技能和休閒教育；(3)積極籌備開辦空中大學，研擬妥適課程，訂定教材，羅致良師，改進教學節目之製播，擴充成人進修高等教育之機會。

教育是國民的精神國防建設，爲鞏固心防，建立安和樂利的社會，一切自教育著手，一切以教育爲依歸，教育在新年要更好，並爲開拓美好的明天而努力。

（本文曾刊於青年日報，民國七十五年元旦）

第五篇　附錄

廿五、教育家的畫像

劉白如（眞）先生自稱是一個最平凡的教育工作者，可是由於他數十年來在教育方面的卓越貢獻，大家無不對他表示由衷的崇敬，認爲他是當代一位高瞻遠矚的傑出教育家。（見最近臺灣省教育會出版的《當代教育家》一書）白如先生生長於教育與宗教氣氛極爲濃厚的家庭，具有教育家的愛心與宗教家的熱誠。他常勉勵他的學生要做「經師」、「人師」和「國師」（國民的導師），而他自己更眞正做到了「以身作則」和「行其所言」。這本《教育家的畫像》所描繪的，便是這樣一位教育家整個人格的全貌與風範。

編者在師大求學時，劉先生已經離開師大了。不過從很多教授和同學的口中，得知師院和師大的基礎完全是白如先生一手奠定的。誠如《古今文選》一書在作者小傳中對劉先生的一段介紹：「氏主持師院及師大將近十年，禮賢下士，不如畛域，聘請了很多第一流的名教授。其恢宏器度，與蔡元培氏主持北大頗爲近似。同時廣闢校地，與建規模雄偉的圖書館，爲師大樹立久遠基礎。氏手訂『誠正勤樸』之師大校訓，每晨領導學生擧行朝會，從未缺席，並利用朝會時講述爲人治學之道。師大校風之淳樸，實與氏之身教言教有密切關係。」我相信凡瞭解師院和師大校史的人，一定會承認上面這一段話對劉先生絕非溢美之辭。

劉先生於民國四十六年應政府徵召出任臺灣省教育廳長後，更以教育家的精神主持全省教育行政工作。（當時臺北市與高雄市尚屬省轄市，故省教育廳業務與今日頗有不同。）他到職不久，即提出三項施政的方針爲：1.教育人事制度化；2.教育設備標準化；3.教育方法科學化。同時，積極設法改善中小學教師待遇，首倡行政機關與學術團體合作辦法，創立實用技藝訓練中心，將師範學校改制爲師範專科，加强語文教育與職業教育，推行省辦高中縣辦初中政策，以及其他具有久遠影響的行政措施。二十多年來，他所決定與規畫的教育方針和行政措施至今仍多繼續實行，其中尤以創立教師福利制度，與建教師會館，最爲國內外人士所讚譽。

白如先生認爲欲提高教育素質，培養優良學風，必先宏揚中國傳統的師道，故特手編《師道》、《教育與師道》、《師道新義》等專書，藉以喚起社會人士對師道的重視。我國教師節之由八月二十七日改爲九月二十八日，便是白如先生在校長任內向政府建議的。這樣才使每年的教師節慶祝活動由冷清（因八月二十七日適在暑假期間）變爲熱烈（因九月二十八日已在學校開課之後），對發揚我國尊師重道的傳統精神，具有極爲久遠的影響。最近白如先生應聘主持我國學制改革研究工作，將實行了六十多年的現行學制，徹底加以檢討與革新，現聞學制改革方案已奉教育部核定。無論此一改革方案將來能否完全付諸實施，但在中國教育史上一定會留下一項重要的記錄的。

民國六十六年教育部舉辦第一屆教育學科博士學位考試，白如先生應聘擔任考試委員會主席，編者在參加這次考試時，始獲親聆教誨，並於通過學位考試後，成爲我國第一位國家教育學博士。此後承其不棄，期勉有加。近年編者兼任國家建設研究委員會委員，幸得追隨工作。相處愈久，受益愈多。白如先生直接間接對我的潛移默化，實無殊於往昔在大學內循循善誘的師長。爰於衷心感念之餘，敬謹編輯本書。希望一般有志從事教育工作的青年同學尤其是師大校友，能從這本書中獲得一些寶貴的啓示，作爲個人修養的標準。曾文正公云：「風俗之厚薄奚自乎？繫乎一、二人心之所向而已。」在一個時代中，教育工作者是時代的前驅；在一個社會中，教育工作者是社會的導師。當此教育風氣正面臨嚴重考驗之際，深盼本書能對教育界發生一點「導向」的作用，並進而爲教育人員樹立新形象，爲國家民族開創新機運。

附　註：

《教育家的畫像》乙書，內容包括：林良、彭歌、劉眞等人的論著，共二十五篇，二四三頁，由百科文化事業公司於民國七十四年五月出版。

廿六、經師與人師

近日拜讀恩師孫邦正教授於商務人人文庫出版《經師與人師》乙書，思緒泉湧，感佩良深，因贅數言，希引介本書給予今日及未來的教師，作為進德修業之參考書籍。

從事教育工作的人都了解教育的主要任務，在於教導學生做一個堂堂正正的人，因而理想的教師，要以做「人師」為努力的目標，要以「教學生如何做人」為主要任務，而不要只以「教學生如何讀書」為能事。做一個會敎書的「經師」不難；而做一個能變化學生氣質的「人師」，却要在品格上刻苦的修養。我國古代所謂「經師易得，人師難求」（見《北周盧誕傳》），其原因即在此。我想孫老師本書命名用意在此，而他對全國教育工作者的深厚期許其苦心也必在此。

孫老師指出，眞正的人師，必其本身具有偉大的人格，使學生在不知不覺之中，潛移默化，變化氣質於無形。這種間接的人格感召作用，比直接的道德教學的力量更大，這就是「身教者從，言教者訟」的道理。我國古代對於偉大教師所致的頌讚之解，如「仰之彌高，鑽之彌堅，瞻之在前，忽焉在後」（顏淵讚孔子的話）；「風月無邊、庭草交翠」（朱熹讚周敦頤的話）；「汪洋千頃波，澄之不清，撓之不濁」（郭泰讚叔度的話）；「在春風中坐了一個月」（朱光庭讚程頤的話）等，多就景仰教師的人格而言。具有這種偉大人格的教師，纔是眞正的「人師」。全國的教師，實在應以這種「人師」的風範典型，作爲自勵自勉的標竿。

目前我國各級學校的師生關係則已完全制度化，校園倫理隨着社會變遷，已亮起紅燈，令人殷憂。當然要探討校園倫理式微的原因，極其複雜，例如：(1)班級教學，學生人數衆多，師生感情不易深入；(2)師生關係透過制度的安排——入學制度、分班測驗、選課……等，完全標準化；(3)知識來源多元化，諸如：書報、雜誌、廣播與電視等分散師承的重要性；(4)教師人數龐雜，難免品質良莠不齊；(5)社會價值分歧化，教師社會地位日益低落等，直接、間接扭曲了校園倫理的本質，改變了傳統和諧的師生關係。上述這種現象，我想孫老師「心有所憂」，而全體教育工作者也必有此共同體認，但光有「憂患意識」是不夠的，若全體教師能切實懷抱「人師」的教育理想和樹立「人師」的風範，以促進中國師道精神的薪火相傳，發揚光大，這樣必能導我國教育於正途，完成「良師興國」的神聖使命。

《經師與人師》乙書係孫邦正教授最近之教育論文集。包括經師與人師、師範教育的目標和趨勢、當前師範教育問題的研究、我國師範教育的特徵、七十年來我國師範教育的演進等論文多篇，對於我國尊師的優良傳統、我國師範教育制度建立的經過、我國師範教育對國家建設所負的使命、以及當前師範教育的革新等問題，多所闡述，誠可供研究我國師範教育者及各級學校教師，人人一册。

筆者有幸忝列孫老師門牆之內，自進師大第一學年起，即接受孫老師教誨，迄至今日從未中斷。以恭聆孫老師教學而言，確有如坐春風的感覺。孫老師在《怎樣教學》一書的序文中曾談到：「教學方法是種藝術。善於教學的教師，好像春風風人，使人樂而忘倦；同時他能夠以人格感化的作用，使學生潛移默化，在不知不覺中，養成高尚的人格。我們看到一個優良教師的教學，正如欣賞一幅名畫，行雲流水，使人流連忘返；又好像欣賞一曲名歌，餘音在耳，嬝嬝不絕。」其實，這正是孫老師上課時的最佳寫照。可見這段話正是孫老師諸多經驗的累積，也是他「人師」風範的自然流露與反映。

孫邦正老師是一位著名的教育家，也是一個淡泊名利的人，他說：「做一個教師，除了敬業外，還要樂業，就是要淡泊寧靜，富貴不能淫，貧賤不能移，然後才會有樂業精神。」他也很强調教師的專業精神，什麼是教師的專業精神呢？孫老師說：「教師要看得起教書這個工作，尊重自己在社會上的地位，並瞭解自己對學生、對社會、對國家責任的重大，自然而然他會產生責任感。」他又强調說：「教育是眞正百年樹人的工作，教育是建國的基礎，教師學的是建國的工程師，有了這種認識，就會用宗教家的奉獻精神，在講壇上不斷的工作。」這些話，對今日我國的教育工作及全體教師無異是暮鼓晨鐘，金玉良言。

前年欣逢孫老師七十華誕，在師大等校服務教席四十餘年後正式退休，孫老師的好友、同事、門生爲感念老師春風化雨，作育英才，對國家社會的偉大貢獻，曾編撰《當代教育理論與實際》乙書，作爲獻給孫老師的賀禮。其中名教育家吳俊升先生從香港遙寄序文乙篇，有一段話極爲感人，吳先生說：「吾 兄從事教育研究著述與教學工作，五十年如一日，在教育理論與實施方面，貢獻之廣，爲儕輩所少有，爲弟平日最敬佩教育學者之一。」又說：「以 兄之著述與研究而論，在教育原理、課程、教法與教育行政多方面，均有卓越成就，對於國家教育著有深切之影響；而成就人才甚衆，其中復多特出人士當國家重任者，作育人材而及身有此成就，尤屬難能可欽也。」這是知心摯友之言，對孫老師絲毫無過譽之處。

近年來，孫老師已擺脫師大教職，偕同孫師母赴美，大部分時間，住在紐約市，偶而去其他地方子女家中小住。但孫老師關心師大、同仁及學生依舊，經常修函問候，例如有一信中他提到：「前閱社教研究所擬於今年秋季正式招生，不知現在進展情形如何？有幾名研究生？有那幾位教授？將來教育重點如何？訓練目標如何？念念盼告。倘若課程安排有明確方向，培育人才有所專長，則將來畢業生出而問世，方能有所表現，社教研究所地位方能確立。對學生之學業及立身處世之道，力求嚴格，勤加督教，至要。社教研究所成立伊始，首重建立信譽與形象，然後始能談發展也。」這不啻　老師當年創辦師大社會教育系之縮影，也是他主持社教系的基本精神。

孫老師除關心教育而外，也極關心國事，有次來函中提及：「今年十一月選舉，表現尚佳，具有民主風度，人心大慰。臺灣不怕外敵入侵，只怕內部混亂。只要國人團結一致，力求安定，敵人卽無機可乘也。」這是一位資深教育家中肯的心聲，值得國人三復斯言。

孫老師對筆者教誨之厚恩大德，誠無異「一日爲師，終生爲父」之至性至情。在　老師的衆多受業生中，筆者資質較爲駑鈍，然而追隨　老師身邊受教時間則較長，自民國五十五年起留系擔任助教，歷時五年之久，後孫老師昇任教育學院院長，筆者則兼任秘書也達三年，此後筆者在系中擔任講師、副教授，隨時向　老師請益，從未稍歇。民國六十七年起筆者承乏主持社教系系務，因年輕資淺，系中大小事務，必一一向　老師求教而後行，　老師無不和顏悅色，知無不言，言無不盡的啓導，使筆者六年系主任工作，幸得無所隕越，勉强順利交卸。前日孫老師再來乙函提示筆者：「學術工作有一分耕耘，必有一分收穫。潛心研習，必有所穫，收放自如，不必依人作嫁。」又說：「空中教學之傳播媒介，現在已著重太空衞星之運用及課程之相應安排，打破傳統播音（映）之方式，這塊園地，值得開發。」古人所謂良師益友，誠不我欺。最後，願我全體教育工作者，效法孫邦正教授「永遠以教師為榮，以教學為樂」的精神，並祝福孫老師福壽康疆。

廿七、社會福利與民生

國父　孫中山先生在中國國民黨第一次全國代表大會解釋民生主義時，曾說：「民生二字爲數千年已有之名詞，至用之於政治經濟上，則自本總理始」。胡漢民先生主編的《總理全集》解釋說：「民生就是人民的生活，社會的生存，國民的生計，羣衆的生命。」所以民生是涵蓋了人民生活上一切問題，包括食衣住行育樂各項，也就是民生主義所要解決的問題。近讀邱創煥主席近著《社會福利與民生》一書，從民生建設闡釋社會福利，他說：「民生問題可以解釋爲最廣義的社會福利問題，從整個民生面考量社會福利問題，有助於社會福利的推行，而可以避免其失於偏頗。」以此論點，探討社會福利，深具意義與價值，確是一種創見，因此於拜閱之餘，願將研讀心得，公諸社會福利界專家、學者與實務工作者參考。

中外有許多社會學家、社會福利學者都很強調社會福利的重要性，認爲社會福利是整體國家建設中最重要的一環，因此而建立「福利國家」(welfare state)的理論體系，談到社會福利服務時，則主張「從搖籃到墳墓」(from cradle to grave)的服務體系，公認社會福利服務是國家的責任，是國民的權利。邱主席在本書中曾引用美國歷史學家浦來斯(William H. Presswlt)的話說：「當一個人非由個人的過失，而不幸變成貧窮時，法律的雙手就應伸向他予以救助；那不是慈善事業有限的救助，也不是教區冷凍庫裏施捨出來的救助；而是慷慨大度的措施，並且不應使受助者蒙受羞辱，而應與其他國人享有同等的地位。」就是這種社會福利思想，導致現代歐美國家加強推行社會福利制度。

但是近一、二十年來，當歐美國家相繼擴大實施社會福利政策，爲其國民提供大量社會福利時，却由於社會福利的浮濫、社會福利費用的膨脹，以致這些國家漸感財政不堪負荷，而有識之士也已懷疑到過分福利的想法是否仍然是個完美的承諾。邱主席在本書的「過分福利的反省與回頭」一節中，精闢分析歐美國家社會福利支出不斷增加，可能產生的弊端，有下列數項：1.因失業救濟造成的惡性循環：一是救濟支出要增加，二是稅收反而減少，三是外國勞工的流入，這三者是無可避免的惡性循環。2.因老齡人口的增加，老年給付經費的加多，形成社會福利的沉重負擔。3.因免費醫療制度而形成的浪費：英國等國家實施國民健康保險，都因免費醫療，形成或多或少的浪費，這是大家公認的事實。所以法國社會部長說：「我們很希望保有目前社會福利的給付水準，但是我們不能再擴張了。」日本厚生大臣說：「年金制度的運作目前還算正常，但如果不立卽着手改變，則二十年內將導致破產。」這些都是當前歐美與日本等先進國家，社會福利制度根本的殷憂。

我國社會福利大致上業已建制，正逐年加强之中，目前比之歐、美、日各國的過分福利，尙有一段距離，因此尙未發生因支出過多而增加人民稅課至不堪負荷的程度，自不宜將生長中的福利制度過早抑制。但建制必須愼之於始，方不致過猶不及，徒增不必要的困擾。因此邱主席於本書之「序言」中，就提出我國社會福利的建制，應有的四項基本觀念：

第一、社會福利是國家整體建設的一環，必須與其他建設齊頭並進：即國家建設包括政治、軍事、經濟、文化、社會等各方面，大體上應保持適當的、均衡的與整體的發展。

第二、經濟建設與社會福利必須同時進行，不可偏重，亦不可偏廢：即經濟建設旨在求富，社會福利則旨在求均，均與富必須同時並舉，沒有先後之分，意卽在重視均而富，富而均，人人過幸福的生活。

第三、民生問題獲得解決，社會福利所要解決的問題也大部分得到解決：即如果民生建設成功而有效，人民的食、衣、住、行、育、樂六大需要普遍得到改善，則社會福利制度上所要照顧的對象自然減少。

第四、過與不及均非團隊性的做法，均衡與中庸乃爲正確的制度：卽有人批評過分的社會福利是對勤儉者的虐待，對懶惰者的寵幸，所以，過猶不及，能夠允執厥中，把握中庸的分寸，才是眞正爲國、爲民的社會福利建制。

大家都知道，邱主席直接從事社會福利工作多年，擔任主管社會福利，對社會福利甚有研究，且有多本社會福利專著刋布，後來擔任綜合性行政主管職務，眼界更廣，涉獵愈深，他從社會福利觀察國家整體建設，亦從國家整體建設衡酌社會福利，因此有不偏不倚的立場，有鞭辟入裏的見解，融合理論與實務於一體，故可置社會福利於至高境域。記得，他曾於民國七十一年應國立中興大學之邀，在「民生主義現階段社會福利措施檢討與展望研討會」上致詞，提到民生主義社會福利應異於外國的特色，依據我國傳統的思想文化，建立三項優良的特色，也極具創意，發人深省。他所指出的我國社會福利應有的特色是：

㈠**均衡的社會福利**：三民主義不偏向於資本主義，更反對共產主義。三民主義所主張的是兼顧各業利益的、中庸的、均衡的主義，因此民生主義的社會福利也應顧及各方面的均衡。其推行進度固然不可以落後，但是也不宜過於急速而影響到國家建設的整體發展。社會福利能與其他施政保持均衡，同時並進才是穩固而堅實的社會福利，也方能眞正收到社會福利的效果。

㈡**情感的社會福利**：我國正統思想的中心是仁愛思想，仁愛思想主張視人如己，推己及人，是一種愛人如己的思想。因此我國推行社會福利，與其強調權利、義務關係，不如表現於人情味的關係，眞正做到「施人愼勿念，受施愼不忘」。辦理福利者，切戒施恩施惠的觀念，受幫助者也要以感謝代替當然的想法，這才是具有中國特色的社會福利。

㈢**適度的社會福利**：我國當前社會福利要繼續加强，但是不可以太過分。過分的社會福利會增加納稅人的沉重負擔，也會延緩國家其他建設的進展，同時更有養成人民倚賴、懶惰習性的顧慮。因此我國社會福利制度應該有適度的目標，以免過猶不及，反而降低效果。尤其在共匪謀我日亟的今天，為了鞏固基地，創機反攻，需要龐大的軍費，在總預算與國民生產能力之間，有其函數限界的情形下，更應顧及時機性與適切性，於先求生存的前提下，謀求生活的改善。

他這段話，寓意深長，是當前我國社會福利制度推行的最高指導方針，相信在最近的將來，我國社會福利必要依循這些原則來推動，而全體社會福利工作者尤應體認斯旨，作為工作上的最高指導原則。

《社會福利與民生》一書，於民國七十五年六月間出版，凡九章，下分四十八節、一百三十二目，約有五十萬言以上，稱得上是本巨著。綜觀其內容，可概分爲四個部分，第一部分包括第一章與第二章，闡釋民生與社會福利思想，第二部分包括第三章與第四章，探討國際與我國社會福利政策與立法，第三部分包括第五章與第六章，分析各國與我國社會福利制度的現況，第四部分包括第七章與第八章，介紹我國社會福利與民生建設的成就，第九章結論則從思想政策到法制，全面檢討我國社會福利，並指出三民主義社會福利的目標。全書系統完整，結構嚴明，確是一本社會福利的上乘之作。茲就其四個部分的主要內容，依序簡介如後，以供後來者閱讀之參考。

第一部分闡釋民生與社會福利思想，開宗明義即在解釋民生與社會福利的意義與範疇，民生即指人民生活上一切問題，社會福利則有最廣義、廣義及狹義的社會福利三種類別，而以：就業安全、社會保險、福利服務、社會救助、農民及勞工福利、醫療保健等爲適切之範圍，亦即屬於廣義的層次。「民生與社會福利兩者，其涵義與範圍雖然不盡相同，但其關係極爲密切，民生問題獲得解決，社會福利問題也同時大部分得到解決；而社會福利的增進，同時也就是部分民生的改善。反之，民生問題不能解決，社會福利無法單獨解決；社會福利不能加强，民生問題亦不能說完全改善。兩者具有互消互長，相輔相成的關係，本書所以要將民生與福利問題合併討論，即係本此觀念出發。」

民生與福利思想的中心是民生哲學、仁愛道德與養民保民的政治理想，這些中心思想不僅是淵源於中國固有的儒家、墨家、道家與法家的民生福利思想，而且是　國父、先總統　蔣公與蔣總統經國先生這些建國偉人的主要思想。民生問題及其解決方法見諸於國父　孫中山先生創造的三民主義及先總統蔣公《民生主義育樂兩篇補述》中，本書都有精闢的分析。至於實施民生福利的方法與步驟，其可採行者，計有：⑴平均地權，節制資本，發展實業；⑵互助合作的方法；⑶和平緩進的步驟；⑷家庭倫理的發揚；⑸推己及人的程序；⑹力行哲學的實踐；⑺科學方法的應用等七項。

第二部分探討國際與我國社會福利政策與立法。在國際上，社會福利政策與立法甚早，十九世紀初英國歐文便倡議國際合作保護勞工，國際聯盟、聯合國及其國際組織皆重視社會福利政策與立法，而英國、德國、美國、日本與瑞典等國的社會福利政策與立法，更是執世界各國之牛耳。我國社會福利政策之制定可分三個時期：行憲前制定的政策、中華民國憲法的規定與行憲後制定的政策，這些政策包括中國國民黨歷次制定的政綱以及政府頒訂的法令。目前我國社會福利立法則以中華民國憲法第十三章第四節所規定的社會安全為範圍，內容包括兒童、老人、殘障者、公共救助、公務人員保險、勞工保險、國民住宅、以及有關農民、勞工、就業安全等各方面的立法。

第三部分係分析各國與我國社會福利制度的現況。各國社會福利制度以其歷史、社會與文化背景之差異，種類繁多，資料雜夥，不易蒐集，本書則分：社會保險、國民就業、社會救助、國民住宅、兒童福利與老人福利等六節，就其社會福利之特色，分述英國、美國、法國、德國、日本、瑞典或新加坡等國之概況。對於我國社會福利制度的現況，本書敍述較為翔實，而資料引用則斷至民國七十四年底，可謂相當新穎，可靠性亦高。計分：社會保險、國民就業、社會救助、國民住宅、兒童青少年福利、老人福利、婦女福利、殘障福利、榮民福利與社區發展等十節，每節大多分概述、政策與立法、工作績效以及檢討與展望等項目，對於了解我國社會福利現況極具參考價值。

第四部分介紹我國社會福利與民生建設的成就。本書第七章可能以作者近來主持臺灣省政，推展新猷諸多獻替之關係，特就臺灣地區當前最主要的社會福利：農民福利、勞工福利與醫療保健等三項，加以履述，其涵蓋面甚爲廣遠，內容十分豐富，尤其對於當前社會福利諸多重大擘劃，都有週詳的剖析，例如：生態保護問題，近年才成爲我國最熱門的社會問題，社會大衆與專家學者都極爲關切，故本書專列一目，加以論述，並期以建立環境影響評估制度。臺灣地區三十幾年來的民生建設，比較着重在經濟建設層面，因此本書論述民生建設的成就，主要是以歷年經建計畫、十項重要經濟建設、十二項重要建設爲主，分述民生六大需要：食、衣、住、行、育、樂的重大改善，足證我國社會建設已逐步邁向安和樂利的理想。

本書第九章結論是全書的精華所在，首先以「從思想、政策到法制」與「經濟、民生與福利」二節，綜結本書前八章的主要體系與內涵，指出經濟、福利與民生兼籌並顧的道理。其次分析歐美各國過分福利的事實與弊端，提示我國社會福利宜本避弊趨利的原則，妥愼研訂，以眞正實施民生主義的社會福利制度。最後指出，未來我國社會福利必然是在國家整體建設下，成爲重要的一環，且與政治、經濟、國防與文教等建設整體發展，共同謀求民富國强，確保人民生活的安全，增進人民最大的幸福，並逐步實現民國五十二年先總統　蔣公提出的建國目標：(1)近程目標：進一步擴建三民主義模範省的建設；(2)中程目標：實行三民主義於全國；(3)遠程目標：弘揚三民主義於世界，實現禮運大同篇的政治境界，保障全人類永久的自由、和平與福祉。

本書除上述特點外，作者也很誠懇地指出：「書中資料爲筆者多年來留意搜集，部分文字曾經發表，原期全面改寫，惟以筆者目前所任工作之繁忙，時間上殊不可能，是以嚴格的說，本書尚非嚴謹的著作，所期目的容難充分達成。」這純是作者自謙之辭，但在「序言」中，他卻不憚其煩地把可能引用資料的作者或譯者姓名，一一列舉，把與本書著作有關的朋友或單位，一一註明，這些均足見作者爲人、處事謙虛與厚實之一斑，足堪後輩學者借鏡。邱主席於主持臺灣省政，日理萬機之中，時時刻刻以民生建設與社會福利爲念，願臺灣省在邱主席主政下，早日實現三民主義模範省的目標，進而以三民主義建設的成果，早日完成以三民主義統一全中國的大業。

附　註：

邱創煥編著，《社會福利與民生》，民國七十五年六月出版，印刷者：臺灣省政府印刷廠。

本書作者論著目錄

一、技術職業教育的成本與效益，臺灣學生書局，民國六十七年。
二、小學與社區，正中書局，民國六十八年。
三、教育的收益，教育部教育計畫小組，民國六十九年。
四、社會團體工作，國立編譯館主編，五南圖書公司，民國六十九年。
五、現代社會學，五南圖書公司，民國七十年。
六、社會教育新論，三民書局，民國七十年。
七、青年自強活動的回顧與展望，幼獅文化公司，民國七十一年。
八、縣市文化中心推展基層文化建設之研究，國家建設研究委員會，民國七十二年。
九、我國社會教育館改進途徑之研究，行政院文化建設委員會，民國七十三年。
十、社會教育與國家建設，文景出版社，民國七十四年。
十一、中國社會教育發展史，國立教育資料館叢書，三民書局印行，民國七十五年。
十二、教育與人生，國立教育資料館叢書，三民書局印行，民國七十六年。

三民大專用書(九)

書名	著作人	任職
近代中國的成立	姚大中	東吳大學
近代中日關係史	林明德	師範大學
西洋現代史	李邁先	臺灣大學
英國史綱	許介鱗	臺灣大學
印度史	吳俊才	政治大學
日本史	林明德	師範大學
美洲地理	林鈞祥	師範大學
非洲地理	劉鴻喜	師範大學
自然地理學	劉鴻喜	師範大學
聚落地理學	胡振洲	中國海專
海事地理學	胡振洲	中國海專
經濟地理	陳伯中	臺灣大學
都市地理學	陳伯中	臺灣大學
修辭學	黃慶萱	師範大學
中國文學概論	尹雪曼	中國文化大學
新編中國哲學史	勞思光	香港中文大學
中國哲學史	周世輔	政治大學
中國哲學發展史	吳怡	美國舊金山亞洲研究所
西洋哲學史	傅偉勳	美國費城州立天普大學
西洋哲學史話	鄔昆如	臺灣大學
邏輯	林正弘	臺灣大學
邏輯	林玉體	師範大學
符號邏輯導論	何秀煌	香港中文大學
人生哲學	黎建球	輔仁大學
思想方法導論	何秀煌	香港中文大學
如何寫學術論文	宋楚瑜	臺灣大學
論文寫作研究	段家鋒、孫正豐、張世賢 等人	各大學
語言學概論	謝國平	師範大學
奇妙的聲音	鄭秀玲	師範大學
美學	田曼詩	中國文化大學
植物生理學	陳昇明譯	中興大學
建築結構與造型	鄭茂川	中興大學

三民大專用書(八)

書名	著作人	任職
銀行會計	李兆萱 金桐林	臺灣大學
會計學	幸世間	臺灣大學
會計學	謝尚經	專業會計師
會計學	蔣友文	臺灣大學
成本會計	洪國賜	淡水工商
成本會計	盛禮約	政治大學
政府會計	李增榮	政治大學
政府會計	張鴻春	臺灣大學
初級會計學	洪國賜	淡水工商
中級會計學	洪國賜	淡水工商
中等會計	薛光圻 張鴻春	美國西東大學 臺灣大學
商業銀行實務	解宏賓	中興大學
財務報表分析	李祖培	中興大學
財務報表分析	洪國賜 盧聯生	淡水工商 中興大學
審計學	殷文俊 金世朋	政治大學
投資學	龔平邦	逢甲大學
財務管理	張春雄	政治大學
財務管理	黃柱權	政治大學
公司理財	黃柱權	政治大學
公司理財	劉佐人	前中興大學教授
統計學	柴松林	政治大學
統計學	劉南溟	前臺灣大學教授
統計學	楊維哲	臺灣大學
統計學	張浩鈞	臺灣大學
推理統計學	張碧波	銘傳商專
商用統計學	顏月珠	臺灣大學
商用統計學	劉一忠	美國舊金山州立大學
應用數理統計學	顏月珠	臺灣大學
中國通史	林瑞翰	臺灣大學
中國現代史	李守孔	臺灣大學
中國近代史	李守孔	臺灣大學
中國近代史	李雲漢	政治大學
黃河文明之光	姚大中	東吳大學
古代北西中國	姚大中	東吳大學
南方的奮起	姚大中	東吳大學
中國世界的全盛	姚大中	東吳大學

書名	著作人	任職
現代貨幣銀行學	柳復起	澳洲新南威爾斯大學
商業銀行實務	解宏賓	中興大學
現代國際金融	柳復起	澳洲新南威爾斯大學
國際金融理論與制度	歐陽勛 黃仁德	政治大學
財政學	李厚高	臺灣省財政廳廳長
財政學	林華德	臺灣大學
財政學原理	魏萼	臺灣大學
國際貿易	李穎吾	臺灣大學
國際貿易實務	張錦源	交通大學
國際貿易理論與政策	歐陽勛 黃仁德	政治大學
國際貿易政策概論	余德培	東吳大學
貿易契約理論與實務	張錦源	交通大學
貿易英文實務	張錦源	交通大學
海關實務	張俊雄	淡江大學
貿易貨物保險	周詠棠	中央信託局
國際滙兌	林邦充	輔仁大學
信用狀理論與實務	蕭啓賢	輔仁大學
美國之外滙市場	于政長	東吳大學
外滙、貿易辭典	于政長	東吳大學
國際商品買賣契約法	鄧越今	前外貿協會處長
保險學	湯俊湘	中興大學
人壽保險學	宋明哲	德明商專
人壽保險的理論與實務	陳雲中	臺灣大學
火災保險及海上保險	吳榮清	中國文化大學
商用英文	程振粵	臺灣大學
商用英文	張錦源	交通大學
國際行銷管理	許士軍	新加坡大學
國際行銷	郭崑謨	中興大學
市場學	王德馨	中興大學
線性代數	謝志雄	東吳大學
商用數學	薛昭雄	政治大學
商用數學	楊維哲	臺灣大學
商用微積分	何典恭	淡水工商
微積分	楊維哲	臺灣大學
微積分(上)	楊維哲	臺灣大學
微積分(下)	楊維哲	臺灣大學
大二微積分	楊維哲	臺灣大學
機率導論	戴久永	交通大學

三民大專用書㈥

書名	著作人	任職
新聞編輯學	徐昶	臺灣新生報
採訪寫作	歐陽醇	師範大學
評論寫作	程之行	紐約日報總編輯
小型報刊實務	彭家發	政治大學
廣告學	顏伯勤	輔仁大學
中國新聞傳播史	賴光臨	政治大學
中國新聞史	曾虛白主編	總統府國策顧問
世界新聞史	李瞻	政治大學
新聞學	李瞻	政治大學
媒介實務	趙俊邁	中國文化大學
電視與觀衆	曠湘霞	新聞局廣電處處長
電視新聞	張勤	中視新聞部
電視制度	李瞻	政治大學
新聞道德	李瞻	政治大學
數理經濟分析	林大侯	臺灣大學
計量經濟學導論	林華德	臺灣大學
經濟學	陸民仁	政治大學
經濟學原理	歐陽勛	政治大學
經濟學導論	徐育珠	美國南康湼狄克州立大學
通俗經濟講話	邢慕寰	前香港中文大學教授
經濟政策	湯俊湘	中興大學
比較經濟制度	孫殿柏	政治大學
總體經濟學	鍾甦生	西雅圖銀行臺北分行協理
總體經濟理論	孫震	臺灣大學
總體經濟分析	趙鳳培	政治大學
個體經濟學	劉盛男	臺北商專
合作經濟概論	尹樹生	中興大學
農業經濟學	尹樹生	中興大學
西洋經濟思想史	林鐘雄	臺灣大學
凱因斯經濟學	趙鳳培	政治大學
工程經濟	陳寬仁	中正理工學院
國際經濟學	白俊男	東吳大學
國際經濟學	黃智輝	東吳大學
貨幣銀行學	白俊男	東吳大學
貨幣銀行學	何偉成	中正理工學院
貨幣銀行學	楊樹森	中國文化大學
貨幣銀行學	李穎吾	臺灣大學
貨幣銀行學	趙鳳培	政治大學

書名	著作人	任職
社會教育新論	李建興	師範大學
中等教育	司琦	政治大學
中國體育發展史	吳文忠	師範大學
中國大學教育發展史	伍振鷟	師範大學
中國職業教育發展史	周談輝	師範大學
中國社會教育發展史	李建興	師範大學
技術職業教育行政與視導	張天津	師範大學
技職教育測量與評鑑	李大偉	師範大學
技術職業教育教學法	陳昭雄	師範大學
技術職業教育辭典	楊朝祥	師範大學
高科技與技職教育	楊啓棟	師範大學
工業職業技術教育	陳昭雄	師範大學
職業教育師資培育	周談輝	師範大學
技術職業教育理論與實務	楊朝祥	師範大學
心理學	張春興 楊國樞	師範大學 臺灣大學
心理學	劉安彥	美國傑克遜州立大學
人事心理學	黃天中	美國奧克拉荷市大學
人事心理學	傅肅良	中興大學
社會心理學	張華葆	東海大學
社會心理學	劉安彥	美國傑克遜州立大學
社會心理學理論	張華葆	東海大學
新聞英文寫作	朱耀龍	中國文化大學
新聞傳播法規	張宗棟	中國文化大學
傳播原理	方蘭生	中國文化大學
傳播研究方法總論	楊孝濚	東吳大學
大衆傳播理論	李金銓	美國明尼蘇達大學
大衆傳播新論	李茂政	政治大學
大衆傳播與社會變遷	陳世敏	政治大學
行爲科學與管理	徐木蘭	交通大學
國際傳播	李瞻	政治大學
國際傳播與科技	彭芸	政治大學
組織傳播	鄭瑞城	政治大學
政治傳播學	祝基瀅	美國加利福尼亞州立大學
文化與傳播	汪琪	政治大學
廣播與電視	何貽謀	政治大學
廣播原理與製作	于洪海	輔仁大學
電影原理與製作	梅長齡	前中國文化大學教授
新聞學與大衆傳播學	鄭貞銘	中國文化大學
新聞採訪與編輯	鄭貞銘	中國文化大學

三民大專用書(四)

書名	著作人	任職
社會學	張華葆主編	東海大學
社會學理論	蔡文輝	美國印第安那大學
社會學理論	陳秉璋	政治大學
西洋社會思想史	龍冠海 張承漢	前臺灣大學教授 臺灣大學
中國社會思想史	張承漢	臺灣大學
都市社會學理論與應用	龍冠海	前臺灣大學教授
社會變遷	蔡文輝	美國印第安那大學
社會福利行政	白秀雄	政治大學
勞工問題	陳國鈞	中興大學
社會政策與社會立法	陳國鈞	中興大學
社會工作	白秀雄	政治大學
團體工作	林萬億	臺灣大學
文化人類學	陳國鈞	中興大學
政治社會學	陳秉璋	政治大學
醫療社會學	藍采風 廖榮利	印第安那中央大學 臺灣大學
人口遷移	廖正宏	臺灣大學
社區原理	蔡宏進	臺灣大學
人口教育	孫得雄	東海大學
社會階層化與社會流動	許嘉猷	臺灣大學
普通教學法	方炳林	前師範大學教授
各國教育制度	雷國鼎	師範大學
教育行政學	林文達	政治大學
教育行政原理	黃昆輝主譯	師範大學
教育社會學	陳奎憙	師範大學
教育心理學	胡秉正	政治大學
教育心理學	溫世頌	美國傑克遜州立大學
教育哲學	賈馥茗	師範大學
教育哲學	葉學志	國立臺灣教育學院
教育經濟學	蓋浙生	師範大學
教育經濟學	林文達	政治大學
教育財政學	林文達	政治大學
工業教育學	袁立錕	國立臺灣教育學院
家庭教育	張振宇	淡江大學
當代教育思潮	徐南號	師範大學
比較國民教育	雷國鼎	師範大學
中國教育史	胡美琦	中國文化大學
中國國民教育發展史	司琦	政治大學
中國現代教育史	鄭世興	師範大學

三民大專用書(二)

書名	著作人	任職
中美早期外交史	李定一	政治大學
現代西洋外交史	楊逢泰	政治大學
各國人事制度	傅肅良	中興大學
行政學	左潞生	前中興大學教授
行政學	張潤書	政治大學
行政學新論	張金鑑	政治大學
行政法論	林紀東	臺灣大學
行政法之基礎理論	城仲模	中興大學
交通行政	劉承漢	成功大學
土地政策	王文甲	前中興大學教授
行政管理學	傅肅良	中興大學
現代管理學	龔平邦	逢甲大學
現代企業管理	龔平邦	逢甲大學
現代生產管理學	劉一忠	美國舊金山州立大學
生產管理	劉漢容	成功大學
企業政策	陳光華	交通大學
國際企業論	李蘭甫	香港中文大學
企業管理	蔣靜一	逢甲大學
企業管理	陳定國	臺灣大學
企業概論	陳定國	臺灣大學
企業組織與管理	盧宗漢	中興大學
企業組織與管理	郭崑謨	中興大學
組織行爲管理	龔平邦	逢甲大學
行爲科學概論	龔平邦	逢甲大學
組織原理	彭文賢	中興大學
管理新論	謝長宏	交通大學
管理概論	郭崑謨	中興大學
管理心理學	湯淑貞	成功大學
管理數學	謝志雄	東吳大學
管理個案分析	郭崑謨	中興大學
人事管理	傅肅良	中興大學
考銓制度	傅肅良	中興大學
員工考選學	傅肅良	中興大學
作業研究	林照雄	輔仁大學
作業研究	楊超然	臺灣大學
作業研究	劉一忠	美國舊金山州立大學
系統分析	陳進	美國聖瑪麗大學
社會科學概論	薩孟武	前臺灣大學教授
社會學	龍冠海	前臺灣大學教授
社會學	蔡文輝	美國印第安那大學

三民大專用書(二)

書名	著作人	任職
保險法論	鄭玉波	臺灣大學
商事法論	張國鍵	臺灣大學
商事法要論	梁宇賢	中興大學
銀行法	金桐林	華銀資訊室主任
合作社法論	李錫勛	政治大學
刑法總論	蔡墩銘	臺灣大學
刑法各論	蔡墩銘	臺灣大學
刑法特論	林山田	政治大學
刑事訴訟法論	胡開誠	臺灣大學
刑事訴訟法論	黃東熊	中興大學
刑事政策	張甘妹	臺灣大學
民事訴訟法釋義	石志泉 楊建華	輔仁大學
強制執行法實用	汪禕成	前臺灣大學教授
監獄學	林紀東	臺灣大學
現代國際法	丘宏達	美國馬利蘭大學
現代國際法基本文件	丘宏達	美國馬利蘭大學
平時國際法	蘇義雄	中興大學
國際私法	劉甲一	臺灣大學
國際私法論叢	劉鐵錚	政治大學
國際私法新論	梅仲協	前臺灣大學教授
引渡之理論與實踐	陳榮傑	外交部條約司
破產法論	陳計男	行政法院庭長
破產法	陳榮宗	臺灣大學
中國政治思想史	薩孟武	前臺灣大學教授
西洋政治思想史	薩孟武	前臺灣大學教授
西洋政治思想史	張金鑑	政治大學
中國政治制度史	張金鑑	政治大學
政治學	曹伯森	陸軍官校
政治學	鄒文海	前政治大學教授
政治學	薩孟武	前臺灣大學教授
政治學	呂亞力	臺灣大學
政治學概論	張金鑑	政治大學
政治學方法論	呂亞力	臺灣大學
政治理論與研究方法	易君博	政治大學
公共政策概論	朱志宏	臺灣大學
中國社會政治史	薩孟武	前臺灣大學教授
歐洲各國政府	張金鑑	政治大學
美國政府	張金鑑	政治大學

三民大專用書(一)

書名	著作人	任職
比較主義	張亞澐	政治大學
國父思想新論	周世輔	政治大學
國父思想要義	周世輔	政治大學
國父思想	周世輔	政治大學
國父思想	涂子麟	中山大學
中國憲法論	傅肅良	中興大學
中國憲法新論	薩孟武	前臺灣大學教授
中華民國憲法論	管歐	東吳大學
中華民國憲法逐條釋義(一)(二)(三)(四)	林紀東	臺灣大學
比較憲法	鄒文海	前政治大學教授
比較憲法	曾繁康	臺灣大學
美國憲法與憲政	荊知仁	政治大學
比較監察制度	陶百川	前總統府國策顧問
國家賠償法	劉春堂	輔仁大學
中國法制史	戴炎輝	臺灣大學
法學緒論	鄭玉波	臺灣大學
法學緒論	孫致中	各大專院校
民法概要	董世芳	實踐家專
民法概要	鄭玉波	臺灣大學
民法總則	鄭玉波	臺灣大學
民法總則	何孝元	前中興大學教授
民法債編總論	鄭玉波	臺灣大學
民法債編總論	何孝元	前中興大學教授
民法物權	鄭玉波	臺灣大學
判解民法物權	劉春堂	輔仁大學
判解民法總則	劉春堂	輔仁大學
判解民法債篇通則	劉春堂	輔仁大學
民法親屬	陳棋炎	臺灣大學
民法繼承	陳棋炎	臺灣大學
公司法	鄭玉波	臺灣大學
公司法論	柯芳枝	臺灣大學
公司法論	梁宇賢	中興大學
土地法釋論	焦祖涵	東吳大學
土地登記之理論與實務	焦祖涵	東吳大學
票據法	鄭玉波	臺灣大學
海商法	鄭玉波	臺灣大學
海商法論	梁宇賢	中興大學